# 아테네 마르크스 민주주의

아테네 마르크스 민주주의

자유롭게 연합한 인간들의 새로운 민주주의

지은이 하태규

1판 1쇄 발행 2020년 9월 22일

펴낸곳 두번째테제
펴낸이 장원
등록 2017년 3월 2일 제2017-000034호
주소 (13290) 경기도 성남시 수정구 수정북로 92, 태평동락커뮤니티 301호
전화 031-754-8804 | 팩스 0303-3441-7392
전자우편 secondthesis@gmail.com | 페이스북 facebook.com/thesis2
블로그 secondthesis.blog.me

ISBN 979-11-90186-07-0 03300



이 도서의 국립중앙도서관 출판예정도서목록(CIP)은 서지정보유통지원시스템 홈페이지(http://seoji.nl.go.kr)와 국가자료공동목록시스템(http://www.nl.go.kr/kolisnet)에서 이용하실 수 있습니다.(CIP제어번호: CIP2020038535)

책값은 뒤표지에 있습니다. 잘못된 책은 바꾸어 드립니다.

# 아테네 마르크스

하태규 지음

자유롭게 연합한 인간들의
새로운 민주주의

# 민주주의

목차

# 일러두기

1. 이 책의 4개 장은 필자의 기존 출판 논문을, 즉 1장은 하태규(2017), 2장은 하태규(2018b), 3장은 하태규(2018a), 4장은 하태규(2019b)를 수정 보완한 것이다.

2. 전집에서 인용할 경우 다음과 같이 약어를 사용하였다.
가. Karl Marx·Friedrich Engels Werke
(동독 독일어판 마르크스 엥겔스 전집)=*MEW*
나. Marx & Engels Collected Works
(영어판 마르크스 엥겔스 전집)=*MECW*
다. Marx/Engels Gesamtausgabe
(최신 독일어판 마르크스 엥겔스 전집)=$MEGA^2$
라. Georg Wilhelm Friedrich Hegel Werke
(독일어판 헤겔 전집)=*HW*
마. Lenin Collected Works
(영어판 레닌 전집)=*LCW*

3. 마르크스와 엥겔스의 저서 중 제목이 길고 잘 알려진 것에는 다음과 같이 약어를 사용하였다.
가. 『1844년 경제학철학 수고』=『수고』
나. 『포이어바흐에 관한 테제』=『테제』
다. 『정치경제학 비판 요강』=『요강』
라. 『정치경제학 비판을 위하여』=『위하여』

4. 인용문에서 강조는 해당 내용을 굵은 글씨로 표시하였다. 특별한 언급이 없으면 원저자의 강조이고, 인용자가 강조한 경우는 별도로 언급하였다.

5. 국어(번역본 포함) 저술에서 저서 제목은 『 』, 논문 제목과 저서의 편·장 제목은 「 」, 신문과 잡지명은 《 》로 표시하였다.

6. 외국어 저술에서 저서와 학술지 제목은 상반부 오른쪽 기울기로 표시하고, 논문 제목은 " "로 표시하였다.

7. 마르크스 저술에서 직접 인용할 경우 중역의 오류를 방지하기 위해 가능하면 마르크스의 글을 직접 번역하는 것을 원칙으로 삼았다. 독일어일 경우 최신판인 *MEGA*$^2$를 사용하고, 출판되지 않았거나 접근이 안 될 때에는 *MEW*를 사용하였다. 대중적으로 많이 읽히는 번역본 『자본론』(김수행)과 『요강』(김호균)은 쪽수를 같이 표기하여 독자가 비교할 수 있게 했다. 프랑스 혁명사나 국제노동자연합과 관련한 저술과 같이 마르크스가 영어로 작성한 글의 경우 *MECW*를 우선하였다. 『공산당 선언』과 같이 독일어, 영어가 같이 작성된 경우는 두 가지를 필요에 따라 선택했다.

들어가며

# 경조사 민주주의 넘어서기

우리는 스스로 민주주의 사회에 살고 있다고 믿는다. 하지만 필자가 보기에 우리 사회의 민주주의는 사실 경조사 민주주의에 불과하다. 우리는 대개 지인의 경조사에서 진심으로 축하하거나 애도하기보다 (마음이 없다기보다 그럴 시공간의 여유가 없어서) 대개 돈봉투로 의례적인 예를 표하는 데 그치고는 한다. 이 의례적인 예의 마음을 일상에서 계속 간직하고 있는 사람이 있다면 그는 아마 제정신이 아닌 사람일 것이다. 마찬가지로 우리 사회의 민주주의는 선거 때 투표하는 의례적 행위에 한정된다. 민주주의를 일상생활에서 추구하는 사람은 제정신이 아닌 사람이 된다.

여기서 민주주의의 개념 정의를 상기해 보자. 그것은 무엇보다 권력의 문제에 관한 것이다. 민주주의는 인민의 지배 혹은 뒤에서 설명하겠지만, 인민의 능력(에 관한 믿음)을 말한다. 반면에 모든 사람에게 평등하게 보장되는 제반 사고, 표현, 행동의 자유의 권리는 민주주의가 작동하기 위한 전제이자 성취해야 할 결과, 이념적 원리이다. 즉 이런 제반 자유는 민주주의의 필수 전제이자 필연적 결과로서 이념이지만 민주주의 자체는 아니다. 민주주의는 무엇보다 조직 혹은 사회에서 권력의 분배와 그 결과인 지배가 일인 혹은 소수에 있는 것이 아니라 전체 구성원에 있는 체제를 의미한다. 이런 민주주의의 개념 정의를 염두에 둔다면 필자가 우리 사회의 민주주의를 경조사 민주주의라고 말하는 의미를 이해할 수 있을 것이다. 만약 누군가가 이런 비판적 규정을 생경하게 느낀다면, 민주주의를 지배의 문제가 아니라 자유의 문제로 바꾸거나 혹은 양쪽을 혼합하여 모호하게 정의하는 각종 현대 민주주의 변호론들에 너무 젖어 있기 때문일지도 모른다.

다시 현실을 보자. 만약 어떤 사람이 조직의 주도자라면, 이 사람은 민주주의를 행하지 않는다. 그 이유는 조직 구성원들의 경험, 지식, 능력이 부족하기에 민주주의를 행하면 비효율적일 뿐만 아니라 조직의 목표와 정책을 잘못 결정해서 조직을 위태롭게 할 수 있다고 믿기 때문이다. 실제 경험도 대개 그런 생각을 뒷받침한다. 반대로 어떤 사람이 조직의 평범한 구성원이라면, 조직에서 살아남고 맡은 역할을 하기에 급급하거나 아니면 조직 일에 무관심한 무늬만의 구성원일 따름이다. 따라서 이 사람은 조직의 민주주의에는 관심이 없다. 이따금 열리는 총회는 조직 주도자들이 자신들의 결정을 추인받는 통과의례이고, 이때 선출되는 대표자는 주도자들이 예정한 사람인 경우가 대부분이다. 왜냐하면, 조직 구성원들이 총회를 일종의 경조사 같이 대할 뿐 진지한 토론과 숙고를 통한 결정의 장으로 생각하지 않기 때문이다. 가끔 주도자들의 의도와 다른 결정이나 대표자의 선출이 발생하지만 이는 민주주의의 실현이 아니라 조직 분열의 지표로 해석된다. 또한, 이런 조직 분열의 반복은 민주주의가 아니라 파벌 경쟁의 구조화일 뿐이게 된다. 실제로도 대개 그렇다. 이런 식으로 우리 일상의 모든 조직, 즉 학교, 기업, 직능단체, 노동조합, 시민단체, 정당, 총동창회, 교회 등등에서 민주주의는 '1도 없게' 된다.

민주주의가 '1도 없는' 것은 일상 조직뿐만 아니라 국가 조직에서도 마찬가지다. 국가 선거로 뽑힌 대표자는 자신의 일상 즉 국가 정책을 결정할 때 일상 조직의 주도자와 마찬가지로 시민의 경험, 지식, 능력이 부족하고, 민주주의가 비효율적이며, 시민이 잘못 결정할 수 있다고 믿기에 민주주의를 행하지 않는다. 또한, 시민 총회를 열지 않는 한, 시민의 심사숙고한 민주적 의사를 확인할 길도 없다. 그래서 대통령이든 국회의원이든 지방자치단체 대표든, 모든 선출된 대표자는 자신과 참모와 소속 정당의 의사에 따르고, 언론과 상대 정당의 반응과 차기 선거의 영향만을 타산할 뿐, 시민의 민주적 의사를 따르지 않는다. 하물며 이들이 임명하는 장관, 국장, 기관장, 임원 등등은 말할 필요도 없다.

반대로 평범한 시민들은 일상에서처럼 국가 공동체의 구

성원으로 살아남기에 급급하거나 국가 일에 무관심한 무늬만의 구성원이다. 따라서 이따금 열리는 시민 총회, 즉 선거에서 투표할 때에도 경조사를 대하듯이 정책과 목표의 심사숙고 없이 지지 정당이나 대표자에게 투표할 뿐이다. 아니 선거제도는 이런 심사숙고의 시공간을 제공하지조차 않는다. 선거 때 텔레비전 토론도 볼 수 있고, 언론 평가를 접할 수도 있지만, 생업에 바쁜 시민들에게는 진지하게 고민할 여유가 없을 뿐만 아니라 한정된 언론 정보로 각 정당과 후보자의 변별점을 분명하게 인식하기도 어렵고, 인식하더라도 이것이 공동체의 장래와 어떻게 연결되는지도 분명하게 알기 어렵다. 무엇보다 정치인의 말이 그대로 실현된다는 보장이 없다는 것을 사람들은 경험으로 알고 있다. 그 결과 시민들은 투표가 세상을 바꾸는 데 기여하는지도 회의하게 된다. 결국, 시민들은 기권하지 않는다면, 투표를 평소의 지지 정당이나 후보자를 선택하는 의례적 행위로 전락시킨다.

사람들이 민주주의의 또 다른 실현이라고 여기는 촛불 집회조차도 민주주의 행위가 아니다. 여기서 우리는 집회와 시위를 구분해야 한다. 촛불 집회에 모인 시민들은 집회assembly를 열지 않는다. 단지 집행부가 사전에 정한 구호, "박근혜 퇴진", "검찰 개혁" 등을 반복하여 외치는 시위demonstration를 할 뿐이다. 집회에서 "박근혜 퇴진"과 더불어 추진해야 할 각종 경제 사회 문화 정치 개혁 방안이나 "검찰 개혁"을 실현할 방안들을 토론하고 숙고했어야 하지만, 그렇지 않았다. 이렇게 집회의 장은 시위의 장으로 전락했다. 이것은 사람들이 모든 집회가 사실상 불가능하고 "불법" 시위만 가능하던 독재 시대의 타성에 젖은 결과다. 당시의 피, 짱돌, 화염병이 촛불로 바뀌고, "독재 타도", "파쇼 타도"가 "박근혜 퇴진", "검찰 개혁"으로 바뀌었을 뿐, 그때와 달리 지금은 가능한 합법 집회에서도 시민들의 사회 개혁에 관한 심사숙고와 이를 반영한 정책 대안 구호는 찾아보기 어렵다. 그런 이유로 진정 민주주의는 '1도 없다.'

그러함에도 이러한 경조사 민주주의, 현대 민주주의가 나름대로 수백 년의 역사 속에서 수많은 사람의 경험을 바탕으로 발전한, 전 세계에서 작동하는 고유의 논리를 지닌 현실 체제라는 점에서 "민주주의가 1도 없다"는 규정에 과도함을 느낄 수도 있을 것이다. 하지만, 마찬가지로 수백 년의 역사 속에서 수많은 사람의 경험을 통해 발전한 현대 자본주의를 시장에서 자유롭고 평등한 교환을 통해 모두의 번영을 보장한다는 논리와는 정반대의 착취와 억압의 체제라는 본질에 따라 근본적으로 비판할 수 있듯이, 현대 민주주의도 인민의 지배라는 이름과는 정반대로 인민의 지배가 전혀 아니라는 본질에 따라 근본적으로 비판할 수 있다.

이렇게 우리가 민주주의가 '1도 없는' 경조사 민주주의 사회에 살고 있다는 불편한 진실이 이 책의 실마리이다. 이 책은 이 실마리에서 출발하여 우선 민주주의가 원래 어떤 것인지 확인하면서 이 민주주의가 경조사 민주주의로 둔갑한 과정과 원인을 밝히고, 이런 상태를 극복하며 민주주의를 실현할 대안적 이론을 검토한 뒤, 이를 실현하려던 역사적 시도가 실패한 과정과 원인을 살피면서, 향후 민주주의를 회복했을 때의 모습을 상상해 보고, 이것에 성공하는 방도를 고려해 볼 것이다.

먼저 1장에서는 진짜 민주주의가 실현되었던 고대 아테네를 살펴보려고 한다. 사람들이 흔히 직접민주주의라고 부르는 고대 아테네 민주주의는 수식어가 필요 없는 민주주의 자체였다. 간접민주주의라고 불리는 현대 민주주의는 이미 살펴본 대로 민주주의가 '1도 없는' 경조사 민주주의에 불과하다. 이렇게 현대 민주주의가 민주주의로 둔갑한 요물이라는 사실은 민주주의의 참모습과 비교해야만 실감할 수 있다. 고대 아테네 민주주의의 핵심 원리는 상설 총회와 연례적 추첨이다. 경조사 민주주의는 이것 대신에 다년-주기적 총회, 즉 선거를 채택하고 있다. 진짜 민주주의에서 모든 시민은 매주 상설 총회를 통해 공동체의 모든 정책 사안을 결정한다. 반면 경조사 민주주의에서 모든 시민은 다년-주기적 선거를 통해 모든 정책 사안을 결정할 대표자를 뽑는다. 진짜 민주주의에서는 모든 시민이 연례적인 무작위, 연임 금지 추첨에 따라 누구나 일생에 한 번 이상 대표자가 되어 정책을 입안하고 결정된 정책을 집행할 책임을 진다. 반면 경조사 민주주의에서 모든 시민은 정책을 결정하고 집행할 대표자를 선출하는 투표에 다년에 한 번만 참여한다.

이 결과 진짜 민주주의에서는 모든 시민이 정책의 결정과 집행을 책임지는 능동적 시민으로 발전하는 반면, 경조사 민주주의에서는 모든 시민이 대표자에게 모든 것을 맡기는 수동적 시민으로 전락한다. 고대 아테네 민주주의에서는 모든 시민의 능동적 참여로 생기는 지식 집합에 따른 학습 시너지를 통해 시민과 공동체의 상호 발전을 촉진했지만, 경조사 민주주의에서는 공동체의 단기 목표 달성은 가능할지 몰라도 시민의 수동화를 낳고, 따라서 공동체의 장기적 발전도 저해되게 마련이다.

인민의 능력에 대한 믿음, 인민의 지배로서 민주주의는 단지 모든 인민의 권력 균점이라는 점에서라도 경조사 민주주의, 과두제 혹은 이것의 변종인 독재를 도덕성과 지속성에서 능가하고 비교를 불허한다. 과두제는 모든 계급 사회를 관통하는 정치 형식이다. 이것은 시민사회와 분리 정립된 중앙집중 권력인 국가state를 통해 소수의 지배 계급이 공동체의 나머지를 지배하고 착취하는 방식이었다. 이 국가의 폐지를 통해 완전한 민주주의가 실현될 수 있다.

마르크스와 아나키즘은 국가의 폐지를 추구했다. 하지만, 아나키즘은 국가의 폐지에만 머물렀을 뿐 이후 공동체에서 자연적으로 발생하는 권력을 다룰 방안이 없었다. 인간관계에서는 필연적으로 권력 관계, 힘 관계가 발생한다. 이것은 우주 만물에 에너지가 상호작용하는 것과 마찬가지다. 지구가 궤도 이탈 없이 태양 주위를 계속 공전하고 이런 움직임에도 지구인이 아무런 외적 힘을 느끼지 못하는 이유가 태양의 구심력과 지구의 원심력이 균형을 이루는 지점에 지구가 머물기 때문이듯이, 모든 시민이 권력을 균점하기에 권력 균형을 이루어 아무도 권력을 느낄 수 없는 상태가 민주주의이다. 따라서 평등한 구성원들의 공동체에서 권력 배분의 도덕적 정당성과 사회적 지속성을 지니는 유일한 정체는 민주주의이다.

인민의 능력에 대한 믿음으로서 민주주의가 공동체 모든 구성원의 능동적 참여에 의한 지식 집합의 학습 시너지를 통해 개인과 공동체의 경제 사회 문화 정치 발전을 촉진하는 유일한 정체라는 사실은 더욱 중대한 함의를 내포하고 있다. 역사상 모든 사회 혁명은 인민의 변화 열정의 급격한 분출을 내포했다. 이런 인민의 혁명적 분출이 민주주의로 승화한 경우는 개인과 공동체의 상호 발전을 담보할 수 있었지만, 그렇지 못했던 경우는 모두 발전의 내적 동력을 상실하고 퇴행해 버렸다. 이런 상호 발전을 실현한 유일하게 기록된 사례가 인민의 혁명적 봉기와 이에 따른 클레이스테네스의 개혁으로 출범한 아테네 민주주의였다. 미국 혁명, 프랑스 혁명, 러시아 혁명 등등 뿐만 아니라 한국의 8·15 해방, 4·19 혁명, 6월 항쟁, 촛불 "혁명"은 경조사 민주주의, 과두제로 귀결되었을 뿐 민주주의를 성취하지 못했다. 따라서 혁명 후 미국, 프랑스, 러시아, 한국 사회는 분출했던 인민의 혁명적 열정을 제대로 발전시킬 수 없었고, 결국 개인과 공동체 모두 정체하고 퇴행할 수밖에 없었다.

이렇게 근대 혁명들이 모두 과두제를 낳았음에도 굳이 자신을 민주주의로 미화분식한 이유는 인민의 혁명 열정을 담아 두는 유일한 명칭이 민주주의였기 때문이다. 자유, 평등, 인간 존중이라는 민주주의 이념은 여러 근대 혁명의 이상이었다. 이런 3대 이념을 형식적으로만 실현하고 내용적, 실질적으로 전도시킨 배경에는 근대 혁명이 낳은 사회가 소수가 나머지를 지배하고 착취하는 자본주의 계급사회라는 점에 있었다.

2장에서는 이런 이유로 자본주의와 계급을 폐지하는 사회주의, 공산주의를 추구한 마르크스에게서 진정한 민주주의 대안을 찾을 수 있을지를 검토한다. 결론적으로 마르크스는 대의제 민주주의, 즉 경조사 민주주의를 비판하고 진정한 민주주의를 궁극적 대안으로 상정했다. 그렇다면 도대체 민주주의가 사회주의, 공산주의와 어울릴 수 있는 개념인가가 궁금해진다. 이에 대한 대답에 우선하여 사회주의, 공산주의가 어떤 것인지를 분명히 할 필요가 있다. 많은 사람이 아직도 소련이나 북한 혹은 중국 등을 사회주의, 공산주의 사회라고 여기고 있기 때문이다. 하지만 이는 완전한 착각이다.

사회주의, 공산주의라는 용어를 대중화한 인물은 마르크스다. 하지만, 마르크스는 이 용어를 창조하지 않았다. 사회주의와 공산주의라는 용어는 이미 마르크스 이전에도 다양한 사회 개혁 이론가와 운동가들에 의해 자본주의를 넘어선 대안 사회를 칭하는 개념으로 사용되었다. 마르크스는 이들의 사회주의, 공산주의 개념과 운동의 한계를 비판하면서 새로운 개념과 운동을 정립했다. 이 개념과 운동은 단순히 두뇌에서 나온 것이 아니라 자본주의 사회에 대한 객관적 분석과 비판에 근거하여 자본주의를 근본적으로 넘어서는 것으로 제시되었다. 여기서 사회주의와 공산주의는 서로 다른 개념이 아니라 자본주의를 대체하는 사회를 지칭하는 같은 말이었다. 마르크스는 또한 "자유로운 인간들의 연합"이라는 개념도 같이 사용했다. 이런 용어들에 대한 오해는 레닌과 공산주의 운동가들에 의해 발생했다. 레닌은 사회주의를 공산주의의 전 단계로 칭하는 용어로 사용하기 시작했고, 스탈린은 이것을 노예제, 봉건제, 자본주의, 사회주의, 공산주의 순의 역사 발전 5단계설로 정립했다. 이러한 마르크스와 무관한 용법이 정립되고 대중화되었던 이유는 스탈린이 소련을 자본주의를 넘어섰지만, 공산주의에는 미치지 못한 사회주의로 선전했고, 이러한 말에 지배된 세계 공산주의 운동이 20세기를 풍미했기 때문이다. 여기서 자유로운 인간들의 연합과 같은 개념은 아예 사라져 버렸다.

스탈린이 소련을 사회주의라고 칭한 근거는 모든 토지와 생산수단의 국유화, 계획경제, 공산당 지배 등이다. 하지만 이런 근거들은 하나같이 마르크스의 사회주의와는 상관이 없다. 오히려 그에 반하는 지표들이다. 우선 국유화가 사회주의에 반하는 이유는 사회주의에서 시민사회와 분리 정립된 중앙집중 권력체로서 국가는 폐지되기 때문이다. 소수가 나머지 사회 구성원을 지배하지 않는 이상 국가는 필요없다. 계급이 사라진 사회주의에서 당연히 국가도 사라진다. 그래서 사회주의에서 소유의 국유화는 애초에 성립 불가능하다.

마르크스는 공산주의에서 "자본주의 시대의 성과에, 즉 협동에 그리고 땅과 노동 자체에 의해 생산된 생산수단의 공동 점유에 근거한 개인적 소유를 재생"하는 것을 대안으로 제시했다. 소유 개념은 사용, 수익, 처분 이렇게 세 가지 권리를 내포한다. 만일 개인이든 국가든 누군가가 땅을 소유한다면, 그는 그것을 (매매, 훼손, 폐기를 의미하는) 처분할 수 있는 권리를 지닌다. 하지만 땅, 즉 자연을 누가 처분할 수 있는가? 인류 대대로 살아왔고 살아가야 할 터전인 땅과 자연은 처분의 대상일 수 없다. 그래서 인류는 단지 공동으로 점유할 권리 즉 공동으로 이용하고 수익할 권리(와 보존할 의무)만을 지닌다. 더불어 같은 권리를 지니는 다른 모든 생물도 존중해야 한다. 또한, 노동 자체에 의해 생산된 생산수단도 처분 대상일 수 없다. 왜냐하면, 생산수단의 소재인 땅과 자연이 처분 대상이 아닌 데다가 여기에 첨가된 노동도 땅과 자연의 형태를 바꾼 것이지 무에서 유를 창조한 것이 아니기 때문이다. 게다가 자본주의 사회에서는 첨가된 노동도 공동노동, 협동 노동으로 완전히 변했다. 더구나 생산수단은 소비할 대상이 아니라 소비 수단을 생산하는 데 활용할 수단에 불과하다. 그러므로 생산수단도 처분 대상이 아니라 공동으로 사용하고 수익할 대상일 뿐이다.

그러함에도 소유권을 존중해야 할 이유가 있다. 소유는 모든 개인의 생명과 자유의 원천이다. 개인은 소유물로 생명을 이어 가고 소유물을 이용하여 자유를 누릴 수 있다. 그래서 마르크스는 공동 점유에 근거한, 이러한 제약을 받는 개인적 소유를 대안으로 보았다. 마르크스는 모든 개인이 공동 점유 개념에 내포된 공동으로 사용하고 수익할 권리 위에다 개인적 소유 개념에 내포된 공동 점유의 제약에 따라 처분권을 배제한, 개인적 사용권과 수익권을 지닌다는 점을 강조하고 명시한다. 그래서 모든 개인은 땅과 생산수단을 활용하는 생산 계획과 생산 과정에 참여하여 공동으로 의사를 결정할 권리, 그 결과 생산된 소비 수단을 평등하게 분배할 권리를 누린다. 반면에 국가 소유나 사회적 소유는 땅과 생산수단에 대한 집단적 처분권을 내포하면서도 개인적 소유권 즉 모든 개인이 (공동으로) 의사를 결정하고 평등하게 분배할 권리를 명시하지 않는다. 따라서 땅과 자연을 훼손할 수 있고 개인적 소유를 부정할 수 있는 국유화나 사회화가 마르크스의 대안이라는 오해는 전면 불식되어야 한다.

계획을 보자. 마르크스가 사회주의에서 계획을 도입하려고 했던 것은 틀림없다. 하지만, 이 계획은 소련식 중앙집권적 상명하달 국가 계획이 아니다. 국가는 이미 폐지되었다. 그래서 계획은 모두가 공동으로 의사를 결정할 권리를 규정하는 공동 점유에 근거한 개인적 소유 개념에 따라 모든 인민이 민주적으로 참여하는 계획이다. 이런 마르크스의 참여 계획은 공상이 아니라 현실적인 대안이다. 우리는 일상에서 항상 자기 일을 계획한다. 작심삼일로 지키지 못하는 것이 문제일 뿐 계획하지 않는 삶은 없다. 기업도 마찬가지다. 기업 내부는 계획 없이 돌아가지 않는다. 기업들 사이에도 원료, 중간재, 최종재의 구매와 판매 사이에 상호 계획이 지배한다. 유일하게 경쟁하는 동종 기업들 사이만 시장이 지배한다. 국가도 계획이 지배한다. 과거에 국가는 시장과 사회를 직접 통제하는 계획을 통해 경제 성장과 사회 발전을 추구했고, 요즘은 시장과 사회를 간접 관리하고 유도하는 계획을 통해 같은 목표를 추구한다. 계획은 세계 수준에서도 작동한다. 예를 들어 유엔 산하 각종 기구는 온실가스 감축과 같이 각 분야에서 계획을 세운다. 이렇게 인간 생활에서 보편적인 계획을 소련에서는 중앙집권적 상명하달 국가 계획으로 추구했고, 마르크스는 모든 인민의 참여 계획으로 추구하는 것이다. 위로부터 하달되는 명령이나 계획이라면 누구라도 소외되고 내키지 않겠지만, 스스로 작성한 계획은 책임지고 수행할 수 있다. 이런 참여 계획은 정보통신 기술과 빅데이터 인공지능 기술의 발전을 통해 기업, 나라, 세계 수준에서 완전히 실현할 수 있다.

사회주의에서 이러한 소유와 계획을 실행하려면 노동과 분배도 새로운 원리로 접근해야 한다. 마르크스 사회주의에서는 실제 노동시간에 의한 분배가 새로운 원리가 된다. 자본주의도 물론 노동시간에 의한 분배를 원리로 삼는다. 파업 투쟁을 탄압하는 자본의 "무노동 무임금" 원칙이나 파업 투쟁을 독려하는 "일하지 않는 자는 먹지도 말라"는 노동의 노랫말이 이를 알려 준다. 하지만, 자본주의와 사회주의에서 노동시간의 기준은 평균 시간과 실제 시간이라는 근본적 차이를 지닌다. 평균 시간 원리가 적용되는 자본주의에서는 같은 시간을 노동해도 더 생산적인 개별 노동과 자본이 더 많은 노동시간으로 환산된 보상을 받는다. 반면에 평균보다 생산성이 떨어지는 개별 노동과 자본은 더 적은 노동시간으로 환산된 보상을 받고 결국 실업과 파산에 처하게 된다. 이렇게 개인적 노동시간을 사회적 평균노동시간, (여기에 내포된 경쟁이 강제하는) 최소 노동시간으로 환원하는 원리가 자본주의 노동 가치 법칙이다. 이 가치 법칙은 법률로 시행하고 폐지할 수 있는 것이 아니다. 가치 법칙은 각 생산물의 노동 가치를 재단하고 동종 품목의 서로 다른 가치를 단일 가격으로 환원하는 상품 형식과 시장 형식으로 인해 강제되고, 따라서 이것들이 폐지되어야만 폐지된다. 사회주의에서는 이런 가치 법칙이 폐지되었으므로 개인은 협동 생산에서 각자가 제공한 실제 노동시간 그대로 각자의 기여로 인정받고 보상받는다. 이것이 공산주의 첫 번째 국면의 분배 원리이다. 이것을 오해한 소련과 기존 공산주의 국가들은 자본주의 가치 법칙 대로 더 생산적인 노동에 더 많은 보상을 제공했다.

이런 가치 법칙의 폐지 여부는 분배뿐만 아니라 노동과 생산을 지배하는 원리이다. 사회주의에서 노동은 실제 노동 시간 기준에 따라 각자가 생산성에 구애받지 않고 실행하는 즐거운 작업이 된다. 그래야 노동을 통한 자유가 실현된다. 그래야 노동이 창의적이고 창조적인 작업으로 변화되고 결국 사회적 생산성이 더 증가할 수 있다. 반면에 자본주의 노동은 가치 법칙에 지배를 받아 외부에서 주어진 생산성 기준을 달성해야 하는 강제 노동으로 변한다. 각 개인은 노동을 통해 자기를 실현하는 것이 아니라 외적 강제에 종속되고 소외된다. 소련과 기존 공산주의 국가는 노동의 생산성을 증대하기 위해 외적 목표를 강제했고, 따라서 가치 법칙을 유지하고 노동자의 소외를 심화시키고 말았다.

이런 가치 법칙의 유무는 공산주의의 높은 국면에서도 결정적 차이를 낳는다. 공산주의의 높은 국면에서 개인은 욕구에 따라 각자가 원하는 대로 분배받는다. 마르크스의 논의에서 그만큼 사회적 생산성이 증대해야 한다는 전제가 있기는 하지만, 이것은 이미 현재 자본주의의 생산력 발전 수준에 비추어 현실적인 방안이다. 이미 19세기 후반 자본주의에서부터 노동력의 원활한 재생산이라는 목적이 있기는 하지만, 사회보험을 통해 일부는 공산주의의 높은 국면과 비슷하게 분배가 이루어지고 있다. 반대로 생산성이 훨씬 발전한 현재, 물과 (미세먼지 천국 인도에서처럼) 공기를 오히려 상품으로 구매해야 하는 현실이다.

19세기 이후 수백 배 발전한 현재의 생산성에서 보면 공산주의를 해야 할 이유는 충분하고, 그렇게 된다면 첫 번째 국면부터 건강 보장, 교육, 어린이 돌봄, 장애인 돌봄, 노인 돌봄, 물, 공기, 전기, 기초 식량, 교통, 통신 등등을 개인의 욕구에 따라 분배할 수 있다. 생산성의 급격한 발전과 인민의 민주적 결정에 따라 이런 품목을 점차 늘려 간다면 공산주의의 높은 국면으로 이행하게 된다. 이렇게 되면 분배에서 노동시간 기준 자체가 사라지고, 노동과 생산도 완전히 즐겁고 창조적인 작업으로 변하여 생산성이 더욱 증대될 것이다. 반면 현실 공산주의에서는 높은 국면에 준한 방식으로 분배했음에도 소련의 전시공산주의와 같은 국가 배급이 지배했다. 이것은 예를 들어 당 간부, 유공자, 노동자에게 더 많이 분배하고 반동계급이나 농민 등에게는 더 적게 분배하거나 배제하는 식으로 국가의 계급 판별과 차별 보상을 통해 가치 법칙과 계급을 유지하고 강화하는 방식이었다. 여기서 인민의 소외는 심화되었고 노동의 즐거움과 창조성은 달나라 이야기가 되어 버렸다.

이런 가치 법칙의 유무는 사회 문화 전반에서도 본질적 차이를 규정한다. 마르크스 공산주의의 목표는 노동시간의 최소화와 자유시간의 최대화를 통한 각자의 다양한 개성의 자유로운 실현이다. 이런 목표를 지닌 사회 문화 활동에서 평균노동시간 척도와 같은 외적 척도는 발붙일 틈이 없다. 노동시간이든 자유시간이든 개성의 실현과 자유 자체가 목적이 된다. 반면, 소련과 기존 공산주의에서는 경제뿐만 아니라 사회 문화 전반을 국가가 통제하고 외적 척도에 따라 재단하여 개인의 자유로운 실현 대신 생산성 증대, 국가 안보, 계급 혁명, 민족 단결 같은 자본주의적 목표가 실제 목표가 되었다.

마르크스의 사회주의, 공산주의에서는 가치 법칙과 국가뿐만 아니라 계급과 당이 사라진다. 이 네 가지는 상호 연관되어 실존하는 것이므로 하나가 사라지면 나머지도 사라지기 때문이다. 반면, 기존 공산주의에서는 이런 가치 법칙, 계급, 국가, 당을 유지하고 서로 강화했다. 노동시간에 대한 차별적 평가와 보상은 개인과 집단의 권력의 차이를 낳고, 이것은 계급을 유지하는 것이고, 동시에 국가를 유지하는 것이며, 이 모든 것을 위해 당을 유지해야만 하고 결국 서로를 강화해야 하기 때문이다.

이렇게 다소 길게 마르크스의 사회주의, 공산주의에 대한 오해와 실제를 비교한 것은 이를 본문에 한꺼번에 다룰 수 없을 뿐 아니라 마르크스의 민주주의 대안 논의의 전제가 되기 때문이다. 이러한 새로운 사회는 새로운 소유, 계획, 생산, 분배, 노동, 사회 문화의 원리상 근대 혁명의 3대 이념인 자유, 평등, 인간 존중을 형식과 내용에서 일치하여 보장할 수밖에 없게 된다. 따라서 이 사회의 정치 형식은 민주주의일 수밖에 없다. 그래서 마르크스는 새로운 사회를 자유로운 인간들의 연합*이라고 표현했다.

이런 자유로운 인간들의 연합은 물론 실현된 적이 없다. 러시아 혁명이 이러한 시도에서 가장 중요했고 성공 가능성도 있었지만 결국에는 실패하고 말았다. 3장에서는 러시아 혁명이 어떤 이유에서 어떤 과정을 거쳐 사회주의로의 이행에 실패했는지를 밝힌다.

러시아 사회주의 혁명의 실패는 결코 예정된 경로가 아니었다. 소비에트, 공장위원회, 노동조합, 협동조합, 농촌 공동체와 같은 인민의 혁명적 분출의 성과들을 혁명 지도부가 표방했던 혁명적 민주주의, 소비에트 민주주의, 프롤레타리아 민주주의, 완전한 민주주의 정신에 따라 발전시켰다면, 그들은 오해한 사회주의 개념을 인민의 민주적 결정으로 극복하며 사회주의로 나아갈 수 있었다. 하지만, 이 민주주의는 다른 근대 혁명들과 마찬가지로 상설 총회와 연례적 추첨의 민주주의가 아니라 대의제 민주주의, 경조사 민주주의로 전락하며 사회주의 이행의 실패를 확정했다. 여기에는 혁명 지도

* 일부는 이것을 "자유로운 개인들의 연합"이라고 부른다. 이 명칭은 시스몽디 등의 "개인들의 연합" 개념을 마르크스가 『독일 이데올로기』에서 긍정적으로 인용하고 연관하여 "자유롭게 연합한 개인"(*MEW* 3: 66, 72) 같은 용어를 사용한 데서 유추된 것으로 보이지만, 실제 마르크스가 이 명칭을 사용한 적은 없다. 반면 마르크스는 『자본론』에서 "자유로운 인간들의 연합", "자유롭게 연합한 인간"(*MEGA*² II.10: 77, 78, 마르크스 1867: 100, 102)을 사용했다. 그래서 (재규정한) 사회주의, 공산주의, (유추된) 자유로운 개인들의 연합과 달리 자유로운 인간들의 연합은 마르크스가 창조한 개념이다. 이 책의 부제도 여기에서 나왔다.

부의 민주주의 개념에 대한 오해가 바탕을 이루었다. 이렇게 하여 스탈린의 지배 아래 완성된 소련의 경로 이탈과 역주행은 가치 법칙, 계급, 국가, 당으로 사회주의를 구성하는 모델을 세계에 전파했다. 이런 모델을 모방한 이후의 모든 사회주의 혁명은 러시아 혁명과 달리 출발점에서부터 역주행할 수밖에 없었다. 따라서 새로운 사회주의 혁명은 제대로 된 사회주의 개념과 제대로 된 민주주의 개념을 결합할 때에만 성공할 수 있다. 이런 결합의 구체적 모습은 나라별 조건에 따라 다양할 것이다.

그렇기 때문에 4장에서는 우선 추상적으로 민주주의와 사회주의가 결합한 혁명이 성공했을 때 나타나는 사회를 그려 보려고 한다. 이런 그림이 단순한 상상이 아닌 것은 현재 진행 중인 4차 산업혁명의 생산력 발전이 자본주의 사회 형식과의 모순을 첨예하게 하여 자본주의 생산양식을 폐기하고 새로운 생산양식, 사회 형식으로 이행할 수 있는 조건을 만들 것이기 때문이다. 관건은 이런 조건을 새로운 혁명으로 이끌 인민들의 사회적 실천이다. 물론 이것은 인민의 민주주의 실천 즉 인민의 결정과 집행의 수준이 결정한다. 만약, 이런 민주주의 발전이 미흡하다면 새로운 혁명이 불가능하여 자본주의 모순이 첨예한 상태가 지속하는 지옥이나 모순의 폭발로 인류가 공멸한 상태가 될 것이다. 그래서 민주주의 발전과 사회주의 혁명과 인류 운명은 한 몸으로 결합해 있다.

이런 4차 산업혁명의 생산성 발전은 새로운 사회주의 혁명의 가능성뿐만 아니라, 이 혁명이 성공한다면 민주주의와 사회주의의 결합을 완전히 성숙시킬 도구도 제공할 것이다. 이것의 한 측면은 지식 정보와 시공간을 고도로 압축하는 지능 정보통신 기술의 발전이다. 그래서 새로운 사회의 인민들은 지금은 상상을 불허할 정보량을 상상을 불허할 시간에 상상을 불허할 거리에 있는 상상을 불허할 많은 사람과 서로 소통하며 민주주의 총회와 추첨에 의한 정책 결정에 매주 참여하고 매년 번갈아 책임지는 역할을 쉽게 수행할 수 있다. 여기에다 4차 산업혁명의 고도의 생산력의 발전은 사회적 필요노동시간을 대폭 축소하여 노동을 자유로운 작업으로 대하고 즐기기 위한 필요조건을 제공할 것이다. 뿐만 아니라 엄청난 자유시간을 제공하여 개인의 다양한 개성의 발전과 가족, 친구, 타인과의 친밀한 교류의 조건을 제공하면서도 매주 총회에서 정책 결정을 하기 위한 숙고의 조건도 제공하게 될 것이다. 이 결과 다시 지능 정보통신 기술의 발전, 자유시간의 확대, 개성의 발전과 민주주의 성숙이 서로 촉진되며 나선형으로 발전하는 선순환 궤도를 이루게 될 것이다.

물론, 사회주의라고 해서 사회적 갈등이 모두 사라지지는 않는다. 자본주의에서 남은 모순과 새롭게 발생한 모순이 계속 나타날 것이다. 하지만, 이런 모순과 갈등은 가치 법칙, 계급, 국가, 당의 제약 없이 자유로운 인간들이 서로 소통하며 해결할 수 있는 능력이 늘어남에 따라 자본주의보다 훨씬 쉽고 빠르게 해소할 수 있을 것이다.

이상의 이야기에서 이제 궁금한 것은 어떻게 민주주의와 사회주의가 결합한 사회 혁명을 성취할 것인가에 집중된다. 이 문제는 결론에서 이야기할 것이다. 독자들은 본문을 거쳐 결론에 도달하면 이 논의를 마주할 수 있게 될 것이다.

이 책은 이상과 같이 이 서론 외에 본론 4개 장과 결론으로 구성된다. 본론 4개 장은 필자가 여러 학술지에서 출판한 논문을 이번에 각각 수정 보완한 것이다. 분량 제한을 가지고 선행 논의의 출전을 표시하고 논쟁을 통해 결론을 도출하는 형식으로 쓴 글을 독자가 읽기 쉽도록 일부 수정했지만, 처음부터 책 출간을 위해 쓴 글에 비하면 여전히 읽기 어려울 수 있겠다. 그렇지만 끝까지 차분하게 읽어 본다면 이 서론에서 단순화한 논의를 좀 더 입체적이고 종합적으로 이해하는 데 도움을 받을 수 있을 것이다.

보이는 것이 진리라면 학문이 필요 없고, 학문의 길에 왕도는 없다. 부디 독자들이 차근차근 읽어서 상식을 파괴하는 이 책의 주장을 이해한 바탕에서 수용과 비판을 통해 더 나은 사회를 만드는 길에 함께할 수 있기를 기대한다.

# 1
# 고대 아테네 민주주의와 광장 민주주의

고대 아테네 민주주의는 인민의 능력에 대한 믿음, 인민의 지배, 인민의 권력 균점, 인민의 자기 통치 체제이자 이상을 비록 인민 절반 이상을 참정권에서 배제한 한계가 있었음에도 실현했다는 점에서 실질적 참정권이 극소수에게만 있는 현대의 경조사 민주주의와 비교해서 우월할 뿐만 아니라 이에 대한 대안 모델이 된다.

# 예비적 Q&A

Q: 고대 아테네 민주주의가 2,500년 전에 벌어진 사태라고 하는데 정말 그랬나요? 어떻게 이를 믿을 수 있나요?

A: 아테네 민주주의는 정말로 있었습니다. 이것은 당대 철학서, 역사서, 희곡, 사전, 연설문, 팸플릿, 포고문 등등의 다양한 문헌들이 증명합니다. 이 문헌들의 신빙성은 당대의 명문, 도자기, 추첨기계, 기타 유물, 유적의 고고학적 발굴과의 비교 연구를 통해 확인할 수 있습니다. 참고로 이 고대 그리스 문헌들은 중세 유럽이 아니라 비잔틴 문명과 이슬람 문명의 필사본들을 통해 현재까지 남았습니다.

Q: 고대 아테네 민주주의는 노예제에 근거했기에 현대적 대안이 될 수 없지 않나요?

A: 고대 아테네가 노예제 사회였다는 주장 자체가 근거가 없습니다. 노예제 사회라는 주장은 스탈린 역사 발전 5단계설의 고대=노예제라는 도식에 꿰맞춘 것입니다. 하지만, 모든 증거는 고대 아테네 사회가 노예제였음을 부정합니다. 민주주의 시기 아테네의 사

회구성원들은 역사적으로 선행했던 중앙집중 권력체였던 그리스 국가가 붕괴함으로 인해 억압과 착취에서 해방된, 이후 일부 남았던 부역 의무에서도 완전히 해방된 자유로운 소농과 장인이 대다수였습니다. 이들은 자유로운 생산자의 연합으로서 민주주의를 구성했습니다. 사람들은 보통 노예가 전근대 사회에서는 매우 흔했다고 생각하지만, 이들 대부분은 사회적 잉여물 생산의 주력이 아니라 국소적 부문의 생산을 담당하거나 가사 노예였습니다. 역사적 문헌에서 사회적 생산방식으로 노예제를 입증할 수 있는 곳은 고대 로마제국의 이탈리아 중남부 지역이 유일합니다. 이것은 제국주의 정복 전쟁에 200년간 동원된 시민군 소농들이 경작에 실패하면서 몰락했고, 이들에게서 토지를 수탈하고 합병한 귀족들이 경작 인력으로 제국의 변방에서 포획한 노예를 사용할 수 있었던 조건에서 가능했던 특수한 사례입니다. 고대 아테네는 고대 로마식으로 소농 생산자가 몰락하지도 않았고, 이민족 노예를 체계적으로 포획할 정도로 대제국을 형성하지도 못했습니다. 민주주의의 출발점인 클레이스테네스 개혁 시점의 아테네는 스파르타로부터도 침략당하는 약한 폴리스였습니다. 또한, 산악 지대가 많아 농지가 잘게 분할된 그리스 땅은 광활한 이탈리아 중남부와 같이 대농장을 경영하기에는 노예 감독 비용 측면에서도 효율성이 없었습니다. 노예가 자영농처럼 스스로 노동하고 재생산한다고 생각하면 착각입니다. 노예는 생산 과정에는 채찍으로 독려해야 하고 야간에는 도망할 수 없게 족쇄를 채워야 했습니다. 노예 재생산을 위해 노예 가족을 구성하면 임신으로 노동이 제약되었고,

출산 사망률이 높은 여성을 보호하고 탄생한 유아를 노동력으로 양육할 부담을 노예주가 졌습니다. 이것은 모든 것을 농민이 스스로 부담하는 가족 소농 방식보다 비경제적이었습니다. 그래서 이탈리아 중남부를 제외한 나머지 로마제국과 다른 전근대 제국 일반에서는 피정복 농민을 예속시켜 공납을 통해 착취하는 방식을 보편적으로 사용했고, 노예로 만드는 경우는 극렬하게 저항한 일부에 대한 징벌 같은 예외였습니다. 고대 아테네 문헌에서 노예를 증명하는 것은 광산, 공장 등의 비주력 산업 일부와 가사 노동 분야입니다. 가사 노예는 민주주의 시대에 오히려 늘었는데, 이것은 자유로운 시민에게 가내 부역을 강제할 수 없었던 부자들이 노예를 수입한 결과였으므로, 역설적으로 보편적 노예제를 부정하는 증거입니다.

Q: 고대 아테네 민주주의는 노예뿐만 아니라 여성과 이주민의 참정권도 부정했습니다. 이런 민주주의가 어떻게 현대적 대안일 수 있나요?

A: 현대 민주주의도 재산권 차별이 없는 보통선거권은 17세기 후반 영국 혁명 이후 250년 만인 20세기 전반기에야 가능해졌고, 여성의 참정권도 마찬가지였습니다. 현재도 이주민의 참정권은 아직 미완에 그치고 있습니다. 경조사 민주주의에 불과한 현대 민주주의조차 이렇게 역사적으로 발전했습니다. 마찬가지로 고대 아테네 민주주의는 약 200년 존속하는 동안 제도적으로 계속 발전

했습니다. 만약 마케도니아라는 외부 민족 제국에 의해 붕괴하지 않았다면 아테네에서 여성, 이주민, 노예의 참정권이 발전할 수도 있었습니다. 왜냐하면, 참정권 외의 사회 경제적 권리 대부분이 여성과 이주민에게 남성과 동등한 수준으로 보장되어 있었고, 심지어 노예에게도 확대되고 있었기 때문입니다. 요점은 고대 아테네 민주주의의 이런 한계들을 부정하자는 것이 아니라, 아테네에서 이런 한계들 속에서도 현대 민주주의를 능가하고 대안이 되는 민주주의를 발전시켰다는 점입니다.

Q: 고대 아테네 민주주의는 해상제국이라는 특수한 조건에서 가능했고 이런 조건이 무너지면서 붕괴했지 않았나요?

A: 그렇지 않습니다. 민주주의의 출발점인 클레이스테네스 개혁 시기의 아테네는 제국과는 전혀 상관이 없었습니다. 오히려 민주주의로 인해 사기가 드높은 혁명적 시민군이 형성되어 페르시아제국이나 스파르타 동맹과의 패권 전쟁에서 승리하고 해상제국이 될 수 있었습니다. 그래서 역으로 해상제국이 된 것이 민주주의 덕분이었다고 볼 수 있습니다. 나중에 펠로폰네소스 전쟁에서 패배함으로 인해 해상제국이 붕괴한 이후 기원전 4세기의 80년간에는 민주주의가 붕괴한 것이 아니라 더욱 발전했습니다. 이것은 민주주의가 모든 시민의 지식 집합과 이에 따른 학습 시너지로 인해 시민과 공동체가 상호 발전하는 기제로 작용했기 때문입니다.

Q: 민주주의는 원래 중우정치로 흐를 가능성을 내포하고 있다고 알고 있는데요. 고대 아테네가 멸망한 것도 이런 중우정치 때문이라고 할 수 있지 않나요?

A: 중우정치 때문이라는 주장은 고대 아테네 민주주의의 현실을 반영한 것이 아니라 비판을 위한 비판의 산물이었습니다. 아테네 민주주의는 중우정치 없이 두 차례의 과두제 쿠데타를 스스로 극복하고 외부 제국의 침략으로 붕괴하기까지 지속하며 사회, 경제는 물론 철학, 문학, 역사학, 조형미술 등 문화를 획기적으로 발전시켰는데, 서구 문명의 모범으로서 그리스 고전 문명이 바로 이 아테네 민주주의의 산물이었습니다. 이에 반해 소크라테스의 처형을 중우정치의 사례로 평가하는 주장은 소크라테스가 과두제 옹호자였고, 기원전 5세기 말 일어난 과두제 쿠데타 세력의 스승으로 연루되어 사형을 선고받고 (물론 현대 관점에서 사형은 과도하지만) 제자들의 다른 과두제 폴리스로의 망명 권유를 뿌리치고, 이미 확립된 법의 지배로서 민주주의 규범에 따라 스스로 죽음을 택한 사실을 모르고 하는 소리입니다. 이런 소크라테스의 죽음에 대한 심정적 반발은 제자 플라톤에게서 철인정치 과두제 이론으로 반영되었습니다. 아리스토텔레스는 플라톤보다 현실주의적이어서 『아테네의 정체』와 같은 객관적 저작도 남겼지만, 결국 혼합정체, 과두제가 더 좋은 정체라는 식으로 『정치학』에서 절충하여 현대 정치학의 모범답안을 남겼습니다. 반면, 프로타고라스, 페리클레스 같이 민주주의를 높이 평가한 사람들의 문헌은 극히 일부

만 전해집니다. 이것은 이후의 모든 역사가 고대 과두제 옹호 지식인들의 주장을 높이 받들었던 계급사회의 역사였기 때문이라고 할 수 있습니다. 그렇지만, 당대 학자들은 비판을 위해서라도 현실 민주주의를 반영하지 않을 수 없었고, 이런 반영의 결정체로서 아테네 민주주의 역사서이자 비교정치학서인 『아테네의 정체』는 과두제를 옹호한 『정치학』이 재발견된 1250년 이후로 641년이나 지난 1891년에야 재발견되었고, 이후 100여 년 동안의 치밀한 연구를 거쳐 민주주의의 실상을 밝히는 근거로 작용할 수 있었습니다. 결국, 근대에서 민주주의를 빈민과 폭도의 지배로 매도하고 혼합정체, 과두제, 공화정을 옹호한 『정치학』이 극복되는 데 750년이라는 시간이 걸렸습니다.

Q: 고대 아테네 민주주의는 면대면 소통이 지배하는 소규모 공동체에서나 가능할 것 같습니다. 아테네 민주주의가 현대 민족국가에서도 가능할 수 있을까요?

A: 고대 아테네는 인구 20-30만 명의 폴리스로 면대면 소통을 넘어선 현대 중소도시와 비슷합니다. 여기서 성인 남성 시민 3-5만 명의 참정권자 중 선착순 8천 명이 매주 집회장인 프닉스 언덕에 모여 폴리스의 주요 정책을 육성 회의를 통해 결정했습니다. 이렇게 1천 개 이상의 폴리스가 치열한 생존 경쟁 속에서 명멸하던 그리스의 환경에서 아테네는 민주주의 정체로 200년 동안 지속하며 가장 부유하고 문명화한 폴리스로 발전했습니다. 이렇게 대규모

인구가 참여하는 민주주의가 성공했다는 사실은 현대에도 대도시나 민족국가를 제외한 거의 모든 현실 조직에서 민주주의가 가능하다는 점을 알려 줍니다. 나아가 대도시, 민족국가, 세계 수준에서도 지식 정보와 시공간을 고도로 압축하는 지능 정보통신 기술에 근거하면 민주주의가 가능하다고 할 수 있습니다. 문제는 이런 기술적 토대를 활용할 수 있는 인간들의 사회적 관계입니다. 이것은 도시와 국가에서 발전하는 민주주의 실천에서 확보될 수 있습니다.

Q: 고대 아테네 민주주의가 현대 민주주의의 핵심인 자유와 평등의 권리를 보장하는 데 부족하거나 오히려 반하지 않나요?

A: 현대 민주주의를 참정권 측면에서 본다면 내용과 형식 둘 다에서 민주주의라고 볼 수 없습니다. 그러함에도 이 민주주의는 나머지 제반 자유와 평등의 권리에서는 내용상으로는 아니지만 법전으로는 보장하는 형식상의 경조사 민주주의입니다. 반면, 법으로 명문화한 권리로서 자유와 평등은 고대 아테네 민주주의에서는 거의 나타나지 않습니다. 그럼에도 고대 아테네 민주주의를 자세히 보면 현대 못지않은 자유와 평등이 보장되었다는 점을 확인할 수 있습니다. 결론적으로, 우리가 대안민주주의로 고대 아테네 민주주의 원리를 부활시키려고 할 때 자유와 평등의 권리를 명문으로 보장하는 현대 민주주의의 원리를 계승하고 발전시켜야 하는데, 이것은 고대 아테네 민주주의에 반하는 것이 아니라 그것의 발전일

것입니다.

Q: 고대 아테네 민주주의가 하나의 역사적 체제였을 수는 있지만 현대 민주주의도 수백 년의 역사 속에서 발전한 나름의 논리를 지닌 체제인데, 그 자체로 존중해야 하지 않을까요?

A: 그렇게 따지면, 현대 자본주의도 하나의 역사적 체제로서 존중되어야 합니다. 하지만, 우리는 현대 자본주의를 수백 년의 역사 속에서 발전한 역사적 체제라는 이유로 존중하지 않습니다. 시장에서의 거래의 자유와 평등을 통해 공동 번영을 보장한다는 정당화 논리와는 달리, 그 본질이 착취와 억압의 체제이기 때문에 자본주의를 부정하는 것이 정당하듯, 현대 민주주의는 자유와 평등의 형식적 보장 속에 실질적으로는 그것의 부정으로 귀결하기 때문에 본질상 과두제라는 비판과 부정을 요구합니다.

Q: 고대 아테네 민주주의가 아무리 좋은 체제라고 하더라도 현대인에게 적용하기에 적합하지 않을 수 있을 것 같습니다. 매주 상설 총회를 통해 공동체의 모든 정책을 결정하고 연례적 추첨을 통해 일생에 한 번 이상 정책을 집행하는 자리에 나가는 방식을 좋아하는 사람도 있겠지만, 사회적 문제에 관심을 끊고 자기 주변의 소소한 문제에서 행복을 느끼는 "소확행"을 추구하며 사는 삶을 이상적으로 여기는 사람들이 많을 수 있습니다.

A: 현재 상태에서 이렇게 생각하는 것도 가능하겠습니다. 그렇지만 이런 생각이 결국 설득력이 없는 이유를 다음 세 가지로 제시할 수 있습니다. 첫째, 현재의 사회 체제에서 이런 소확행을 추구하는 사람들이 많을 수 있을지라도, 그것이 지속 가능할지 회의적입니다. 소확행을 고전적으로 표현하면 소부르주아적 행복이라고 할 수 있을 텐데, 이것은 두 가지 측면에서 지속할 수 없습니다. 하나는 소부르주아적 지위가 자본주의 발전 과정에서 점점 위태로워진다는 점입니다. 이것은 농민, 자영업자, 소상공인이 도태하고 전문직의 지위가 하락하는 경향을 보면 알 수 있습니다. 다른 하나는 자본주의가 시간이 지날수록 모순이 심화하고 주기적 위기를 발생시키는 체제이기에 소확행이 지속될 수 없다는 점입니다. 그것은 생산력 발전이라는 사회적 내용이 자본주의라는 사회적 형식과 모순이 심화하여 주기적으로 폭발하기 때문입니다. 또한 이 책에서는 다루지 않지만, 생태 위기도 마찬가지로 자본주의 사회에서 계속 심화할 것입니다. 이런 모순과 위기 때문에 소확행은 지속 가능할 수 없다고 볼 수 있습니다. 둘째, 새로운 사회, 사회주의 사회가 되면, 소확행을 이상으로 생각하는 삶의 태도 자체가 변화할 수 있을 것입니다. 우리가 최근 밀레니얼 세대의 새로운 삶의 태도에 대해 많이 이야기합니다만, 이전에도 베이비붐 세대, 86세대, X세대와 같은 논의가 계속 있었습니다. 즉 인간들의 삶에 대한 태도는 고정된 것이 아니라 시대적으로 변화하고 있습니다. 사회주의 사회가 된다는 것은 그 개념 정의 자체가 인간의 삶의 태도가 변화할 수 있다는 것을 내포합니다. 그래서 사회

주의 혁명 이후에 이행기가 필요한 것이죠. 이 시기는 단지 법률과 제도를 변화시키는 데 그치는 것이 아니라 삶의 태도, 인간의 사고 방식과 행동 방식의 변화를 이루는 기간입니다. 그래서 한 세대 이상의 이행기가 필요할 수도 있습니다. 마지막으로 사회주의가 되었을 때, 그래도 소확행을 추구하는 삶을 원하는 사람들이 있을 수 있습니다. 이들은 자유롭게 연합한 인간들의 민주주의에 참여를 선택할 수도 있고 참여하지 않는 개인으로 살아갈 수도 있습니다. 이것의 전제는 사회주의가 자유로운 인간들의 연합이기 때문입니다. 그래서 사회주의에서는 오히려 현재 소부르주아적이라고 비난받을 수 있는 삶의 태도가 정당하게 지속 가능할 수 있습니다. 또한, 사회주의 민주주의가 지속 발전하면서 사회적 모순과 갈등을 계속 해소해 가기 때문에 일주일마다 상설 총회를 열고 연례적 추첨으로 일생에 한 번 이상, 일 년 동안 전업으로 공직에 나가는 방식이 점점 필요없는 상태가 도래할 수 있습니다. 일주일이 한 달, 한 분기, 1년 식으로 주기가 늘어나고 결국 특별한 이슈가 발생할 때에만 총회가 소집되는 상태로 변할 수 있고, 마찬가지로 공직도 특별한 이슈가 발생할 때에만 나아가게 될 수 있습니다. 그래서 결과적으로 모든 사회구성원이 소확행을 추구하는 삶을 자연스럽게 누릴 수 있습니다. 그리고 이러한 추구는 모든 사람의 다양한 개성의 실현을 목표로 하는 공산주의 개념에 이미 내포되어 있습니다.

Q: 한편 현대 민주주의에서 예를 들어 “빠”와 같은 팬덤 현상에서

보듯이 수동적 시민이나 소확행 추구에 머물지 않고 열정적으로 정치 참여를 추구하는 사람들도 있습니다. 이런 현상을 어떻게 이해할 수 있을까요?

A: 정치적 팬덤 현상은 대다수 수동적 시민들과 소확행을 추구하는 시민들에 대한 일종의 반작용으로, 나름의 사명감에 근거해 정치에 열정적으로 참여한다는 점에서는 긍정적인 측면도 있습니다. 하지만 문제는 이러한 정치 참여가 스스로 주체로서 발전하는 계기가 되는 것이 아니라 대의제 원리에 매몰되어 유능한 정치인의 팬덤으로 기능하는 계기에 그친다는 점입니다. 민주주의 원리를 이해하고 제대로 실천할 수 있다면, 이런 팬덤 현상을 추동하는 열정은 능동적, 주체적 시민으로 발전하는 동력이 될 수 있을 것입니다.

# 진짜 민주주의를 찾아서

오늘날 세계인들은 흔히 말하는 민주주의 체제에서 살고 있다. 권위주의 체제라고 규정되는 국가들은 전 세계 국가들의 3분의 1 이하로 줄어들어 있다. 1980-2010년대를 거치면서 아시아, 라틴아메리카, 소련·동구권과 중동의 국가들이 이른바 강한 혹은 약한 민주주의로 이행했다. 알트만은 2000년대의 세계 200개 국가를 각각 60여 개의 민주주의, 혼성(약한 민주주의), 권위주의 체제로 분류한다. 특징적인 것은 권위주의의 수가 약 100개였던 1970년대를 정점으로 줄어들면서 민주주의와 혼성의 수가 동시에 증가하고 있다는 점이다.(Altman 2011: 68-69)

그렇지만 이런 민주주의의 세계화는 인류의 이상이 실현된 것이라기보다 그 자체로 새로운 문제의 원인으로 나타나고 있다. 정치학 교과서도 현대 민주주의의 작동 원리인 대의제가 "근본적인 한계"(김재영 외 2000: 374)를 지닌다는 점을 인정한다. 이지문(2012: 22-31)은 현대 민주주의에서 그 핵심적 가치들–자유, 평등, 대표성, 통합, 공공선, 합리성, 시민 덕성–이 제대로 실현되지 않는다는 점을 다음과 같이 잘 보여준다.

첫째, 자유를 모든 시민이 통치자로 지배에 참여하는 자유로 이해할 때, 이 자유는 거의 실현되지 않고 있다. 이것의 단적인 표현은 유권자의 투표율이 절반에도 미치지 않는 경우가 허다하다는 점이다. 둘째, 평등을 대표자로 선택될 평등으로 이해할 때, 현실에서 그 가능성은 특별한 소수에게만 주어진다는 점에서 평등이 전혀 실현되지 않고 있다. 셋째, 선출된 대표자들의 성·나이·직업·학력 등의 기준에서 대표성은 명확하게 왜곡되어 있다. 넷째, 정치의 결과, 통합이 달성되기는커녕 정치 자체가 불신을 받는 상황이다. 갤럽의 밀레니엄 1999년 여론조사에서 세계 60개국 5만 7천 명 중 30퍼센트만이 "국민이 국가를 지배한다"고 응답하였고, 60퍼센트는 "아니다"라고 응답하였다는 통계가 이를 증명한다. 다섯째, 대표자가 "전체"를 위한 정치가 아니라 "부분"의 이해관계를 추구한다는 인식이 대다수 정치학자 사이에서 지배적이다. 여섯째, 투표에서 유권자는 정보 부족, 정보 왜곡, 선택지 부족으로 합리적 선택을 할 수 없을 뿐만 아니라, 주로 경제적 약자인 기권자의 의사가 투표 과정에 반영되지 않아 전체의 합리적 결정이 저해되고 있다. 마지막으로 연대, 공감, 자유, 평등 같은 시민 덕성의 발전은 추상적 개념 학습이 아니라 민주주의 실천과 연결된다는 점에서 대의제는 근원적으로 한계가 있다.

일찍이 미헬스R. Michels는 모든 민주주의는 반드시 과두제로 전락한다는 "과두제의 철칙"(미헬스 2002)을 발견했다. 그래서 많은 학자들이 현대 민주주의의 개선 방안을 제시하고 있다. 그것들은 선거제도와 헌법의 개선,(달 2005, 최장집 외 2007, 강남훈 2015) 숙의 등 참여민주주의 혹은 자치 원리의 강화,(주성수 2009, 헬드 2010, 소준섭 2011) 운동에 의한 급진민주주의 추구,(김영수 2009, Abensour 2010, 조희연 2011) 추첨제 시민의회 등 직접민주주의의 도입 혹은 새로운 대표성의 구성(박주원 2004, 김제국 2010, Altman 2011, 이지문 2012, 김양화 2015, 최상한 2016) 이렇게 네 가지로 분류할 수 있다. 이런 대안들은 현대 민주주의의 토대인 자본주의나 시민사회와 중앙집중 권력으로서 국가의 분리는 물론 그 작동 원리들 –제한정부론, 삼권분립, 대의제, 선거제, 관료제, 자유주의–을 전면 부정하기보다 이것들에 근거한 보완과 개선에 머문다. 박주원(2004)은 대의제의 극복과 국가의 소멸을 추구하지만, 여전히 생산자 연합 자체가 아니라 "새로운 대표성"을 추구한다. 최상한(2016)은 자본주의 토대를 넘어서는 대안을 제시하기는 하지만, 기초 단위가 아닌 상급 단위에서는 파리 코뮌처럼 아래로부터 통제되지만 여전히 "대리" 민주주의를 지향하고 있다.

이 장에서는 현대 민주주의의 문제들을 방금 열거한 자본주의라는 토대, 시민사회와 국가의 분리, 그 작동 원리들에서 찾으면서 이것들을 전면 지양하는 대안을 제시하고자 한다. 이런 상식에 반하는 주장은 민주주의가 발생한 고대 아테네의 사례를 이해한 뒤에야 비로소 수긍할 수 있을 것이다. 그래서 이하 1절에서는 고대 아테네 민주주의의 실상을 우선 서술할 것이다. 이에 근거하여 2절에서는 고대 아테네 민주주의와 현대 민주주의를 비교 평가할 것이다. 이런 평가에 근거하여 3절에서는 고대 아테네 민주주의의 원리가 현대 민주주의의 한계를 넘어서는 원리이자 대안이라고 주장할 것이며, 마지막으로 4절에서는 이러한 주장의 함의를 광장 민주주의와의 연관성에서 살펴보려고 한다.

## 1. 고대 아테네 민주주의의 실상

사람들은 고대 아테네 민주주의라는 말은 알지만, 그 역사와 실상을 잘 알지는 못한다. 따라서 편견과 억측을 분별하기도 어렵다. 그렇기 때문에 이 절에서는 고대 아테네 민주주의의 간략한 역사와 작동 원리, 핵심 동력으로서의 인민의 능력에 대한 믿음과 지식 집합을 살펴본 뒤에 그 성격에 대한 비판들을 검토하고, 상식에 반하는 실상을 드러내 보려고 한다.

## 가. 고대 아테네 민주주의의 간략한 역사

고대 아테네 민주주의의 역사를 잘 이해하기 위해서는 고대 아테네의 기원을 같이 보면 도움이 된다. 하지만 불행히도 현재 남은 문헌 자료상으로는 아테네와 그리스 폴리스들의 기원을 명확히 밝힐 수 없다. 다만 추정하면 역사 기록이 없는 "기원전" 12세기-8세기의 암흑기(이 장에서는 편의상 모든 연도 표시에서 "기원전"을 생략할 것이다.) 이전에는 강력한 미케네 문명의 국가가 그리스 반도를 지배했을 것으로 보인다. 이 미케네 문명의 중심지에는 강력한 중앙집중 왕권을 상징하는 거대한 궁정 유적이 있는데, 이를 통해 이 국가가 다른 고대문명과 마찬가지로 공납제 국가였다고 추정할 수 있다. 어떤 이유에서든 이 국가가 붕괴하면서 암흑기가 도래했고 이 시기를 지나 8세기부터 현재 알려진 아테네, 스파르타 등의 폴리스들이 문헌상 출현했다. 그 이후로 총 1천여 개의 폴리스가 명멸했다. 이 폴리스들의 정체는 왕정은 거의 없고 일인 지배의 참주정, 소수 지배의 과두정, 인민 지배의 민주정 즉 민주주의로 구분할 수 있다. 민주주의 정체였던 폴리스는 아테네뿐만 아니라 다수 있었는데, 아테네가 가장 크고 중심이었다.

아테네 역사에서 기록이 출발하는 8세기부터 민주주의가 성립한 6세기 말기까지를 고대기archaic age라고 하는데, 이때 참주였던 드라콘이 법전을 편찬하여(621년) 법치주의의 출발점을 형성했다. 참주였던 솔론은 두 가지 중요한 개혁을 하였는데,(594년) 하나는 세습 귀족을 없애면서 시민을 부와 군사적 역할에 따라 네 가지 등급으로 분류하고 이에 근거한 정치 참여 제도를 도입하여 장차 최하등급의 시민이 완전한 참정권을 얻을 수 있는 토대를 놓은 것이다. 다른 하나는 토지개혁을 한 것까지는 아니지만 시민의 모든 납세, 지대, 부역 의무를 없애는 개혁을 통해 자립적인 소농과 장인의 기반을 마련하여 장차 민주주의로 발전할 토대를 놓았다.

고대 아테네에서 민주주의 정체의 수립부터 붕괴 때까지를 고전기classic age라고 하는데, 솔론의 개혁을 기점으로 발전하기 시작한 민주주의 요소는 클레이스테네스의 개혁(508/7년)에서 정치 체제로서 수립되고 약 200년간 발전하다가 마케도니아의 정복으로 인해 붕괴했다.(322년) 과거에는 솔론의 개혁이 민주주의의 출발점이라는 아리스토텔레스의 견해(Aristotle *Pol.*: 59)를 따른 적이 있었으나, 요즘은 클레이스테네스의 개혁이 출발점이라는 점에 대다수가 동의한다. 그럼에도 아테네 민주주의의 기원을 8-7세기 그리스·로마 지역의 시민권 문화나 이와 연관하여 전시에 밀집 대형 방진을 하고 다수결로 결정하던 중무장보병전사 공동체로 보는 견해(Morris 1996, Raaflaub et al. 2007, Cartledge 2007, Tridimas 2011)도 있지만, 이는 부정확한 견해다. 시민권은 그리스·로마가 공유하는 특징이지만 여기서 반드시 민주주의만이 아니라 과두정도 발전했다. 즉 (중)무장보병전사들에 근거한 로마(Hopkins 1978)나 아르고스, 시라큐스, 스파르타는 과두정과 군국주의를 발전시켰다. 반면 아테네인들은 중무장보병전사에 근거한 침략 전쟁보다 아테네에 머무는 것을 선호했다. 그들은 또한 언어, 종교, 가치 등이 유사한 문화적 환경과 치열한 경쟁 속에서 항상 가능했던 다른 폴리스들로 이주하기를 선택하기보다 오히려 외부인을 끌어들였다.(Kyriazis 2009: 113) 신화적으로도 아테네인들은 자신들이 델피의 아테네 여신의 후손들로서 아테네 땅의 민주주의의 건설자라고 믿었다.(Dougherty 1996) 그래서 아테네 민주주의를 발생시킨 직접적 요소는 시민권 문화와 군국주의적 중무장보병전사 공동체라는 그리스·로마 지역의 공유된 특징이 아닌 별도의 요소에서 찾아야 한다.

일부는 이보다 후기의 일종의 원로원인 아레오파고스의 재판 권한을 폐기한 개혁(462년)이 출발점이라고 주장하지만(Raaflaub 1996, 2007b, Raaflaub et al. 2007: 22) 이런 주장은 뒤에서 보듯이 근거가 약하다. 다른 한편 322년 이후 민주주의가 부활하여 3-2세기에도 지속하였다는 견해(Kyriazis 2009, Laurian 2012)도 있지만, 이 역시 근거가 약하다. 내적으로 민주 제도가 다시 작동했다고 해도 자주권을 상실한 상태이므로 완전한 민주주의라고 보기는 어렵다. 다만 이런 지속성 주장이 가능할 정도로 아테네 민주주의가 마케도니아제국과 이어진 로마제국 시기에도 지속적 영향력을 미쳤다는 점을 짐작할 수 있다. 어쨌든 세부적인 사건들의 서술은 이 글의 목표가 아니므로 생략하고 다음 <표1-1>의 연대기를 참조 자료로 제시한다.

연대기에서 보듯이 민주주의 발전 과정의 중간에 있었던 펠로폰네소스 전쟁의 패배에 따른 해상제국 지위 상실과 두 번의 과두제 쿠데타의 승리와 같은 격변에도 민주주의는 유지되었다. 아테네 민주주의 역사의 요점은 민주주의가 약 200년간 정체로서 계속 발전하였다는 점이다.(Laurian 2012: 10) 이런 발전은 다음에 서술하는 원리와 제도에서 드러날 것이다.

### 나. 고대 아테네 민주주의의 원리와 제도

헤로도토스, 투키디데스, 플라톤, 아리스토텔레스 등 당대인들의 문헌에서 묘사되고 명문들과 기타 유물과 유적에서 입증된, 민주주의 관련 현존하는 당대 문헌 자료는 주로 5세기 후반과 4세기의 자료들이다.(Raaflaub 2007a: 6-7) 이것들은 2,400년 전의 것인데도 비잔틴과 이슬람 문명의 필사본을 거쳐 현재까지 남았다. 이 필사본들의 내용은 유물 유적들의 증거들과도 일치하기 때문에 그 진정성을 믿을 수 있다. 이런 문헌 자료들은 연설, 팸플릿, 역사서, 철학서, 희곡, 사전 등을 포함한다.(Hansen 1999: 2장)

이 절에서는 5세기 후반 데모스테네스에 의해 더욱 발전되고 두 차례 과두제 쿠데타 후 부활하여 4세기에 계속해서

## <표1-1> 아테네 민주주의의 연대기(Trimidas 2015: 104)

B.C.

| | |
|---|---|
| 750-500 | **고대기 아테네** |
| | 핵심 정부 체제: 귀족에서 선발된 9명의 최고 행정관들과 최고법원(아레오파고스). 전직 최고 행정관들로 구성된 평의회가 법과 행정관들을 감독하고 재판들을 수행. |
| 632/631 | 귀족 킬론이 자신을 참주로 세우려는 쿠데타 실패. |
| 621 | 드라콘이 법전을 편찬함. |
| 594 | 입법자 솔론이 부에 근거한 정치 체제 도입. |
| 546-510 | 페이시스트라토스와 그의 아들 히피아스의 참주 정체. |
| 510 | 히피아스 추방. |
| 508-404 | **고전기 아테네의 5세기 민주주의** |
| 508-507 | 민주 정체 확립: 클레이스테네스의 시민권과 500인 평의회 개혁. |
| 490 | 마라톤에서 페르시아와의 전투에서 승리. |
| 480 | 살라미스에서 페르시아와의 전투에서 승리. |
| 487 | 추첨에 의한 집정관 선발. |
| 479 | 미칼레에서 페르시아와의 전투에서 승리 - 페르시아 방어전의 종결. |
| 467경 | 소아시아의 에우리메돈에서의 페르시아와의 전투에서 승리. |
| 462 | 아레오파고스의 권력 제거. 법정 배심원에 보수 지급 도입. |
| 460-446 | 스파르타와의 30년 평화조약 체결과 함께 1차 펠로폰네소스 전쟁 종결. |
| 454-404 | 1차 아테네 동맹. |
| 451 | 페리클레스의 입법으로 양친이 아테네인 사람들에게만 시민권 제한. |
| 431-404 | 스파르타와의 펠로폰네소스 전쟁. |
| 421 | 우유부단한 작전들 이후에 니키아스의 평화로 알려진 휴전 협정 체결. |
| 415-413 | 아테네 해군의 시칠리아 원정. 시라쿠스와 스파르타에게 패배. |
| 411 | 과두제 쿠데타에 의해 민주 정체 전복. |
| 410 | 아테네 해군에 의해 민주 정체 회복. |
| 407 | 아르기노세 해전에서 승리. |
| 405 | 아이고스포타모이 전투에서 패배. |
| 404 | 아테네가 패배하고 항복함. 30인 과두정 수립. |
| 404-322 | **고전기 아테네의 4세기 민주주의** |
| 403 | 민주 정체 회복. |
| 403/402 | 민회 참석에 대해 보수 지급 도입. |
| 395-387 | 코린트 전쟁-아테네 성공 못함. |
| 378-355 | 2차 아테네 동맹. |
| 358-355 | 동맹시 전쟁 - 아테네 성공 못함. |
| 355경 | 연극/축제 참관 보수 지급 공식화. |
| 355-346 | 성전-아테네 성공 못함. |
| 338 | 카이로네이아에서 마케도니아 필립 2세에게 패배. |
| 323-301 | 알렉산더 황제 계승 전쟁. |
| 322 | 아모르고스와 크란논에서 마케도니아에 패배한 후 민주 정체 종말. |
| 322-229 | **헬레네기의 아테네** |
| 319 | 마케도니아 섭정 폴리페르콘에 의해 자치권 승인. |
| 229 | 아카이아 동맹의 도움으로 아테네는 마케도니아 주둔군 사령관에게 돈을 지불한 뒤 해방됨. 이후 아테네는 그리스에서도 마케도니아/로마 갈등에서도 더는 중요한 역할을 하지 못함. |

발전한, 민주주의의 원리와 제도를 서술할 것이다. 아테네 민주주의의 제1 원리는 "인민에 의한" 민주주의,(Hansen 1999, Ober 2008a) 상설 "총회 민주주의"(하태규 2013)였다. 외교, 전쟁, 재정, 공공 사업, 시민권 심사, 상벌, 축제 등 나라의 모든 주요 대내외 정책들을 결정하는 민회the People's Assembly는 이론상 모든 인민이 참여할 수 있었다. 민회의 장소로는 8천 명을 수용할 수 있는 프닉스Pnyx 언덕이 사용되었다. 프닉스의 집회장은 세 차례 공사를 통해 1차(460-400년), 2차(400-330년), 3차(330년 이후)로 구분되는 기간에 사용되었다. 프닉스에 집회장이 건설되기 전에 민회는 시장이 있던 아고라 광장이나 교육기관이 있던 리케이온에서 열렸다. 1차 집회장은 면적이 2,400제곱미터로 6천 명 이상이 참석할 수 있었으며, 따라서 통상 2-3천 명이 참석했다는 주장(Staveley 1972: 78)은 실증적으로 기각될 수 있다. 400년경 공사로 개축된 2차 집회장은 폐쇄 공간에 나무의자와 등받이를 갖춘 2,600-3,200제곱미터 공간으로 6,500-8,000명이 참석 가능했으며. 마케도니아와 전쟁 중의 민주주의 붕괴 직전의 3차 재건축은 민회가 여전히 중요했음을 입증한다.(Hansen 1999: 128-131, 330-333)

민회는 연간 40회(주요 민회 10회, 일반 민회 30회) 개최되었다.(Aristotle *Ath.*: 244) 500인 평의회the Council에서 10개 부족별 50인의 평의원들로 구성된 상무위원회가 10분의 1년씩 월별로 돌아가며 각각 36일 동안 네 번의 민회 개최를 책임졌다. 회의는 스위스 민회 란츠게마인데landsgemeinde 같이 오전 동안에 마쳤다.(Hansen 1999: 133-137) 인류 역사에서 원시 공산제 이후 구성원들의 상설 총회에 의해 정치 공동체의 주요 정책을 결정한 사례는 아테네가 유일하다. 유사한 사례로 거론되는 스위스 민회나 미국 뉴잉글랜드 타운 회의town meeting는 지방자치 수준에 머물고 있다.(Hansen 1999: 2) 반면 아테네 민주주의는 전체 139개 구역(deme, 마을, 기초자치단위) 중에서 현존하는 14개의 극장 유적들이 증명하듯이 자치 민회를 통해서도 작동되었지만,(Ober 2008a: 206-208) 국가 수준에서 당시의 일주일인 9일 간격으로 시민 총회를 통해 작동했다. 이런 상설 총회 민주주의가 도대체 어떻게 성공적으로 작동할 수 있었는지 이어진 서술에서 밝혀질 것이다.

민회는 500인 평의회가 예비 결정에서 채택하고 제안하는 안건만을 다루는 것이 원칙이었다. 500인 평의회의 예비 결정은 안건의 세부 내용이 정리된 구체적 예비 결정과 안건의 주제만 제시하는 개방적 예비 결정으로 구분된다. 주목할 점은 500인 평의회가 종종 구체적 예비 결정을 피하고 개방적 예비 결정을 제출하는 데 만족했다는 점이다. 그래서 개방적 예비 결정을 다룰 시간 확보를 위해 민회 개최 초반에 구체적 예비 결정 안건들에 대한, 토론을 생략한 거수투표가 있었는데 과반수 찬성이 있으면 이 안건들은 평의회 원안대로 통과되었다. 402-322년 동안 매년 30-40회 민회에서 매회 9-10개 안건을 통과시켰기 때문에 민회는 대략 약 3천 번

열렸고, 결정문은 약 3만 개에 이르렀을 것이다. 이 중에 남아서 전해지는 것은 약 800개의 정책 결정문이다. 돌에 새겨진 명문으로 직접 전하는 약 488개와 이들이 참조한 68개, 인용된 219여 개가 있는데 너무 단편적인 100여 개를 제외한 666개를 분석하면 362개가 시민권 심사, 192개가 외교와 군사 정책, 35개가 종교와 축제, 17개가 재정과 공공 작업 등과 관련된 것이다. 이런 결과는 실제 비율과는 다를 수 있는데, 시민권 부여 등 명예와 축제 등의 결정은 특별히 돌에 새길 유인이 많았기 때문이다. 이를 고려한다면 추정컨대 민회의 가장 중요한 결정은 외교적 결정이었다.(Hansen 1999: 156-157)

이 정책 결정문들에 관한 연구 결과는 평의회와 인민이 주도한 결정문이 각각 절반임을 보여준다. 그래서 확실히 평의회의 영향이 강했기는 했지만, 정책 결정 과정이 인민의 수중에 있었다는 점을 알 수 있다.(Hansen 1999: 138-140) 500인 평의회는 뒤에서 볼 행정관위원회의 일종이지만 500인이라는 규모와 민회와 입법배심원의 개최를 책임진다는 점에서 다른 행정관위원회들과는 달랐다. 500인 평의회는 외국 사절을 맞이하는 등 외교의 창구이자 정부의 역할을 하면서 다른 행정관위원회들의 정책 집행을 감독했다.(Hansen 1999: 246-247) 요약하면 500인 평의회가 정교한 시스템으로 민회의 정책 안건을 준비하고 민회를 운영하여 효율적인 정책 결정을 유도하고 결정된 정책을 집행하는 책임을 졌기 때문에 상설 총회 민주주의가 잘 작동할 수 있었다. 하지만 500인 평의회가 권력기관이 될 수는 없었다. 왜냐하면 500인 평의회의 평의원들은 매년 교체되는 평범한 시민들로 구성되었기 때문이다.

다른 한편 입법 과정은 민주주의 발전 과정에서 더욱 정교해졌다. 짧은 민회 시간에 숙고를 요구하는 입법 결정은 무리일 수밖에 없었다. 그래서 새로 도입된 것이 입법배심원Nomothetai이었다. 회복된 민주주의(403년)에서 이전 두 번의 과두제 쿠데타를 낳았던 갈등을 해소하고 민주주의를 더욱 확립하기 위해 쿠데타 직전에 추진되었던 법전 편찬을 두 개의 입법위원회로 재개했다. 하나는 500인 평의회에 의해 선출되었는데 기존의 모든 법령을 수집하고 예비적으로 공표하는 것이 임무였다. 이후 입법배심원이 되는 다른 하나는 139개 구역 자치 민회들에서 추첨으로 선출된 500인 기구였다. 이 기구는 예비적으로 공표된 각 법령을 청문한 뒤 수정 편찬 법전에 수용할지를 결정했다. 이런 과정의 결과로 "법"의 정의가 새롭게 형성되고 입법기관과 절차도 바뀌었다. 이때부터 법은 민회가 결정하는 시의에 맞고 가변적인 정책과는 엄격히 구분되는 지속성을 지녔다. 이제부터 법의 제정은 이미 편찬된 법전의 법조문들을 수정하는 방식으로 입법배심원의 재판 절차를 통해 진행되었다.(Hansen 1999: 162-166) 이렇게 법은 입법배심원의 심사숙고로 결정되었지만, 그러함에도 입법 과정은 여전히 인민의 결정 권한으로 남았다.(Laurian 2012: 9) 왜냐하면, 배심원들이 인민의 일부일 뿐만 아니라 입법배심원의 재판 회부 여부도 민회의 연례적 "법률안 총괄 심의"로 결정되었기 때문이다. 민회에서 회부가 통과되면 그 법률들 각각의 수정이 입법배심원에서 최종 결정되었다.

또한, 이렇게 수정된 법의 유효성이 의심되면 다시 시민법정the People's Court에서 "법안 부적합성 심사"를 받아야 했다. 그래서 이전부터 있던 민회의 모든 제소된 정책 결정을 심의하던 시민법정의 "정책 비합법성 소송"은 민회가 통과시키는 정책들의 심의로만 한정되었다.(Hansen 1999: 166) 이 시민법정은 민회와 나란히 매년 초에 자발적으로 등록한 시민 6천명 중 민사, 형사, 정치 등 소송 종류와 중요도에 따라 그때그때 추첨으로 선정되는 201, 301, 501, 1001명 등의 홀수 배심원으로 구성된 대규모 시민이 참여하는 또 다른 핵심적 민주주의 기관이었다. 시민법정은 법안 부적합성 심사와 정책 비합법성 소송을 통해 법률과 정책을 심사하고 또한 기소된 사람들에 대한 정치 재판을 통해 민회, 평의회, 행정관위원회에서 활동하는 시민 지도자, 평의원, 행정관들을 통제하여 민주주의의 견제와 균형을 작동시켰다.

이런 견제와 균형은 현대 민주주의의 그것과는 질이 다르다. 과두제인 현대 민주주의의 견제와 균형(삼권분립)은 한편으로 과두제 내의 특정 분파의 권력 독식을 방지하는 수단이고 다른 한편으로 인민의 지배를 예방하는 수단이다. 이것은 미국 헌법의 까다로운 수정 절차나 인구 비례가 아닌 주별 동수 대표의 "상원 표결 원리"(달 2005)나 수도 이전이 위헌이라는 한국 헌법재판소 결정 등에서 쉽게 목격할 수 있다. 반면 아테네 민주주의의 견제와 균형은 인민 자신에 의한 그것이고 자기결정에 대한 교정 수단이었다. 그래서 여기서 인민의 결정을 최고로 삼은 것은 인민이 무오류라는 전제가 아니라 스스로 교정할 수 있다는 "유연성"(Laurian 2012: 9, Schwartberg 2004: 323)의 확신에 있었다.

시민법정의 또 다른 중요한 특징은 모든 소송의 당사자(배심원, 검사, 변호사, 판사) 중 그 누구도 전문가가 아니라는 점이었다. 일방이 전문가이고 나머지가 아마추어라면 전문가가 유리하기 마련이므로 이것은 민주주의가 과두제로 전락하는 것을 방지하기 위한 선택이었다.(Hansen 1999: 178)

이상에서 보듯이 아테네에서 모든 정책과 입법, 재판 결정들은 민회, 입법배심원, 시민법정의 시민들에 의해 이루어졌지만, 이런 결정들을 위한 안건을 준비하고 회의를 주재하고 결정된 사항을 집행할 행정관들도 또한 필요했다. 그래서 500인 평의회 외에도 46가지 행정관 직에 약 700명의 행정관과 그 위원회들이 있었다. 500인 평의회와 그 상무위원회가 민회와 입법배심원을 맡았다면, 행정관위원회들은 시민법정을 소집하고 주재하는 권한을 가졌다.(Hansen 1999: 225-229) 평의원뿐만 아니라 행정관들도 대부분 추첨을 통해 선임되었고 1년의 임기에 연임과 중임이 불가했다. 그래서 인민들은 매년 500명의 평의원과 최고 행정관을 포함한 약 600명의 행정관을 추첨으로 선임했고, 나머지 전문직으로 장군이나 재무관 등 약 100명의 행정관을 선거로 선임했다. 평의원들은 아테네의 모든 139개 구역별로 인구 비례에 맞게 추첨으로 선임되어 구역의 상위 단위인 10개 부족별 50명씩 500인 평의회를 구성하였고, 나머지 46가지 행정관 직은 10개 부족별 1명씩 10명 혹은 10명 이상의 동료 위원회로 구성했으며, 평의회와 마찬가지로 약간의 전업 노예 서기들의 지원을 받았다.(Hansen 1999: 230-237, Ober 2008a: 156) 추첨이든 선거든 선정된 행정관들은 모두 시민법정에서 능력보다 성격과 생활 태도에 관한 임용 검사dokimasia를 통과해야만 임명될 수 있었고, 업무 수행 결과에 관한 사후 감사eutbuna를 거쳐야 면직될 수 있었다.(Hansen 1999: 218, Ober 2008a: 157)

여기서 아테네 민주주의 제2의 원리가 연례적 추첨이라는 점을 새겨볼 필요가 있다. 민회를 제외한 입법배심원, 시민법정, 500인 평의회, 행정관위원회 등 나머지 모든 민주주의 기관들은 원칙적으로 연례적 혹은 수시 추첨을 통해 충원되었다. 즉 민회에서 전체로서 인민이 수행할 수 없는 모든 공무는 선거가 아니라 무작위 추첨을 통해 윤번으로 선출되는 인민들이 결정하거나 수행했다. 여기에는 현대의 "대표"라는 개념 자체가 없었다. 인민 개인이 각자 판단에 따라 결정하고 수행하면 그 결과가 전체 인민의 일이 된다는 전제가 놓여 있었다. 현대의 여론조사는 잘 배분된 무작위 표본이 전체 의사를 잘 반영한다는 점을 입증하고 있다.(이지문 2012: 306) 이런 맥락에서 이지문은 선거제가 아닌 추첨제가 민주주의의 핵심적 가치를 제대로 구현할 수 있다고 주장한다.(2012: 5장) 맞는 말이지만, 이런 추첨민주주의는 상설 총회라는 민주주의의 제1의 원리를 놓치기 때문에 문제가 있다. 상설 총회에서 일상적으로 토론과 결정을 하지 않던 수동적 시민이 추첨으로 선발된다고 갑자기 선거제 대표보다 일을 더 잘 할 수 있다고 가정하는 것은 비현실적이다. 즉 상설 총회 없는 추첨제는 오히려 직접민주주의의 비효율성을 입증하는 사례가 될 수 있다.

아테네의 모든 추첨은 의사반영률을 높이기 위해 구역과 부족별 배분 원리를 지켰고 연임과 중임을 금지했다. 결과적으로 이 추첨은 엄청난 수의 시민들이 직업적으로 정치에 참여하는 결과를 초래했다. 아테네 시민의 3분의 1, 30세 이상 시민의 2분의 1이 일생에 한 번 이상 1년씩 500인 평의회의 일원이 되었고, 매일 한 명씩 번갈아 수행하는 평의회 의장 겸 정부 수반은 시민의 4분의 1이 역임했다.(Laurian 2012: 8) 여기다 행정관위원회, 입법배심원, 시민법정과 139개 구역의 자치 민회를 포함하면 모든 시민이 추첨으로 일생에 한 번 이상 공무를 맡았다고 볼 수 있다. 반면에 선거를 통한 선출은 전문성을 요구하는 일부 행정관들의 선출에만 도입되었는데, 선거가 재산과 능력 있는 사람을 선택하게 마련인 과두제의 원리(Aristotle *Pol.*: 105)에 따르는 것이었기 때문이다.

이렇게 선거로 선출하는 장군, 재무관 등의 직위는 보통 임기 3년에 연임이 가능했다. 그래서 선거로 선출된 인물들이 지도적 역할을 했고, 따라서 실제 지배자였을 것이라고 오해할 수도 있다. 하지만 아테네 민주주의 맥락에서 지도자와 지배자는 구분되어야 한다. 지도자들은 의사결정 과정에서 중요 제안을 하고 연속하여 집행 책임을 맡기도 했지만, 인민을 지배할 수는 없었다. 왜냐하면, 주어진 기능을 넘어서 지배자가 되려는 사람들은 도편 추방 결정 그리고 탄핵, 임용 검사, 사후 감사 관련 재판들을 통해 인민에 의해 계속 심판되었기 때문이다. 즉 "아테네 민주주의는 강력하고 혁신적인 지도력에 의존했지만, 결코 어떤 한 장군이나 정치가에 의존한 조직은 아니었다."(Manville at al. 2003: 28)

이런 추첨 원리의 심화 차원에서 행정관들은 대부분 위계 구조 없는 행정관위원회에서 한 팀으로서 작업했고 사후 감사의 책임도 한 팀으로 졌다. 여기에 바탕이 된 생각은 무작위 추첨으로 선임된 개인들 간의 편차는 심할 수 있지만, 전체를 집합적으로 반영하는 10명 혹은 10명 이상의 팀은 그런 편차를 보완하며 오히려 시너지를 낼 것이라는 점이다. 그렇지만 이런 팀에서도 필요시 상설적 분업을 배제하지 않았다. 예를 들어 장군 위원회는 4세기 중반부터 장군별로 육군 책임, 서부 해안 항구 지역 방어 책임, 함대 책임, 조선 책임 등으로 역할을 분담했다. 아테네인들이 팀제를 선호한 또 다른 의도는 특정 개인이 너무 높은 영향력을 획득하는 것을 막는 데 있었다. 이것은 연임 제한 윤번제와도 맞물렸다.(Hansen 1999: 238-239) 다른 한편 아테네 민주주의는 과두제와는 반대로 정치 참여에서 시민이 보수를 받아야 한다는 원칙을 지녔다.(Aristotle *Pol.*: 110-111) 이런 원칙에서 아테네는 5세기에 행정관에게, 4세기에는 민회, 시민법정, 평의회의 시민들에게 보수를 지급했다.(Hansen 1999: 242) 이것은 모든 평범한 시민이 정치에 참여할 동기와 조건을 부여하여 민주주의가 발전하는 데 공헌했다.

### 다. 민주주의의 핵심 동력:
### 인민의 능력에 대한 믿음과 지식의 집합

고대 그리스에서 '크로토스'krotos는 공직의 독점을 뜻하는 지배arche와는 달리 사물을 다룰 능력을 뜻하였다. 따라서 인민demos과 크로토스의 합성어인 데모크라티아demokratia는 인민의 지배가 아니라 인민의 능력(에 관한 믿음)을 뜻하였다. 다시 말해 일인 지배Monarchy, 소수 지배Oligarchy와 대립하는 정체를 아테네인들이 다수 지배Pollarchia가 아니라 인민의 능력(에 대한 믿음)으로 표현했다는 점은 새겨볼 일이다.(Ober 2008b) 다만 인민의 능력에 대한 믿음이 현실에서 인민의 지배를 낳았으므로 데모크라티아의 의미도 점차 인민의 지배를 포함하게 되었다.

그래서 인민의 능력에 관한 믿음의 정체로서 아테네 민주주의는 완성된 형식이라기보다 200년 동안 인민의 능력과 더불어 계속 변화하고 발전하는 정치 형식이자 원리였다. 그래서 인민의 능력은 점점 더 발전되었고 더불어 사회 경제적 혁신 능력과 생산성은 더욱 고조되었다.

이런 결과를 낳은 기제의 작동 방식을 살펴보자. 아테네의 국제 환경은 고도로 경쟁적인 현대 기업이 처한 환경에 비유할 수 있다. 아테네 고대기에 상대적으로 잘 알려졌던 120개 그리스 폴리스의 멸망 비율은 30퍼센트를 넘어서 각 폴리스는 3대 1의 멸망 확률을 지녔다는 점을 알 수 있다.(Ober 2008a: 81-82) 폴리스의 멸망은 시민들의 노예화와 죽음도 낳을 수 있는, 현대 기업 파산보다 더욱 엄중한 사건이었다.(Manville et al 2003: 15-16) 이런 상황에서 폴리스라는 복잡한 대규모 조직체가 생존하고 번영하기 위해서는 사람들의 상호 행동을 규정하는 사회적 지식과 전문적 일 처리 능력이라는 기술적 지식 양쪽의 집합이 중요했다.(Ober 2008a: 91-92) 이런 지식의 집합을 위해서 아테네는 정부 후원의 "지식 집합 경주"의 승리자에 대한 공적 명예 수여라는 유인책을 사용했고, 저비용의 소통 수단을 개발했으며, 지식 집합 기제로서 정치 제도들을 작동시켰다. 그 결과 아테네 시민들은 정치적으로 더욱 유능해졌다. 이들은 순환적으로 공무에 참여한다는 점에서 여전히 아마추어지만 전문적 정책 결정 능력을 일부 보유했다.(Ober 2008a: 118-123)

이런 과정을 단적으로 보여주는 사례로 시칠리아 해군

기지 건설(325/4년)을 보자. 시민 8천 명의 민회는 그리스 반도 서쪽 아드리아해의 요지로 거대한 군대를 파견하기로 결정하여 포고령을 선포했다. 역사적으로 펠로폰네소스 전쟁의 패배와 해상제국의 해체라는 재앙을 낳았던 동일 지역에 대한 90년 전의 군대 파견과는 달리, 이번 파견은 시칠리아섬 전체를 정복하는 것이 아니라 식민지 형식의 해군기지 건설이 목적이었다. "파견 포고령"은 민주주의를 통해 지식이 집합되고 실행되는 다양한 방식들을 보여준다. 민회는 파견용 삼단노선들을 가장 빨리 부두에 준비시키는 삼단노선 공급 책임관trierarch 1등에게는 500드라크마의 금관, 2등에게는 300드라크마의 금관, 3등에게는 200드라크마의 금관을 상으로 주는 공적 명예 수여의 유인책을 결정했다. 이 경쟁은 지식 집합 경주의 주요한 사례로서 지식이 있는 삼단노선 공급 책임관, 장비를 잘 갖춘 배, 숙련된 선원의 결합이 경주 승리의 열쇠였다. 또한 나중에 민회가 500인 평의회(와 1개의 상무위원회)가 해군기지 지원 계획을 잘 수행했다고 간주하면 이들은 집합적으로 명예(1,000드라크마의 금관)를 얻게 되었다. 이렇게 지식 집합 경주는 개인들과 제도화된 집단들에 의해서 수행되었다.(Ober 2008a: 124-129)

민회 포고령은 또한 삼단노선 공급에 자금을 제공할 부자들—아테네는 부자들이 주기적으로 기부하는 자금liturgy으로 주요 공적 예산을 충당했는데, 이것은 시민들이 모든 조세, 지대, 부역에서 해방되었다는 사실의 증거이기도 하다—

을 총괄할 조선 책임 장군이 관련 소송들을 효율적으로 다룰 수 있도록 각각 201명의 배심원으로 구성될 시민법정을 주재할 6인의 법무관들—최고 행정관 9명 중 다른 보직이 정해진 3명을 제외한 나머지—을 정했다. 삼단노선 공급 자금을 제공할 부자들은 다른 부자들에 비해 자신의 부담이 부당하다고 생각하면 다른 부자들이 대신 부담하도록 하는 소송을 제기할 수도 있었다. 만약 다른 부자들이 받아들이지 않으면 201명의 배심원이 어느 쪽이 부담할지를 최종적으로 결정했다. 또한, 삼단노선 파견의 성공에 책임이 있음에도 의무를 저버리는 모든 개인은, 사인이든 행정관이든 1만 드라크마의 벌금을 물었다. 1드라크마는 노동자 일당의 가치를 지닌 것인데, 1만 드라크마는 약 30년치 일당에 해당한다. 부자만이 낼 수 있던 이 벌금은 금관과 명예를 보완하여 체제의 효과적 작동에 마찬가지로 중요했다. 민회 포고령은 또한 전체 계획의 감독을 500인 평의회에 위임했지만, 평의회는 다른 공무들에도 관여해야 했으므로 500인 평의회의 명령 수행을 감독할 10인의 파견관들을 별도로 선출했다.(Ober 2008a: 129-130)

이 파견 포고령 전체는 검사, 감독, 금융, 분쟁 해결, 소유, 보상, 처벌과 관련한 다양한 공공 행정 요소들의 작동에 대한 생생한 감을 제공해 준다. 해군기지 건설의 동기는 해외 무역에 대한 위협을 중립화하는 것이었고, 목적은 아테네의 무역을 안정시키고 곡물 공급을 보장하는 것이었다. 파견 포고령은 보상과 처벌, 소유와 재산권, 공적 영역과 사적 영역 간의 구분과 중첩에 관한 사회적 지식과 다양한 기술적 지식의 체계를 동원할 것을 요구했다. 요약하면 이런 다양한 지식을 동원할 것이 요구된 해군기지 건설에서, 시민들의 역량을 집중하고 조정하는 공적 통치의 역할은 추첨으로 구성된 평범한 시민들의 500인 평의회가 주도하고 추첨과 선거로 선출된 평범한 시민들의 행정관 동료위원회가 보조했다는 것이다.(Ober 2008a: 131-133)

이런 사실은 평범한 아테네인들의 자기 통치가 실제로 작동하는 방식에 대한 궁금증을 낳는다. 클레이스테네스 개혁 이후 139개 각 구역에 거주한 평균 2-3백 명의 성인 남성 거주자들은 중앙 기구에 대한 동등한 참여권을 가진 완전한 시민이 되었다. 다른 전근대적 소규모 지역 공동체들에서 유추해 볼 때 이 자연발생적인 구역들에서 남성 시민들 간의 유대는 상당히 강력했을 것이다. 조직 성과의 관점에서 볼 때 강한 유대에 근거한 소규모 네트워크는 유용한 정보를 내적으로 유통하는 데에는 매우 능숙하지만, 외부와 소통하기에는 서툰 장치다.(Ober 2008a: 134-137)

507년에 클레이스테네스는 지식 공유, 소통 비용 절감, 정보 분류에 크게 공헌하는 원칙들을 채택했다. 의도적이지 않았을지라도, 신규 체제의 열쇠는 강한 유대의 소지역 네트워크들의 구성원들 상호 간을 연결하는 “약한 유대”의 출현이었다. 클레이스테네스는 기존의 지역에 근거한 4개의 자연발생적 부족 체제를 개편하여 전체 아테네(아티카)를 아테네 시내(도시), 동부 내륙(농촌), 서부 해안(어촌) 이렇게 세 지구로 나누고, 지구별로 10개로 등분된 중간 단위 하나씩 합계 3개를 추첨으로 혼합하여 인위적으로 부족을 10개 만들었다.(Aristotle *Ath.*: 226) 그래서 139개 자연발생적 구역들은 농촌, 도시, 어촌의 원격지들과 혼성된 하나의 부족으로 재탄생했다. 군대 소집과 의례 생활은 새 부족에 근거해서 조직되었고 각 구역은 새 부족을 통해 원격지들과 연결되었다. 그 결과 서로 매우 다른 환경과 역사에서 생성된 사회적, 기술적 지식을 가진 사람들이 근접하게 되었다.(Manville et al. 2003: 69-70, Ober 2008a: 139-142)

민회의 정책 제안과 집행을 책임지는 500인 평의회에서 매년 새로운 평의원들이 업무를 시작할 때, 상무위원회로 묶이는 50인의 부족 평의원들을 구성하는 각 구역의 평의원들 사이에는 이미 강한 유대가 있었지만, 구역들 사이를 연결하는 "약한 유대"는 거의 없었다. 상무위원회로 근무하는 연중 30일을 집중적으로 함께 숙식하고 나머지 출퇴근하는 270일을 포함한 전체 300일을 같이 일하는 동안 각 부족에 속한 50인의 평의원들 사이에는 서로 간에 없던 유대가 생기게 된다. 이들 중 어떤 개인은 중간 다리를 놓는 위치 때문에 50인의 부족 팀에서 점점 존경받고 가치 있는 구성원이 된다. 그는 또한 더욱 많은 유용한 정보, 나머지 다른 구역 사람들 450명이 아는 것을 배우면서 점점 더 많은 사회적 지식도 축적하고, 그들과 약한 유대를 형성하고, 중요한 정보들을 집합할 수 있는 위치, 문제 해결을 위해 이질적인 정보 조각들을 취합할 위치에 있게 된다. 50인의 부족 팀 나머지 구성원들이 그의 사례를 모방하고 그 결과 50인 팀은 약한 고리들로 나머지 450인 평의원들과 촘촘히 연결된 네트워크를 갖게 된다. 동질의 과정이 500인 평의회의 모든 부족 팀들 상호 간의 더 확대된 네트워크에서도 작동된다. 그래서 500명 평의원 전체가 연중 약한 유대로 연결되어 단일한 네트워크로 기능하게 되고 좋은 정책 결정에 필요한 기술적 지식과 암묵적 지식 양쪽은 전체로서 집단의 심사숙고에 더 사용되게 된다. 더욱이 500인 평의회는 아테네 전체에 흩어진 지식 자원들에 접근할 수 있었다. 각 평의원이 평의회 외부의 접촉점들의 네트워크를 가지고 있어서 평의회와 지역 단위 간의 연결고리이기 때문이다. 500인 평의원들은 그들의 네트워크를 확장하고 폴리스 통치를 위해 연중 같이 일하면서 큰 통치 체제를 더 잘 이해하게 되었다.(Manville et al. 2003: 70-76, Ober 2008a: 142-151)

세대가 지날수록 후대인들은 500인 평의회의 작동 규칙을 미리 알고 때로 평의회 작업에서 중간다리를 놓는 역할로 얻는 명예와 사회적 "자본"과 이에 따른 장기적인 이득이 관련한 노고보다도 훨씬 더 크다는 것을 알게 되었다. 1년간의 봉사에서 형성된 "약한 유대"의 우정은 많은 아테네인의 생활을 통해 가지를 치고 그래서 폴리스 전체를 관통했다. 강하고 또한 약한 유대들에 의해 확장된 사회적 네트워크는 집합적인 사회적 "자본"을 형성할 것이고, 더욱 협동적이고 효과적으로 공적 행동을 대할 능력을 제공한다.(Ober 2008a: 152-153)

700인 행정관들의 동료 위원회들에서도 유사한 과정이 발전했다. 연중 이루어진 집약적인 상호작용은 동료 위원회 내의 행정관들이 상호 간에 강점을 배우게 했던 반면, 제한된 임기는 장기적 이득을 얻으려는 의도에 따른 나쁜 전략적 행동의 유인을 낮추었다. 또한, 공유된 정체성과 평등한 시민의 지위에 근거하면서 서로 차이 나는 개인들을 선발한 것은 "연설의 평등"isēgoria을 강조하고 다른 목소리를 정당화하는 사회 문화적 토대에서 가치 있는 독특한 정보가 집합적 결정에서 제시되고, 숙의되고, 통합될 조건을 촉진했다. 또한, 49개 다양한 행정관위원회들의 구성원들은 상호 간이나 그들과 평의원들 간의 약한 유대와 지식 네트워크로 연결되어서 상호 조정 능력을 높였다. 윤번제는 하나의 제도 내에서 깊은 개인적 전문 지식의 발전을 방해했지만, 제도들을 가로지른 지식 교환을 촉진하여 아테네 체제를 관통한 혁신 능력과 조정력 양쪽을 증대시켰다.(Ober 2008a: 158-159)

이런 지식 집합 과정은 또한 민회나 시민법정과 입법배심원에서도 관통되었다. 민회나 시민법정과 입법배심원의 개별 시민은 당면한 문제들에 비전문가일 수는 있지만, 이 문제에 익숙한, 참석한 다른 사람들에게 배우기 쉽다. 자전거

타기나 수영과 마찬가지로 민주적 시민권을 형성하는 암묵적 지식은 쉽게 매뉴얼로 만들지는 못하지만, 이를 경험한 다른 사람들과 함께하면서 배울 수 있다. 민회에서는 모든 연설자의 제안이 폴리스의 집합적 지식에 의해 판단되고 검증되기 때문에, 즉 그들의 제안이 인민이 집합적으로 아는 것과 일치하면 승인되고 불일치하면 야유받기 때문에, 연설자들은 조언자로 남는다.

시민법정과 입법배심원에서는 소송 당사자들에 의해 많은 관련 사실들이 경쟁적으로 제시되고, 그 결과 배심원들의 판단은 사건이든 법률이든 소송의 당사자들에 대해 소송 중에 배우거나 사전적으로 가진 지식에 의존하게 되고, 그래서 배심원들의 투표는 기존과 신규 사회적 지식의 집합을 표현한다. 거수 투표를 하는 민회와 비밀투표를 하는 시민법정과 입법배심원의 지식 집합의 접근법은 다르지만, 대규모 제도적 환경에서 획득된 경험이 서로 쉽게 이전된다는 점은 공통적이었다.(Ober 2008a: 165-166)

이상의 전 과정은 다음 구절로 요약된다. "참여하라! 지식을 공유하라! 혁신을 촉진하라! 교대로 발언하라!"(Manville et al. 2003: 14) 이상과 관련하여 고대 아테네에서 이러한 과정 중에 대중의 결정권과 전문가의 견해가 엇갈릴 때 누가 결정하였는가의 문제에 대해서 질문할 수 있다. 그 답은 아테네 민주주의에서 작동하는 지식 집합의 과정으로 전문가의 지식이 대중의 지식이 되는 동태적 과정이 전개되기 때문에 형식적으로 대중이 결정하지만, 그 결정은 전문가의 견해가 반영된다는 것이다. 물론 전문가의 지식이 무조건 채택되는 것이 아니라 대중이 설득되어 대중 자신의 지식이 될 때 그렇다는 것이다. 이런 과정은 경제에서도 "경제적 민주주의"를 작동시키면서 의사결정의 시행 착오와 개선 과정을 통해 시민들이 비용·편익 개념을 내면화하게 했고 재정의 충당과 지출에서도 성과로 나타났다.(Kyriazis 2009: 125)

이런 아테네 민주주의 발전의 경제적 결과는 민주주의 말기인 330년대 중반의 무역 등 순경제적 수단에 근거한 1,200탈러의 연간 정부 수입이 5세기 중반의 해상제국으로 확보한 공물 400-600탈러를 포함한 연간 수입 1,000탈러를 초과했다는 점과 민회 참가에 대한 보수가 1드라크마로 두 배 증가했다는 점에서 입증된다.(Ober 2008a: 62, 68, Kyriazis 2009: 114, Arvanitidis 2013: 234-236) 아테네는 상설 총회와 연례적 추첨의 원리에 근거한 인민의 능력에 대한 믿음으로서의 민주주의를 발전시키며 대다수 구성원의 지식의 유례없는 대규모 집합과 소통을 통해 사회 경제적 혁신 능력과 생산성을 높였다.

### 라. 고대 아테네 민주주의에 대한 비판 검토

아테네 민주주의의 참모습은 그 성격에 대한 비판들을 검토해 보면 좀 더 잘 파악할 수 있다. 첫 번째 비판으로 아테네가 노예제에 근거한 귀족의 민주주의였거나 혹은 노예, 여성, 귀화하지 않은 이주민(이하 이주민)의 참정권을 배제한 토대가 좁은 민주주의였다는 주장(나종석: 2004)을 보자. 이런 비판은 고대 아테네 사회의 실상과 성격을 오해한 데에서 기인한다. 아테네가 노예제 사회였다는 견해는 여전히 영향력이 있지만(Finley 1959, Croix 1980, 앤더슨 1995) 다음과 같이 극복되고 있다. 세계사에서 자본주의 이전 사회는 소농peasant의 잉여물에 대한 국가의 착취와 귀족의 재분배 체제인 공납제가 일반적이었고 노예제나 봉건제는 예외였다.(Haldon 1993, 아민 2000, 밀러 2013, Wood 2016: 188) 아테네가 노예제 생산양식이었다는 주장은 아래에서 보듯 마르크스의 시사에 관한 잘못된 해석과 터무니없는 엥겔스의 36만 5천 노예 보유설(*MECW* 26: 222) 같은 데에서 출발하여 역사 발전 5단계설이 지배한 소련에서 정립되었지만, 핵심 근거인 노예가 사회적 잉여물의 주력 생산자였다는 생각은 문헌과 기타 증거에서 입증되지 않는다. 문헌상 유일한 노예제 사회인 고대 로마는 노예 수가 최대 200만 명으로 이는 이탈리아 인구 600만, 제국 인구 6천만 명 가운데에서도 극히 일부에 불과했다. 인구가 20-30만 명이었던 고대 아테네가 노예제 사회였다고 해도 노예가 36만 5천 명이라는 주장은 터무니없다. 공장 노예, 은광 노예 등에 관한 문헌은 보조적 산업에 관한 것이고, 이는 주력 산업인 농업에서의 노예 수를 증명하는 것과는 거리가 멀다. 문헌에서 보면, 어떤 연설에서 뤼시아스는 대부분 공장에 종사한 120명의 가내 노예를 언급했고, 데모스테네스는 부친이 소유했던 칼과 가구 공장들에서 일하던 50여 명의 노예를 언급했으며, 아이스키네스는 가죽 공장에서 일한 노예 10여 명을 시사했으며, 데모스테네스는 파시온Pasion의 방패 공장에서 일하던 60명의 노예를 지적했다. 크세노폰은 니키아스가 여러 광산에서 1천 명, 히포니코스가 600명, 필레모니데스가 300명의 노예를 소유했던 역사를 회상하며 공적 광산 노예 1만 명을 소유하는 상상의 모델을 제시했지만, 그것이 실현되었는지 여부는 검증할 수 없다.(Osborne 2010: 87, 90)

참고로 마르크스가 아테네를 노예제 사회로 언급한 적은 없다. 고대 그리스·로마를 뭉뚱그려서 노예제 사회라고 말할 때에도, 모든 지역 모든 시기를 통틀어 노예제라고 주장한 것이 아니라 로마를 대상으로 소농 공동체의 해체가 노예제로 발전했다는 언급(마르크스 1894: 732)에서 알 수 있듯 한정적으로만 언급한 것이다. 다시 말해 마르크스는 그리스의 어떤 시기가 노예제였는지, 다양한 폴리스들 중 하나에 불과한 아테네가 노예제였는지에 대해 언급하지 않았다. 이것은 자신이 연구한 결과만 서술하는 마르크스의 신중한 성격상 당연했다.

고대가 노예제 사회라는 생각은 후대에 연구로 규명해야 할 마르크스의 작업 가설이라고 볼 수 있다. 마르크스 자신은 고대가 노예제 단계라는 단선적 역사 발전론에서 점차 벗어났다고도 볼 수 있다. 즉 마르크스는 『독일 이데올로기』의 단선적 역사 발전관을 벗어나 『요강』에서 자본주의 이전의 다양한 사회 형식을 연구하여 이들이 대등하게 자본주의로 이행할 가능성을 탐색했고, 『위하여』에서 아시아적 생산양식, 노예제, 봉건제를 자본주의 이전의 다양한 생산양식의 예시로 언급하였다. 물론 이 언급 순서를 발전 단계라고 주장할 수도 있지만, 명확하지 않다. 마르크스가 1870년대 러시아 농촌 사회와 세계 원시 공산제 사회 연구에 몰두한 것은 단계를 넘어선 자본주의나 사회주의로의 이행에 대한 문제의식의 반영이었다. 즉 마르크스는 단선적 발전 단계설에서 점차 복합적인 역사 발전관으로 이동했다. 따라서 역사 발전 5단계설에 꿰맞추어 아테네를 노예제 사회로 보는 관점을 마르크스의 견해라고 볼 수 없다.

고대 로마의 이탈리아 중남부(유일하게 문헌으로 확인할 수 있는 노예제 사회)에서 노예제가 활성화할 수 있었던 조건은 다음과 같다. 첫째, 당시 지구의 6분의 1 지역과 세계 인구의 5분의 1을 포괄한 거대 육상제국의 형성기인 225년에서 28년까지의 약 200년 정복 전쟁 동안 장기간의 군 복무, 후기 평균 16년에 이르는 군 복무에 따른 농사 실패로 몰락하여, 프롤레타리아가 되어 수도 로마로 가거나 군 복무의 대가로 농토를 받고 식민지에 정착해야 했던 시민군 소농들의 농지를 수탈하여 형성한 대농장에서, 이들의 대체 인력으로 노예를 수입할 수밖에 없던 원로원 귀족들에 특유한 조건 때문이었다. 그래서 노예는 로마제국 전체가 아니라 이탈리아 중남부에 집중된 생산자였다.(Wood 2002: 25, 60) 둘째, 정복한 광활한 제국 변방에서 대량의 이민족 노예를 공급할 수 있었다. 셋째, 노예는 자영농처럼 자발적으로 노동하지 않기 때문에 채찍으로 독려하고 야간에는 족쇄를 채워 도주를 막아야 했으므로 감독 비용이 많이 들었다. 그래서 산악 지대가 없어 트인 대농장을 형성할 수 있었던 이탈리아 중남부 지형은 노예를 도입해도 감독 비용이 상대적으로 적게 들었다.(Hopkins 1978: 102, 106, Wood 2016: 184)

반면에 거대한 정복지에 사는 주민을 전부 노예로 삼는다는 발상은 비현실적 망상이다. 주인의 처지에서 첫째, 노예는 발병률과 사망률이 높은 당시 환경에서 높은 구매 비용이 드는 위험 부담이 큰 투자 대상이었다. 둘째, 노예 가족을 구성하여 노예를 재생산하는 것은 비경제적이었다. 당대의 생산력 수준은 소농 가족의 잉여물이 전체 생산물의 5분의 1에 불과할 정도로 낮았고(Hopkins 1978: 15) 노예는 강제 노동으로 인해 소농보다 생산성이 더 낮았을 것이다.(Wood 2016: 183) 이런 조건에서 여성 노예는 임신 기간에 노동력 사용이 제약되었고, 출산 사망률이 높았으며, 태어난 유아는 성장해서 노동력이 될 때까지 양육해야 했다. 그래서 노예 가족은 소농 가족보다 더 적은 잉여물을 생산할 수 있었다. 반면에 소농은 자발적으로 노동하고 모든 질병, 사망, 출산, 양육 부담을 스스로 지면서 가족을 재생산하기 때문에 안정적으로 계속 착취할 수 있었다. 그래서 피정복민을 노예로 삼는 것은 끝까지 저항한 데 대한 징벌 등의 예외적 사건이었다.

로마제국의 여러 속주에서도 총독의 부역 수취와 징세 대리인의 조세 징수와 기사들의 토지 소유를 통한 지대 수취가—반면에 원로원 귀족의 이탈리아 외부 토지 소유는 금지되었고(Hopkins 1978:47) 이 때문에도 이탈리안 안에서 원로원 귀족의 대토지 소유와 노예제가 초래되었다—일반적인 착취 방법이었다.(Hopkins 1978) 그 결과 정복 전쟁 종료(25년) 후 인구 6백만 명이었던 이탈리아(사실상 전체 인구 6천만 명인 로마제국)에서 노예는 최대 2백만 명으로 추정되고, 아마도 1백만 명을 넘지 않았을 것이다. 이탈리아 본토의 총 인구 6백만 명 중 자유민 4백만 명, 노예 2백만 명이라는 추정치(Hopkins 1978: 68)에서 노예는 성인 남성 60만 명에 가족을 고려한 추정치이지만 가족 구성이 쉽지 않았다는 점을 고려하면 1백만 명 미만으로 보는 것이 합리적이다. 만약 농업 노예가 가족을 구성한다면 이것은 노예가 사실상 농노로 변화하는 출발점이라고 볼 수 있다. 로마제국 후기에 제국 팽창이 종료되어 이민족 노예 공급이 힘들어지면서 노예 가족이 구성되기 시작했을 것인데, 이것이 노예제의 붕괴와 따라서 내적인 로마제국 붕괴의 내적 요인으로 작용했을 가능성이 있다.

이런 제반 조건들을 고려하면 아테네에서 노예가 사회적 잉여물의 주력 생산자로 활용되었을 가능성은 다음에서 확인할 수 있듯 거의 없다. 우선, 기껏해야 5세기 후반 동안 해상제국이었던 아테네가 로마제국처럼 그렇게 많은 노예를 공급할 수 있는 방법은 없었다. 만약 아테네가 정말 노예제 사회였다면 솔론의 개혁 이전부터 그러해야 하지만 아테네는 솔론 시대는 물론 클레이스테네스 개혁 시기에도 그리스에서조차 지배적인 지위를 누리지 못했다. 둘째, 아테네에서는 소농 생산자가 해체되지 않았기에 대규모 농장을 형성하는 일도 어려웠다. 셋째, 이탈리아 중남부와 달리 산악이 많고 농지가 좁은 아테네의 조건에서 대농장을 형성하기도 어려웠고 대농장에서만 효율적인 "감독 노동"을 사용하기도 어려웠다.(Wood 2002: 44, Hopkins 1978) 넷째, 소농이 노예를 사용했을 가능성도 거의 없다. 당대 농업에서는 과잉 노동이 아니라 파종기와 수확기 외에는 시간이 남아도는 과소 노동이 문제였다.(Hopkins 1978: 24) 그래서 소농이 높은 비용을 들여 농업 노예를 소유했다면, 그는 남아도는 시간에 노예와 같이 놀아야 했다. 다섯째, 솔론의 개혁이 "채무 노예"를 폐지한 것으로 유명하고, 따라서 아테네 사회에 이미 광범위한 노예제가 실존했다는 해석은 아테네 역사에 대한 오해에 근거하고 있다.

1100-700년 사이의 암흑기 이전에 그리스는 청동기의 미케네 왕국 문명의 사회였고, 거대한 궁정 유적으로 판단할 때 이때는 다른 전근대 사회와 유사한 공납제 사회였다고 추정된다. 즉 소농들이 왕권이 있던 중앙집중 권력 국가에 잉여물을 착취당하면서-잉여물은 귀족에 재분배되고-생계를

이어 가는 사회였다.

암흑기는 문헌과 유물이 부재하기 때문에 미궁에 빠져 있지만, 고대기는 이전의 미케네 문명 시기(와 아마도 암흑기)와 이후의 고전기의 중간 과정으로서 연속성과 단절성을 같이 지닌 시기로 볼 수 있다. 예를 들어 테살리아, 스파르타, 크레타의 예속민, 헬롯, 농노는 궁정 중심의 공납제 시기와 공납 의무가 없는 독립 소농 공동체의 시기 사이 중간에 있었던 다양한 예속 형식들이라고 볼 수 있다. 아테네 솔론의 개혁은 소농들의 모든 예속 조건을 폐지하는 이행을 완결하고 민주주의의 토대를 놓은 일대 사건이었다.(Wood 1988: 84-87) 그래서 솔론의 "세이사크테이아"seisachtheia(Aristotle *Ath.*: 214)를 "채무 노예제 폐지"로 해석하는 것은 근본적인 오해를 내포한 것이다. "채무"로 해석되는 단어 χρεος는 채무뿐만 아니라 지대나 조세 같은 다른 의무를 내포하는 용어다. 그래서 세이사크테이아를 채무 노예제의 폐지가 아니라 "조세나 지대나 부역 부담의 폐지"로 해석하는 것이 더 합리적이다. 왜냐하면, 솔론 시대의 아테네는 소농 공동체의 해체에 따른 "화폐경제"가 발전한 사회가 아니라 소농들의 공납제적 지대, 조세, 부역 부담이 잔존한 사회였다는 것이 더 타당한 추정이기 때문이다.(Wood 1988: 93-95)

이런 추정은 마르크스의 다음 논의로도 확인할 수 있다. 마르크스가 『자본론』 3권 4, 5편에서 서술했듯이 자본주의 이전 사회에서 상인자본과 고리대자본과 "화폐경제"의 발전은 공동체 내부가 아니라 여러 공동체 지배 계급들 상호 간의 잉여물 거래에서 출발하여 오직 공동체 내 소농들의 해체에 의해서만 광범하게 발전할 수 있었다. 로마사도 이를 증명해준다.(Hopkins, 1978) 그래서 아테네와 그리스에서 "화폐경제"의 발전을 논의할 때도 잘 해야 5-4세기로 올라갈 뿐이다.(Cohen 1997)

그렇다고 아테네에 노예가 없었다고 주장하는 것은 아니다. 잉여물 생산 노예가 아닌 가사 노예들은 그 가족을 재생산하며 존속했다. 문헌 증거에 근거할 때 전근대 사회 가운데 절반이 노예를 보유했다. 머독의 비교문화 자료 웹사이트(http://hraf.yale.edu/)에 등록된 808개 사회 중 387개 사회가 노예를 가진 것으로 나타난다.(Hopkins 1978: 100) 그런데 아테네의 노예들은 동포 노예 금지 경향에 따라 그리스인이 아닌 야만인들이었다.(Hansen 1999: 123) 이런 사실은 아테네가 야만인을 지배하는 육상제국인 적이 없었기 때문에 대규모 잉여 생산 노예를 도입할 수 없었을 것이라는 추정을 확인해준다.

민주화 이후 아테네에서 소농들은 조세, 지대, 부역의 부담을 지지 않는 독립 생산자로서 민주주의의 주체였고, 말하자면 계급사회 최초의 "자유로운 생산자 연합"을 형성했다. 그렇기 때문에 부자들은 가사 노동조차도 대안을 찾아야 했다. 그래서 민주주의의 발전과 노예 수는 역설적으로 비례하였다. 하지만 이 증가한 노예들은 일부의 광산, 공장 등을 제외하면 생산적으로 착취되지 않았다.

결론적으로 고전기 아테네에는 노예와 부자도 있었지만 소농, 장인, 상점주, 일용노동자 같은 평범한 인민들이 대다수였다. 전체 남성 시민 약 3-5만 명 중 정치적으로 활동적인 2,200명 시민이 구별될 수 있었고, 그들 중에서는 5세기에 19퍼센트, 4세기에 11퍼센트만이 부유했다.(Ober 2008a: 166) 노예 숫자는 2만 명(Jones 1957: 76-79)부터 10만 명(Finley 1959: 150), 36만 5천 명(엥겔스)까지 다양한 추정이 있지만, 지금까지의 논의에서 볼 때 최대로 잡아도 2만 명 설이 진실에 근접한다고 판단한다. 이주민을 포함한 아테네 총인구 20-30만 명(추정치) 중 노예가 2만 명(10퍼센트)이라면 결코 비중이 작지 않다. 로마제국에서 노예는 최대 수준(25년경)에서 제국 인구 대비 2-3퍼센트, 이탈리아 인구 대비 17-33퍼센트였다.

이런 조건에서 민주주의의 주체는 바로 이런 인민들이었다. 민주주의에서 데모스demos는 전체 인민을 가리키지만, 아리스토텔레스 등 민주주의 비판자들은 "비천한 노동자들banausoi을 포함한 일반 대중 혹은 다중multitude"이나 빈민이라는 의미로 이 말을 사용했다.(Aristotle *Pol.*: 72, 86, 87, 94, 96, 98, 123, 153-154, Wood 1986: 76, Hansen 1999: 125, Vlassopoulos 2007: 49, 신철희 2013: 207) 이 말의 의미는 솔론의 개혁에 비추어야 이해될 수 있다. 솔론의 개혁으로 시민들은 연간 500단위 이상의 곡물을 생산하는 최상등급pentakosiomedimnoi,

300-500단위를 생산하는 차상등급hippeis, 200-300단위를 생산하는 차하등급zeugitai, 200단위 이하를 생산하는 최하등급tethes으로 구분되었다.(Hansen 1999: 43) 하지만 이런 기준 적용은 당시 실시한 적이 없던 인구조사census가 아닌 자기 선언에 근거하였고 그래서 말을 보유하여 기병으로 복무하는 차상등급, 무기를 갖추고 중무장보병으로 복무하는 차하등급, 중무장하지 않은 최하등급 간을 스스로 구분하는 기준으로 작용했다.(Raaflaub 2007b: 130)

이런 솔론의 개혁에서 민회의 참정권, 단순한 참가권을 얻었던 최하등급 시민, 바로 일반 대중은 민회를 폐지하고 과두제를 도입하려던 이사고라스 일파와 스파르타 지원군을 물리친, 클레이스테네스의 개혁을 낳는 혁명적 봉기(508년)에 집합적 주체로 참여하면서 얻은 자신감과 에너지에 근거하여, 민주주의의 주요 기관들인 민회, 평의회, 시민법정, 행정관위원회에서 완전한 실질적 참정권, 민회의 경우 투표권과 발언권을 얻었다.(Ober 2007) 이 혁명적 봉기는 지도자도 중무장보병도 아닌 최하등급의 일반 대중이 자발적 판단으로 봉기하여 이사고라스 일파와 스파르타 왕 클레오메네스의 지원군을 공격하여, 이들이 아크로폴리스로 후퇴하여 농성하게 하고 3일 동안 포위하여 항복을 받아 냈던 사건이었다. 그 결과 민회와 평의회를 지켜 냈고 또한 클레이스테네스의 개혁을 낳았다. 이 혁명적 봉기는 1789년 바스티유를 습격하여 대혁명을 일으킨 프랑스 인민의 봉기와 유사하게 대중이 지도자 없이 "모두 한마음"으로 합의하고 공통 지식에 근거한 행동을 하는 능력을 지녔음을 보여주었다.(Ober 2007: 88-93) 요약하면 아테네 민주주의는 "비천한 노동자들"을 포함한 일반 대중이 주도한 민주주의였고 노예에 근거하지 않았다.

다른 한편 아테네 민주주의가 노예, 여성, 이주민의 참정권을 배제한 것은 근본적 한계이지만 역사적 한계로 규정될 수 있다. 현대 민주주의에서도 재산권 제한 없는 보통선거권을 실현하고 여성이 참정권을 획득하는 데 17세기 후반 영국혁명 이후 20세기 전반까지 250년이 넘게 걸렸다. 거기에 이주민의 참정권은 아직도 미완에 그치고 있다. 아테네 민주주의는 솔론의 개혁을 토대로 클레이스테네스의 개혁에서 출범하여 200년 동안 제도적, 질적으로 계속 발전했다. 만약 아테네 민주주의가 존속했다면 남성 시민을 제외한 나머지에 대해 참정권을 제한한 한계를 극복했을 가능성도 없지 않다고 볼 수 있다. 왜냐하면, 다음과 같이 아테네 민주주의에서는 참정권을 제외한 나머지 대부분의 사회 경제적 권리를 여성과 이주민이 남성과 대등하게 가졌고, 심지어 노예의 사회 경제적 권리도 계속 확장하고 있었으며, 남성 시민, 여성 시민, 이주민, 노예는 서로 간 자유로운 소통을 통해 새로운 정체성을 획득하고 있었기 때문이다.

이주민들은 참정권에서 배제되었지만, 유일하게 시장세를 낸 것 외에 모든 경제, 사회, 문화적 권리를 시민들과 동등하게 보장받았다.(Hansen 1999: 119) 이들 중 일부는 부동산과 광산을 조차하여 큰 부를 추구할 수도 있었다. 여성들은 토지상속권에서 배제된 것이 소유권 측면에서 민주주의를 통해 악화된 것이지만(Osborne 2010: 255-256, Wood 1988: 116-117) 나머지 사회생활에서는 남성과 동등한 시민으로 대우받았다. 노예는 살인을 뺀 나머지 죄에 대해 주인이 모든 처벌을 할 수 있다는 신분의 제약을 받았고, 주인을 위해 가사와 작업장에 종사했지만, 일부는 독립 거주하면서 다양한 경제 분야에서 활동했다. 노예 중에는 상당한 재산 소유자도 있었고, 은행가로서 주인의 지위를 상속한 사례도 있었으며, 사원의 출입과 축제의 참가도 가능했다.(Hansen 1999: 120-121, Cohen 1997) 아고라, 작업장, 여관, 가정, 삼단노선, 묘지는 자유로운 공간들이었으며 시민, 이주민, 노예, 여성들을 통합시켰고 공통의 경험과 상호작용을 창조하여 새로운 정체성을 형성했다.(Vlassopoulos 2007: 38)

이런 점에서 아테네가 내부와 주변뿐만 아니라 그리스 전체와 민주 연합을 형성할 수 있었다면 역사가 달라질 수도 있었을 것이다. 아이톨리아 연맹, 아카이아 연맹, 보이오티아 연맹 등은 자기 주변 폴리스들 사이에서 나름대로 민주 연합을 구성했다. 반면, 이 민주 연맹들 상호 간은 주도권 다툼 속에서 민주 연합을 이루기는 불가능했다.(Larsen 1952, Economou et al 2015, Mackil 2016) 만약 클레이스테네스의 무작위 추첨 혼성 구역들의 연합으로 부족의 하부 단위를 구성하는 민주 연합의 원리를 다양한 연맹들 사이에도 적용할 수 있었다면 전체 그리스의 민주 연합이 성공했을 수도 있었을 것이다. 이렇게 형성한 민족적 경쟁력으로 마케도니아나 로마에 종속되지 않고 아테네와 그리스 민주주의를 계속 발전시키는 역사가 가능할 수도 있었다. 물론 그러함에도 고대 아테네의 노예, 여성, 이주민을 배제한 한계가 작은 것은 아니다. 그렇지만 이런 한계에도 불구하고 고대 아테네가 발전시킨 민주주의는 앞으로 보듯이 현대의 그것보다 더 우월하고 대안적 원리가 될 수 있다는 점이 요점이다.

다음으로 아테네가 "어리석고 게으른 군중"idle mob의 지배, 중우정치를 제도화한 민주주의였기 때문에 빨리 멸망했던 반면, 로마는 왕권, 귀족 지배, 민주적 통제를 혼합한 혼합정체, 공화정이었던 덕분에 오래 유지되었다는 비판(김경희 2006, 2007, 문혜경 2014)을 보자. 아테네 민주주의가 붕괴한 요인은 내부 요인이 아니라 아테네를 무력으로 정복한 마케도니아라는 외부 요인이었다. 아테네 시민들은 민주주의 붕괴(322년) 직전까지 약 200년간 역대 1천여 폴리스 중에서 가장 발전한 민주주의와 가장 풍요로운 생활과 문화를 누렸다.(Ober 2008a: 2장, Arvanitidis et al. 2013: 234-236) 이런 아테네의 생존을 당대 폴리스들이 아닌 민족적 제국들(페르시아, 마케도니아, 로마)과 비교하는 것은 범주 적용의 오류이다.(Ober 2008a: 41) 중우정치 없이 발전했던 아테네 민주주의의 성공은 그 정치와 문화가 헬레니즘 시대에 많은 폴리스에 계승될 정도로 강력했고,(Ober 2008a: 25) 민회와 평의회들은 소아시아 일부에서 서기 2세기까지 존속했으며,(Croix 1980: 308) 로마제국에서 아테네가 선진 문명의 원천으로서 대학 도시의 역할을 했었다는 사실(Manville et al. 2003: 152)에서도 입증된다.

로마는 아테네(그리스) 문명을 모범으로 삼고 모방하면서 신화부터 일상생활과 철학까지 주요 개념들을 자기 언어로 음역transliteration했다. 이는 중국 문명을 모방한 조선이 사상과 예술은 물론 관직명, 지명, 인명까지 음역한 것과 유사한 현상이었다. 하지만 로마는 단 한 가지, 민주주의만은 음역하지 않았다. 이것은 로마 지배 계급이 민주주의만은 모방할 수 없었기 때문일 것이다. 로마는 민주주의 개념을 공화정으로 대체했다. 예를 들어 키케로는 민주주의를 자유 인민liber populus이나 인민populus 혹은 인민의 도시civitas popularis로 대체했다. 그래서 인민이라는 말은 들어 있었으나 능력(과 지배)이라는 말은 사라졌다. 그리스 작가들은 서기 1-3세기에 공화정을 원수정과 대립적 의미로서의 민주주의라고 언급했다. 이것이 현대 민주주의의 개념이 왜곡되는 출발점이었다.(Croix 1980, Hopkins 1978: 76-80)

여기서 아테네 민주주의의 발전과 문화의 융성 간의 상관성에 주목할 필요가 있다.(Manville et al. 2003: 26) 고대 그리스의 문학, 예술, 역사학, 철학은 서구 문명의 고전이며 당대뿐만 아니라 현대에서도 높이 평가되고 있다. 이런 발전은 여러 측면에서 고찰할 수 있겠지만, 민주주의의 발전과도 상관이 있다는 점은 분명하다. 4대 비극 등의 문학, 헤로도토스. 투키디데스의 역사학, 소크라테스, 플라톤, 아리스토텔레스 등의 철학, 도자기, 조각, 건축, 금화 등의 조형예술은 주로 아테네 민주주의의 전성기인 5세기 후반에서 4세기 사이의 성과들이다. 이런 발전의 한 동력은 아테네가 이주민이 원주민의 4분의 1에서 3분의 1에 달할 정도로 헬레니즘 전역의 인재를 끌어들이고 배출하는 도가니로서 자유롭고 개방적인 경제 문화 공동체를 지향했다는 점이었는데, 이것은 민주주의와 문화 발전의 토대이자 결과였다. 그래서 아테네 문명이 곧 그리스 문명이었다고 해도 과언이 아니다.

또 다른 동력은 인민 다수가 문자로 소통하였다는 점, 즉 아테네가 세계 최초의 "문자 사회"였다는 점에 있다. 이것도 민주주의와 문화 발전의 토대이자 결과였다. 아테네인들의 세계 최초의 알파벳 표음문자(설형문자 등과 달리 모든 음성을 표현할 수 있고 쉽게 배울 수 있는 문자)는 인민 전체의 참여를 촉진하는 민주 제도들(아고라 광장에서 민회 안건들을 사전에 공지하고, 결정문들을 공표하고, 시민법정과 입법배심원의 소송 안건들을 공지하고 검토하는 등)을 매개로 해서 소수를 넘어서 전체 인민의 소통 수단으로 작동했다.(Wood 1988: 164-169) 이것은 앞서 보았던 지식 집합과 이에 따른 혁신 능력과 생산성 발전의 또 다른 매개였다.

이런 동력들과 함께 매우 중요한 행사였던 축제에서 연

극 공연을 장려하는 제도에 힘입어 비극 문학도 발전했을 것이다. 그 결과 아테네인들에게 비극 작가들은 "정치 지도자들보다 더 큰 책임을 지닌 정신적 지도자"로 여겨졌으며 그리스 비극은 "아테네 공동체 구축의 통합 원리"로 작동했다. 그래서 아테네에서 비극이 꽃 피운 것과 민주주의와의 "상관성"은 부정할 수 없을 것이다.(이동수 2013: 180, 199, 최영진 2009) 조형예술의 발전도 자본주의적 양적 생산성보다 질을 우선하는 자본주의 이전의 장인 문화, 특히 민주주의의 주체인 소농과 장인 등 독립 생산자들의 자유로운 작업 방식과 고양된 자부심에 힘입었을 것이다.(Wood 1988: 126-128, 160-163)

역사학과 철학의 발전도 민주주의 정체 하에서 민주주의의 주도 세력과 이에 반대한 과두제 세력 간의 갈등에 기초해서 깊은 사색을 자극하는 환경에 힘입었을 것이다. 소크라테스가 민주주의자였다는 주장도 있지만 제반 증거들은 이를 부정한다. 플라톤은 정치론뿐만 아니라 인식론적으로도 반민주주의자였다. 아리스토텔레스도 민주주의가 아니라 혼합정체, 과두제를 가장 좋은 정체로 주장했다. 소크라테스가 사형 선고를 받고 주변의 탈출 권고에도 민주주의 아테네를 떠나지 않았던 사실을 민주주의자였다는 증거로 제시하는 논의(Vlastos 1983)도 있지만, 소크라테스가 단지 드라콘 법 등 민주주의 이전의 오랜 원리인 "법 앞의 평등"isonomia(김경희 2006: 11)을 따르고 가족 생계를 고려하여 판단했다고 볼 수 있다는 점에서 이를 반박할 수 있다. 오히려 과두제였던 스파르타나 크레타 등으로 망명을 권유하거나, 과두제 쿠데타에 가담한 제자들을 볼 때 소크라테스가 과두제 지지자였다는 정황이 더 설득력이 있다.(Wood 1986: 60-62) 또한, 소크라테스가 나라에 봉사하는 기술은 "도덕적" 지식으로서 모든 시민에 속한다고 보았기 때문에 민주주의자였다는 주장(Vlastos 1983)도 그가 나라에 봉사하는 기술, 도덕적 지식으로서 정치적 덕성은 이론이 아닌 실천으로는 쉽게 습득될 수 없다고 본 점, 이런 전제로부터 일반 대중의 정치 참여를 배제하는 논리를 도출하기 때문에 반박된다.(Wood 1986: 68-69)

소크라테스의 도덕적 지식관은 플라톤의 인식론에서 이데아론(대중은 알 수 없다는 본질론)으로 심화했고, 정치론에서 철인, 무사 계급, 생산자 계급 사이가 엄격하게 분리된 정체로 반-생산자적 과두제론과 3대 정체 검토 후 나온 아리스토텔레스의 혼합정체론으로 이어졌다. 이런 소크라테스, 플라톤, 아리스토텔레스의 민주주의에 대한 비판적 논의는 계급 이익을 직접 표현하는 속류 이데올로기는 아니었지만, 마치 자본가들이 자본주의가 자기 이익에 봉사하기 때문이 아니라 인류의 잠재력과 자유의 실현과 일치하기 때문에 다른 사회질서보다 더 우월하다고 믿는 것과 동질의 의미에서 과두제의 이데올로기, 반노동의 이데올로기였으며, 민주주의에 대한 심사숙고한 부정이었다.(Wood 1986: 76-77, 1988: 137-150, 2016: 191)

이들은 깊은 사색과 논의를 통해 인식론에서부터 존재론,

정치론까지 논의를 심화시켰다. 이들의 정치 사상의 핵심은 민주주의는 "비천한 노동자들을 포함한 일반 대중", "어리석고 게으른 군중"이 지배하기 때문에 바람직하지 못하다는 것이다. 이런 논의는 역설적이게도 현실에서 발전하던 민주주의의 힘을 증명한다. 『역사』, 『펠로폰네소스 전쟁사』, 『대화』, 『공화국』, 『정치학』, 『아테네의 정체』와 같은 저술에서 아테네를 직간접적 대상으로 삼아 민주주의를 기록하며 비판하고 있지만, 이들은 현실 민주주의를 부정할 수 없었고, 위대한 학자였던 이들이 남긴 사실적 기록과 비판은 민주주의의 모습을 전하면서 이를 재구성할 토대를 제공해 준다. 이들의 비판적 논의 자체는 아테네 민주주의의 소멸과 더불어 뒤에서 볼 현대 민주주의의 개념 왜곡과 연결되면서 정치 사상의 주류적 견해로 이어져 왔다. 반면 당대 민주주의자들의 논의는 거의 전해지지 않고 프로타고라스의 철학과 페리클레스의 연설 등에서만 흔적이 남아 있다.

결론적으로 자유와 평등의 구현체로서–이런 측면은 뒤에서 검토할 것이다–민주주의 아테네는 시민들뿐만 아니라 이주민들에게도 자유로운 개성의 발휘를 보장하면서 당대와 후대의 모범으로 작동했다. 이러한 결과는 마르크스가 고심했던 그리스–정확히는 아테네–의 낮은 생산력과 위대한 예술적 발전 사이의 괴리라는 수수께끼에 대한 해답을 제공한다.

마르크스는 "어려운 것은 그것(그리스 예술과 서사시–인용자)이 아직도 우리에게 예술의 즐거움을 제공해 주며 어떤 점에서는 예술의 규범과 도달할 수 없는 모범으로 여겨진다는 것이다."(마르크스 1858a: 83)라고 말한다. 이것의 해답은 바로 민주주의인데, 이에 대한 당대인들의 자부심은 당대 철학, 정치, 역사 문헌에 직접 표현되어 있다. 플라톤의 『대화』에 수록된 『프로타고라스』에서 프로타고라스는 소크라테스와 논쟁하면서 건축이나 조선에서는 해당 전문가들, 건축가나 조선 설계자의 조언을 받아야 하는 것과 달리 "나라의 정부와 관련된 일에 관한 조언을 할 사람은 건축가뿐만 아니라 대장장이든 제화공이든, 상인이든 선박의 주인이든, 부자든 빈자이든, 혈통이 좋든 나쁘든 다 가능하다"는 민주주의 원리를 설파한다. 프로타고라스에게 정치에 참여할 시민적 덕성은 누구에게나 타고나는 것은 아니지만 모국어 같이 학습되고 보편화되는 것이었다. 반면 소크라테스에게 정치적 덕성은 실천적으로 쉽게 습득될 수 없는 것이었다.(Wood 1886: 68-69, 2016: 193)

투키디데스가 『펠로폰네소스 전쟁사』에 실은 전몰자 추모 연설에서 페리클레스는 민주주의의 원리와 그에 대한 자부심을 다음과 같이 표현하였다. "우리 정체는 이웃들의 것을 모방한 것이 아니라, 오히려 그들이 모방하는 모델이다. 우리 정체는 민주주의라는 이름을 가지고 있다. 정부가 소수가 아닌 다수의 수중에 있기 때문이다. 사적 분쟁에서는 모두가 법 앞에 평등하다. 공무를 고려할 때 그 사람은 단지

순번에 의해서뿐만 아니라 능력의 명성에 의해 선호된다. 하지만 아무리 가난해도 그 사람이 나라를 위해 봉사할 것이 있는 한 무명이라는 점으로 인해 배제되지 않는다. 우리는 공무를 자유로운 방식으로 관리한다. 일상생활에서 서로에 대한 불신이 있을 경우에도, 우리는 그가 원하는 것을 하는 한 이웃에게 화내지 않으며, 아무리 동의할 수 없어도 해롭지 않다면 반대하지 않는다."(Thucydides: 121-122) 아이스킬로스의 희곡 『페르시아인들』에서 페르시아 노인들은 합창으로 "왕의 어머니에게 아테네 시민이 되는 것은 주인이 없는, 불멸의 인간에게만 종속된 사람이 되는 것"이라고 노래했다.(Wood 1988: 127) 다시 말해 고대 아테네 민주주의는 중우정치 없이 스스로 자부할 수 있었고 주변에서 동경하는 자유와 평등의 구현체였다.

다음으로 아테네 민주주의는 제국주의에 근거해 발전했으므로 펠로폰네소스 전쟁 패배와 제국 해체에 따라 쇠퇴하고 결국 붕괴했다는 비판(양병우 1972, 나종석 2004, Scott 2005, 문혜경 2014: 24, Tridimas 2015: 107)을 보자. 물론 해상제국이 발전하면서 삼단노선 선단의 주체로 활동한 최하등급 시민의 경제적 토대를 튼튼히 하고 이에 근거한 정치 참여를 도와서 민주주의의 발전을 촉진한 것은 사실이다.(문혜경 2016) 제국을 위한 해군 건설과 관련해 평화 시기에도 최소한 7,200명, 시민의 약 23퍼센트가 추가 고용되었다.(Halkon et al. 2010: 265)

하지만 제국 해체 후 회복된 민주주의(403년)가 제국 없이도 80년간 유지되면서 이전보다 더욱 혁신적이고 생산적으로 발전했던 역사(Hansen 1999, Schwartzberg 2004: 321, Ober 2008a: 68-69, Laurian 2012: 9, Arvanitidis et al. 2013: 234-236)는 제국이 민주주의 발전의 필수 요소가 아니었음을 보여준다. 다른 한편 아테네 민주주의의 확립 자체가 제국주의에 근거했다는 주장도 근거가 약하다. 이 주장은 아레오파고스의 재판 권력을 박탈하고 인민의 결정권을 완전히 실현한 에피알테스의 개혁(462년)을 민주주의의 분기점으로 삼고 이와 더불어 발전하던 해상제국에서 선박의 건설과 운영에 관련한 일자리를 따라 도시로 대거 이주한 소농들에 근거하여 민회 등의 민주주의가 실제로 작동할 수 있었다는 견해(Raaflaub 2007b)로 대표된다.

하지만 혁명 봉기 직후의 클레이스테네스 개혁은 이미 민주주의 정체의 핵심 제도들을 기초했다. 이 개혁으로 정책 결정 기구가 될 민회에서 최하등급 시민의 발언권이 확립되었고, 정책 제안과 집행기구가 될 평의회를 기존의 400인회에서 500인회로 바뀌었으며, 평의원 선발도 기존의 자연 부족에서 구역과 구역 혼성 부족에 근거하도록 바뀌었기 때문이다. 그래서 최하등급 시민을 포함한 "모두가 지배하고 번갈아 지배되는" "자유의 원리"와 능력에 근거한 "비례적 평등이 아닌 산술적 평등의 원리 그래서 반드시 다수가 우위이고 다수가 승인하는 것은 무엇이든 목적이고 정의인" "참으로 민주적인 정의의 원리"(Aristotle *Pol.*: 154)에 따라 모두는 민회에서 주요 정책에 대해 자유롭고 평등하게 발언하고 결정할 뿐만 아니라, 민회의 정책 안건을 제안하고 집행하는 평의원으로 선정될 수 있었고, 성인이 된 거주자를 시민권자로 선정하는 투표에도 참여할 수 있었다.

이런 산술적 평등과 모두가 지배하고 번갈아 지배받는 자유 체제는 즉각 아테네 인민의 군사적 능력에 중대한 영향을 미쳤다. 아테네 인민들은 클레이스테네스 개혁 1년 뒤의 스파르타 동맹군과의 전쟁(506년)에서 승리하며 국제적 영향력에서 스파르타에 견주어 상대가 되지 않던 이전과 달리 아테네를 스파르타와 어깨를 견주는 나라로 변신시켰다. 이런 승리는 새로운 군대를 잘 훈련하기에 너무 짧았던 기간을 고려하면 산술적 평등과 모두가 지배하고 번갈아 지배되는 자유에 의해 확립된 참정권에 병행하여 확대된-재산이나 인격적 능력에 근거한 비례적 평등에서는 불가능했을-보병의 규모와 드높은 사기에 근거했다고 볼 수 있다. 아테네의 보병은 프랑스 대혁명 시기 나폴레옹 시민군처럼 혁명의 산물이었다.(Ober 2007: 96-97)

혁명과 이를 뒷받침한 제도 개혁의 장기적 효과는 다음 세대에 더 분명했다. 혁명 25년 뒤(482년) 아테네 인민은 그리스에서 가장 큰 해군을 건설할 것을 결정했다. 라브리온에서 발견된 거대한 은광은 매년 100탈러의 수입을 아테네에 제공했다. 이 재원을 시민들에게 분배할지 아니면 미래를 위해 삼단노선 200척을 거느린 해군을 건설하는 데 사용할지가 민회의 중요안건이 되었다. 아테네 시민들은 즉각적 이득보다 장기적 자유와 복리를 선택하며 민주주의의 우월성을 증명했다.(Arvanitidis et al. 2013: 227-229) 그 결과 아테네는 폴리스 연합이 페르시아 제국과 맞선 살라미스 해전(480년)에서 삼단노선 180-200척을 제공하며 전쟁을 승리로 이끌었다. 거대한 해군 선단에 필요한 조건은 새로운 은광의 산물인 자금뿐만 아니라 선박을 노동 집약적으로 건설하고 삼단노를 저으며 운영할 3-4만 명의 인력이었는데, 이런 인력도 해외 인력과 노예뿐만 아니라 주로 최하등급의 시민들로 충원되었다. 그래서 아테네가 주도한 델로스 동맹과 그 결과인 해상제국은 아테네인들이 이념적으로 최하등급 시민의 거대하고 상설적 민병대의 현존을 허용할 수 있었기 때문에만 가능했다.

이런 민병대의 현존은 고대 아테네 정체와 현대 민주주의 체제를 구분하는 중대한 지표다. 이와 관련하여 현대에서도 고대 아테네의 원리에 따라 대량살상용 무기 등의 국가 중요 정보가 모두에게 공개될 수 있는지에 대해 의문을 가질 수 있다. 고대 아테네에서 상비군이 아닌 모든 시민의 민병대는 군사·외교 정보를 공유하고 공동으로 정체의 운명에 책임을 진다. 따라서 외교적, 군사적 비밀주의에 따라 일부 관료적 과두제 세력만이 외교·군사 정책을 결정하는 현대 민주주의의 관행은 아테네 민주주의와 민병대의 원리에 의해 지양될 수 있을 것이다. 마르크스가 파리코뮌의 민병대를 찬양한 것도 이런 맥락으로 볼 수 있다.(*MECW* 22: 322) 이러한 관점은 민주주의가 관철되었을 때 가령 사드 배치 논란을 포함한 모든 외교·군사 정책 결정에 미칠 수 있는 효과를 짐작할 수 있게 해 준다. 복잡한 국제 정세에도 인민이 결정하면 가장 국익에 맞는 결정을 하고 인민 전체의 힘으로 관철할 수 있게 될 것이다. 이렇게 아테네에서 6세기 말 민주주의의 확립으로 고양된 인민의 자신감과 에너지는 5세기 중반의 해양제국의 길을 열었다. 그런 의미에서 제국은 민주주의의 전제라기보다 결과였다.(Ober 2007: 99-100, Arvanitidis et al. 2013: 229-230, 239)

마지막으로 아테네보다 훨씬 큰 현대 민족국가에 폴리스 수준의 아테네 민주주의를 적용할 수 없다는 비판을 보자. 이런 비판은 현대 자본주의의 발전한 생산력, 특히 4차 산업혁명의 지능 정보통신 기술에 근거하여 상상할 수없이 많은 정보·지식과 시공간을 고도로 압축하여 신속히 소통할 수 있게 된 능력을 무시하는 편견에 근거한다. 아테네 민주주의의 현대적 적용을 고려하는 논의들은 적어도 기초자치단체나 기업체를 포함한 비국가적 조직체들 대부분에 직접 적용될 수 있다고 주장한다. 왜냐하면, 아테네의 성인 남자 인구 3-5만 명(Arvanitidis et al. 2013: 239)은 웬만한 현대의 비국가 조직의 구성원 수를 능가하기 때문(Ober 2008a: 268)이며, 또한 아테네 민주주의 작동의 핵심 기제인 지식 집합과 시너지의 원리는 현대의 "지식경제"에 더욱 적합할 수 있기 때문이다.(Manville et al. 2003) 그래서 현대의 지능 정보통신 기술을 결합하면 아테네 민주주의의 원리를 얼마든지 더 큰 정치 공동체로 확장할 수 있을 것이다. 이와 관련한 "전자민주주의"(Manville et al. 2003: 158, 송기복 2010: 406-410, 송문헌 2015)와 "4차 산업혁명의 민주주의" 관련 논의는 이미 다양하게 제기되고 있다. 이 문제는 4장에서도 논의할 것이다.

## 2. 고대 아테네 민주주의와 현대 민주주의의 비교

고대 아테네 민주주의와 현대 민주주의의 전제이자 결과, 그 이념적 원리는 둘 다 자유와 평등이다. 이것들을 비교하는 논의들은 유사성을 강조하는 논의와 차이를 강조하는 논의로 나눌 수 있다. 다음과 같이 기본적으로 유사성 위에 차이를 추가하면 총체적 이해에 다가갈 수 있을 것이다.

유사성을 논할 때, 한센은 아리스토텔레스 『정치학』의 문장들, 즉 "자유와 평등이 일부가 생각하듯 주로 민주주의에서 발견된다면, 그것들은 모든 인격이 결국 정부를 공유할 때 가장 잘 획득될 것이다. 그리고 인민은 다수이고 다수의 의견이 결정적이기 때문에, 그런 정부는 필연적으로 민주주의이다."(Aristotle *Pol.*: 98)와 앞서 본 페리클레스의 추모 연설을 인용하면서, 고대 아테네 민주주의는 현대와 마찬가지로 정치 체제이자 동시에 정치적 이상이며, 핵심 이상인 자유eleutheria와 평등isotēs은 민주주의와 함께 삼위일체를 형성했음을 보여준다. 자유와 평등 개념은, 예를 들면 연설의 평등(또는 표현의 자유)이 때로는 모든 시민이 동료 시민들에게 말할 권리의 평등이었지만 때로는 민주 제도에 의해 보호되는 자유의 일종이었듯이, 중첩되고 합쳐진다.(Hansen 1996: 91-92)

한센은 아테네의 각종 문헌에서 민주주의와 직접 연관된 네 가지 자유, 즉 1) 자유롭게 태어난 시민이라는 의미에서, 2) 정치 제도의 운영에 참여할 권한이 부여된다는 의미에서, 3) 자신이 원하는 대로 살 수 있다는 의미에서, 4) 전제적 지배자에 종속되지 않는다는 의미에서의 자유를 열거하고, 1)과 2)는 현대적 용어로 적극적 자유와 3)과 4)는 소극적 자유와 연관된다는 점을 보여준다.(Hansen 1996: 93-94) 여기서 한센은 고대 아테네에서는 공사 영역이 구분되지 않아서 개인적 권리 개념과 따라서 소극적 자유가 없었다는 주류적 견해들을 논박하면서, "개인적 권리"라는 용어는 없었지만 실천적으로 민주 제도와 연관된 특권과 자유가 높이 평가되었다는 점, 어떤 시민도 정당한 절차 없이 처형되지 않았다는 점, 고문이 금지된 점, 가택 침입으로부터 보호, 재산 보호, 표현의 자유, 개인의 권리가 침해되었을 시 법을 통해 구제될 수 있었다는 점과 같은 특징들에서 소극적 자유가 있었다는 점을 보여준다. 결론은 아테네 민주주의의 자유는 현대 민주주의의 자유와 유사하다는 것이다.(Hansen 1996: 96-99)

반면 차이를 주장하는 논의들에 의하면, 아테네 시민들은 "양도할 수 없는 권리", "정부 간섭으로부터 배제되는 소극적 권리"의 원리는 결단코 발전시키지 않았고, 적용된 절차가 합법적이면 폴리스의 권력에는 스스로 부과한 것 외에는 아무런 제한이 없었으며,(Finley 1983: 92-93) "표현의 자유"는 소크라테스의 죽음에서 보듯이 언제든지 침해할 수 있는 것이다.(Mulgan 1984: 15) 여기에다 시민들의 사생활에 대한 공적 침해의 사례들로 60세까지 군 복무 의무, 게으름에 반하는 법, 여성이 옷을 3개 이상 가지고 여행하는 것을 금지하는 법, 행정관의 승인과 철학 교육 없이 교육하는 것을 금지하는 법 등을 열거할 수 있다.(Coulange 1956, Wallace 1996: 107-108에서 재인용)

이런 주장들을 검토하면서 월러스는 세 가지 요점을 제시했다. 첫째, 아테네에서 법과 규칙들은 두 가지 방식으로 작용했다. 하나는 적극적 의미의 권리, 즉 정치적 지위에 참여할 권리를 보장하는 것—이미 보았듯이 산술적 평등과 모두가 지배하고 번갈아 지배되는 자유는 이런 참여를 현대보다 더 강력하게 보장했다—이었고, 다른 하나는 특정한 행위에 대한 보호를 개인들의 남용을 제한하며 제공하는 것이었다. 그래서 적극적 권리와는 달리 인격적 자유는 일반적 보호에 도달하지 못했다. 하지만 둘째, 인격적 자유의 보호에서 법과 규칙보다 더 중요한 것은 인격적 행위를 규제하는 법과 규칙의 "부재"였다. 남창이나 과도한 음주의 허용에서 보듯이 사회에 "해가 되지 않는 한" 순전한 인격적 행위는 규제되지 않았다. 위에서 반대 증거로 열거한 "게으름에 반하는 법"은 "어떤 사람이 생계의 원천을 증명하는 데 실패하거나 원천이 정직하다는 것을 증명할 수 없는 경우"에 처벌하는 것(Herodotus: 491-3)이었기 때문에 사실은 절도에 대한 처벌이었다. 더욱이 사생활의 제약은 언제나 폴리스의 더 큰 이익과 연결되었다. 그래서 모든 남성 시민들의 군 복무 의무가 존재했다. 공동체 권력의 남용인 도편 추방도 그 대상이 사적 시민이 아니라 시민들에게 폴리스에 해를 줄 것으로 보이는 정치가들로 한정되었다.

소크라테스의 처형 이유도 그의 불경한 신념 자체가 아니라 그의 제자들이 최소한 1,500명을 살해한(Wood 1986: 73) 30인의 과두제 쿠데타(404년)에 가담했고 그래서 시민들이 소크라테스를 폴리스에 위험한 인물로 인식했기 때문이었다. 교육의 자유를 제약한 일은 과두제 정부(404년)와 입법을 도덕화한 후기의 민주 정부(355년)에서 시행되었던 것이고, 여성의 여행 제약도 신비 의례Mysteries 동안 그 장소인 엘레우시스로의 여행을 제한하는 것으로 한정되었다. 요점은 이런 인격적 자유의 제한이 아테네 민주주의의 일반적 모습이 아닌 예외였다는 점이다.(Wallace 1996: 110-114)

셋째, 사고, 표현, 행동의 자유를 보호하는 데 가장 중요한 원천은 민주주의의 확립된, 정체성과 일상생활을 규제하는 이데올로기적 원리들이었다. 이런 원리들에 따라 공동체에 직접적, 물리적 위협이 되지 않는 한 인격적 자유는 얼마든지 보장되었다. 중요한 물음은 실제로 얼마나 시민들의 인격적 자유가 제약되었는지 여부인데, 앞에서 보았듯이 폴리스의 이익이 더 중요하다고 판정되었을 때에만 제약이 발생했고 이런 일들은 자주, 많은 경우, 일어나지 않았다. 결론적으로 고대 아테네는 현대 미국보다 개인적 자유를 보호하는 데에서 더 모호하고, 덜 보호하는 성격이 있었고 공동체를 보호하는 것을 더 강조했던 반면에, 공동체에 물리적으로 위협되지 않는 인격적 행위에 대해서는 더 무관심했다. 이런 측면에서의 인격적 자유는 오히려 더 컸다.(Wallace 1996: 114-117)

고대 아테네와 현대 민주주의 사이의 차이는 민주주의의 사회 경제적 내용에서 더욱 분명하게 드러난다. 한마디로 고대 아테네 민주주의에서는 형식적 민주주의와 내용적 민주주의를 분리하지 않았던 반면, 현대 민주주의는 형식적 민주주의에서 "내용적 민주주의를 분리"(박주원 2010: 164)하고 배제한다. 이것은 다음을 통해 발생했다.

현대 민주주의 발전사에서 미국의 독립 혁명은 중요한 분기점이었다. 건국의 아버지들은 연방헌법과 미국 정체를 수립하는 과정에서 고대 민주주의에서는 전례가 없는 "대의제"라는 혁신을 창조했다. 해밀턴의 『연방주의자 논설』 35번은 이를 잘 드러내 준다. "각 계급의 사람들에 의해 인민의 모든 계급이 실제로 대표된다는 사상은 전적으로 환상적이다. …기계공과 제조업자들은 항상, 예외없이, 자기 직업과 직종의 인물보다 상인들에게 투표할 것이다. …그들은 …자기들의 이익이 자기들보다 상인들에 의해 더 잘 촉진될 수 있다는 것을 안다. …그러므로 우리는 상인들을 공동체의 모든 계급의 자연적 대표자들로 간주해야 한다."(Hamilton et al. 2003: 210-211) 한마디로 프로타고라스가 설파했던 "대장장이나 제화공의 모국어와 같은" 정치 능력은 부정된다. 건국의 아버지들이 설파한 대의제 옹호 논리는 거대 공화국에서 필수적이기 때문이 아니라 중앙집권을 반대한 반연방주의자들에 반하여 거대 공화국이 바람직하기 때문에 대의제가 불가결하다는 점이었다. 더 나아가 대표자들의 비중이 작을수록, 결과적으로 시민들과 대표자들 간의 거리가 멀수록 바람직하다는 것이었다. 그래서 매디슨은 『연방주의자 논설』 10번에서 "순수한 민주주의는 사회를 구성하는… 사람들이 직접 회합하면서 정부를 운영하는 체제"인 반면, "공화정은 대의제를 통해 운영되는 정치 체제"라고 규정하면서, 대의제의 효과를 "선별된 시민단의 매개를 통과시켜 여론을 정제하는 것"(Hamilton et al. 2003: 76-77)이며, 연설의 평등과는 정반대인 여과기, "복화술의 민주주의"(Wolin 1996: 87)에서 찾았다. 이런 시도의 성공은 결국 "민주주의에 반하는 민주주의적 이데올로기의 승리"였고 "더 민주적인 형식들을 위한 담보를 매각"한 것이었다.(Manicas 1988: 137, 139)

고대 아테네가 양부모 시민들에서 태어난 남성으로만 참정권을 좁힌 특수주의에 갇혔다면, 미국은 참정권을 보편주의, 보통선거제—이것도 노예해방과 흑인 민권운동을 통해서야 실현되었지만—로 넓히는 대신, 참정권의 수준을 제한하는 전략을 취했다. 이런 전략은 혁명의 18세기에 이미 형성되어 있던 타운 회의와 같은 민주주의 문화가 시민들에게 익숙한 환경에서 불가피한 선택이었다. 미국의 부르주아들은 시민과 정치 영역 간에 "여과기"를 삽입할 뿐만 아니라 정치 영역을 지리적으로도 이동시켜 참정권 수준의 제한을 실현했다. 이런 결과로 잠재적으로 민주주의의 주체였던 인민은 능동적 시민이 아닌 중앙국가에 의해 대표되는 사적 개인들의 분열된 집합으로 변질되었다. 오늘날 미국의 수동적 시민권의 오랜 전통은 민주적 "행위자"는 차치하고도 "선거인"으로 기능하기에도 끊임없이 실패하는 대다수 시민에 의해 이어지고 있다.(Wood 1996: 125)

민주주의의 전제이자 결과인 능동적 시민을 수동적 시민으로 바꾼 "대의제 민주주의"의 효과는 사회 경제적 내용의 민주주의를 분리하고 배제하는 것이었다. 아리스토텔레스의 정부 형식에 대한 고전적 정의는 "가난하고 동시에 다수인 자유로운 사람들이 지배할 때는 민주주의"이고 "부자와 혈통 좋은 사람들이 지배하면서도 동시에 소수인일 때는 과두제"라고 구분한다.(Aristotle *Pol.*: 96) 즉 민주주의 아테네에서는 가난한, 노동하는 다수가 정치를 지배했고, 이 정치 영역은 자본주의와 달리 시민사회와 분리되어 있지 않았다. 다시 말해 아테네 시민들은 민주주의를 통해 자기들의 정치적 권리뿐만 아니라 사회 경제적 권리를 실현하고 확장했다. 그 결과는 앞에서 보았듯이 자유로운 독립 생산자들의 연합과 물질적, 문화적 번영이었다. 이 소생산자는 조세, 지대, 부역 같은 모든 착취에서 해방되어 있었고, 따라서 생산성 상승의 성과는 오롯이 자신의 몫으로 돌아왔다. 필요한 공적 자금은 부자들의 기부liturgy와 정부 사업으로 충당되었다. 반면에 미국 연방주의자들의 명시적 표현에서 보듯이 그들의 의도와 많은 헌법 조항들의 의도는 일반 대중의 권력을 희석하고, 특히 소유를 방어하는 것이었다.(Wood 1996: 126-128)

새롭게 발명된 대의제 민주주의는 새로운 혈통을 요구했다. 그래서 현대 민주주의의 족보에 민주주의 아테네부터 근대 영국의 수평파, 차티스트 등이 배제된 데 반해, 과두제 로마부터 대헌장, 권리 청원, 명예 혁명이 등재되었다. 다시 말해 민주주의는 아테네의 전통과 단절되었고, 자유 개념도 아테네의 자유eleutheria보다 로마의 자유libertas와 그 함의인 귀족적 특권에 더 기대게 되었다.

로마는 왕권, 귀족 지배, 시민 통제가 혼합된 정체, 과두제 공화국이었다. 시민들은 군사 조직인 백인대에서 기원한 민회의 투표를 통해 집정관(과 행정관)과 호민관, 나중에 속주 총독 심지어 원수까지 선출했다. 원로원도 퇴임한 집정관(과 행정관), 속주 총독 등에서 주로 나왔으므로 시민들이 간접 선거한 것이나 마찬가지였다. 초대 황제 아우구스투스는 시민들에 의해 종신 집정관, 원수로 선출되는 형식을 취하면서 공화정이라는 정체성을 버리지 않았고, 이후 원로원에 의해 선출되는 방식으로 바꾼 뒤에도 10년에 한 번씩 재신임을 물었다. 후대의 황제들도 이런 공화정의 탈을 유지했다.(기번 2010: 91-96, Hopkins 1978: 29, 59, 94-95, Manin 1997: 46-51) 이런 로마 시민들의 투표를 통한 "민주적" 통제는 현대 민주주의와 유사한 것이었다. 간접 투표로 선출된 귀족의 원로원은 현대 직선 엘리트의 의회에 비견되고, 직간접 투표로 선출된 집정관, 호민관, 원수와 황제는 역시 직간접 투표로 선출된 수상, 대통령에 비견된다. 이런 점은 현대 민주주의 공화국이 로마 과두제 공화국의 모방이라는 점이 알려 준다.

입헌주의, 제한 정부, 자유주의는 봉건 말기의 중앙집권화하는 왕권 즉 절대주의 국가에 반대하던 영주권의 주장을 기원으로 한다. 영주들은 그들의 권리, 그들의 소유물과 봉신들을 처분할 자유를 강화되고 있던 왕권에 대항해서 주장했다. 현대의 자유 개념은 이들의 특권 개념과 역사적으로 밀접한 연관이 있다. 물론 19세기와 20세기에 자유는 "특권"을 넘어서 모든 시민의 "소극적 자유"로서 보편화했지만, 이런 자유 개념에서 민주주의는 인민의 능력에 관한 믿음과 인민의 권력이 아니라 입헌주의, 법의 지배, 제한 정부, 의회주의와 연관하여 다시 정의되었다. 결과적으로 정치적 권리와 자유들은 고대 민주주의보다 더욱 광범위한 시민들에게 향유되지만, 고대 민주주의의 그것들보다 덜 중요하게 되었고, 사회적 내용은 대부분 부재하게 되었다.(Wood 1996: 132-135)

결국, 민주주의는 자유주의와 동일시되었고 시민권, 사생활의 보호, 개성, 다양성, 다원주의를 주요 원리로 삼게 되었으며,(Wood 2016: 227-228) 대의제 민주주의로 이해되기 시작했다.(Hansen 1992: 23) 그래서 상설 총회와 연례적 추첨을 통한 인민의 능력에 대한 믿음으로서 민주주의는 다년 주기의 대표자 선출을 통한 대의제 공화정 형식과 동의어로 변화되어 버렸다.

미국의 헌법과 정체는 세계 여러 국가에서 같은 형태로는 아니지만 원리적으로 복제되었다. 프랑스 대혁명과 선행했던 영국 혁명의 발전도 동등한 원리를 실현한 것으로 귀결되었다.(Manicas 1988, Wolin 1996: 66-68, Wood 2016: 213, 230-231) 1787년에 미국 혁명가들은 아테네의 아레오파고스가 아닌 로마의 상원을 세웠고 1799년 시에예스의 프랑스 헌법은 아테네 장군 위원회가 아닌 로마 집정관들의 삼두정치를 내세웠다.(Hansen 1992: 18) 이런 흐름은 정치사상사에서도 배경을 지녔다. 아테네 민주주의의 역사와 원리에 관한 서술이 담긴 『아테네의 정체』가 1891년 발견되기까지, 1250년에 발견된 아리스토텔레스의 『정치학』에 근거해 이해된 아테네 민주주의와 그리스 민주주의는 거의 구분되지 않았다. 1250년부터 600년 이상 민주주의는 역사적 실체로서가 아니라 세 가지 정체(군주정, 과두정, 민주정) 중 하나로 추상적으로 이해되었고, 비판적으로 평가되거나 긍정적이더라도 이상주의적이라 실현할 수 없는 것으로, 실현하더라도 혼합정체나 과두제 공화정보다 못한 것으로 평가되었다.(Hansen 1992: 17) 더 나아가 18세기 후반 몽테스키외에 의해 "폴리스"에나 적합한 고대 3대 정체 구분이 폐기되고 대신 큰 규모의 민족국가에 적합한 군주정, 전제정, 공화정의 구분이 도입되었다. 그래서 민주주의는 실현 불가능한 것으로 배제되기도 했다.

이런 구분은 헤겔과 마르크스에게는 전파되지 않았지만, 미국과 프랑스에 큰 영향을 주었다.(Manicas 1988: 141-142) 이에 더해 정치철학사 전반에서 "인민"을 "행위자"로 파악한 이론가는 거의 없었다. 스피노자 정도만 어떤 광포한 힘을 가지고 자존성을 실현할 "일반 대중 혹은 다중"을 파악했지만, 이것을 상상이 아닌 이성의 영역으로 끌어올리지 못했고, 루소에 이르러서야 정치학의 중심에 "일반의지"가 등장할 수 있었지만, 이것을 권리로서만 파악하면서 행동에 의한 실현 방안을 제시할 수는 없었다.(Wolin 1996: 72-73) 이런 흐름의 연장선에서, 노동자 대중을 역사의 주체로 파악하면서 대의제를 넘어선, 국가와 시민사회 사이 분리의 지양으로서의 "진정한 민주주의"를 추구하고 파리코뮌을 그런 정치 형식의 가능성으로 보았던 마르크스조차도 아테네 민주주의를 제대로 평가하기 어려웠다.

마르크스는 그리스 사회를 정치가 시민사회를 노예로 삼는 체제라고 보았다. "그리스에서처럼 공화국(정치적 국가-인용자)은 실제적 사적 업무, 시민들의 실제적 내용이고, 사적 인간은 노예이며, 정치적인 것으로서 정치적 국가는 시민들의 생활과 의욕의 유일하게 참된 내용이거나", "그리스인들에서 시민사회는 정치 사회의 노예였다."(*MEGA*[2] I. 02: 34, 79) 좀 더 구체적인 마르크스의 민주주의 개념은 2장에서 다룰 것이다.

### 3. 현대 민주주의의 한계를 넘어서는 대안

자본주의를 넘어선 사회주의에 민주주의가 없다는 것은 "모순"이다.(Beetham 1981: 195) 노동자 대중에 대한 착취와 억압의 토대인 땅과 생산수단의 소유 독점이 지양되고 공동 점유에 근거한 개인적 소유가 부활하는 사회주의에서 민주주의는 필수적 원칙이 된다.(하태규 2015 참조) 이런 민주주의에서 국가는 마르크스가 전망했듯이 더는 시민사회와 분리되고 소외된 실체가 아니게 될 것이다. 소극적이고도 적극적인 자유와 평등을 실현한 상설 총회와 연례적 추첨의 고대 아테네 민주주의는 이런 마르크스적 의미에서 국가와 시민사회의 분리를 지양했다.

전체 인민이 공동체의 정책을 결정했던 민회는 국가가 아닌 정치 사회와 시민사회가 민주적으로 결합하는 획기적 제도였다. 고대 아테네 민주주의에서 시민들은 누구나 다 일상의 생활인과 정치 사회의 정책 결정자와 집행자의 역할을 병행하면서 시민사회와 분리된 국가(소수가 독점하는 정부, 관리 계급, 지배 엘리트)를 허용하지 않았다.(Manville et al. 2003: 12, 박주원 2010: 180) 반면 마르크스가 찬양했던 파리코뮌조차도 대표자들의 회의체였기 때문에 혁명적 열기가 가라앉으면 시민과 괴리될 여지를 내재하고 있었다.

이런 괴리를 통제할 소환제의 이론적 가능성과 실제 결과가 어긋남은 소련의 소비에트, 유고슬라비아의 자주관리제와 현대 민주주의가 증명하고 있다. 몇 년 전 경남도지사의 무상급식 폐지에 대한 "소환" 실패가 단적으로 이런 한계를 보여준다. 직접민주주의 기제로 많이 언급되고 활용되는 소환, 국민투표, 여론조사 등은 토론과 심사숙고가 없다면 단지 개별 소비자들의 "선호의 집합"일 뿐이다.(Farrar 2007: 187) "심사숙고와 참여 구조 없이는 개인적 자유는 공허한 개념"이다.(Maskiver 2010: 864) 러시아 혁명에서 소비에트 발전의 실패 원인은 내전과 국제 반혁명 전쟁에 따른 인적, 물적 파괴와 위로부터의 탄압도 있었지만, 더 중요하게는 내적으로 "대표"의 원리 자체가 노동자·병사 대중을 수동적 시민으로 변화시켜서 이런 파괴와 탄압을 자주적으로 극복하지 못하게 만든 데에서 찾아야 할 것이다.

스탈린주의 체제에서 이탈하여 1950년대부터 "자주관리제"를 발전시켰던 유고슬라비아의 평의회 민주주의도 마찬가지로 "대표"의 원리 때문에 과두제의 통로로 변질하였다.(하태규 2016 참조) 실제로 대표자를 소환할 정도가 되려면 시민들 또한 대표자에 버금갈 정도로 현안에 정통해야 하는데, 이런 상황은 고대 아테네와 같이 지식이 집합되고 인민의 능력이 발전하는 제도적 매개로서 상설 총회와 연례적 추첨을 통해서만 확보될 수 있기 때문이다.

민회에서 인민 전체가 직접 처리할 수 없는, 소수가 심사숙고나 상시적 활동을 통해 처리해야 하는 안건의 제안, 입법 결정, 사법 결정, 정책 집행을 책임진 500인 평의회, 입법배심원, 시민법정, 행정관위원회를 추첨으로 구성한 것은 정치 사회와 시민사회의 민주적 결합의 현실적이고 과학적인 방편이었다. 공적 기구를 구성할 때 무작위 윤번제의 지역별(또한 성, 나이, 직업, 학력 등등의 범주를 포함할 수 있다.) 배분에 근거한 추첨만이 선거로 선출된 소수의 대표자와 직업 관료가 지배자로 변하고 시민사회와 분리된 국가를 형성하는 것을 막을 수 있기 때문이다. 또한, 이러한 추첨을 통해 "모든 시민이 일생에 한 번 이상 공직에 복무할 것을 예상하게" (Cockshott et al. 1996: 186) 되고 공적 사안에 무관심한 개인, 수동적 시민에서 스스로 결정하는 주체, 능동적 시민으로 변하게 된다.

고대 아테네 민주주의에서 이런 시민의 변화는 혁명 봉기로 분출한 시민들의 열정을 능동적 시민의 그것으로 만드는 상설 총회와 연례적 추첨 형식의 민주 제도들에 근거하여 유지될 수 있었다.(Ober 2007) 이는 미국 혁명, 영국 혁명과 프랑스 대혁명(Wolin 1996: 66-68)은 물론 러시아 혁명에서도 실패했던 것들이다. 고대 아테네 민주주의에서 이러한 시민들의 변화는 모든 개인이 일상생활 속에서 획득한 기술적, 사회적 지식이 개인들이 집합하고 교류하는 과정에서 촉진되면서, 환경과 자신을 변화시키고 민주 제도를 더욱 발전시키며 사회 경제적 혁신 능력과 생산성을 높이고 문화를 발전시킬 수 있었다. 이렇게 인간 활동과 환경 변화가 일치하는 과정은 바로 마르크스가 『테제』 3번에서 "환경의 변경과 인간적 활동 혹은 자기 변화의 일치는 오직 **혁명적 실천**으로만 파악되고 합리적으로 이해될 수 있다."(*MEW* 3: 6)고 밝힌 혁명적 실천의 예시라고 볼 수 있다.

반면에 현대의 대의제, 형식적 민주주의는 민주주의를 왜곡하고 전도시켰다. 자유와 평등을 소극적 권리로만 발전시킨 현대 민주주의는 마르크스가 자본주의 시장에서의 사적 소유의 자유와 평등이 생산 과정에서의 착취의 불평등과 부자유로 전도된다고 했듯이, 일상생활과 선거에서의 자유와 평등을 정치 그래서 사회 경제에서의 불평등과 부자유로 전도시켰다. 다시 말해 형식적 민주주의는 내용적 민주주의를 배제하며 민주주의를 허수아비로 만들었다. 더구나 이런 형식은 원래의 민주주의 형식도 아니며 왜곡된, 전도된, 새로운 형식, 과두제의 형식이었다. 왜냐하면, 원래의 자유로운 생산자들의 연합에 걸맞은 형식이 자본주의의 파편화되고 종속된 개인들의 집합에 걸맞은 형식으로 변화될 필요가 있었기 때문이었다. 역사와 사회의 변화를 마르크스는 사회적 내용과 형식의 변증법적 모순의 지양 운동으로 보았다.(하태

규 2019a 참조)

현대 민주주의는 노동자 대중의 사회 경제적 권리를 배제하는 자본주의의 사회적 관계에 적합한 민주주의, 정확하게는 과두제 형식이다. 반면에 현대 민주주의에서 자유주의는 헌법의 원리로 보장되며 개인의 소극적 자유를 보편화하고 심화시켰다. 달리 말하면 "자본주의와 형식적 민주주의(정확히는 형식적 자유주의–인용자)의 연합은 진보와 후퇴, 민주주의의 증진(정확히는 자유주의라는 민주주의 토대의 증진–인용자)과 훼손의 모순적 통일이다."(Wood 2016: 252) 그러므로 노동자 대중의 사회 경제적 권리의 완전한 성취라는 내용뿐만 아니라 자유주의의 소극적 자유를 실질적으로 완성한 내용에 걸맞은 새로운 민주주의의 형식은 원래의 민주주의 형식의 부활일 것이다. 이렇게 민주주의에서도 변증법적 "부정의 부정"(*MEGA*[2] II. 10: 685, 마르크스 1867: 1050)이 발생하게 된다. 이러한 자유의 내용 중 하나인 노동 분업의 지양과 아테네 민주주의 사이의 연관성은 『독일 이데올로기』에서 "아침에 사냥하고, 오후에 낚시하고, 목축하고, 저녁 식사 후에 비평하는"(*MEW* 3: 33) 사회주의에서의 시민의 삶과 모두가 민회의 의장이 되고 추첨을 통해 주요 자리를 번갈아 맡는 아테네 시민의 삶 사이의 유사성을 논의하면서도 지적된다.(Nafissi 2015: 110)

변증법적 "부정의 부정"은 모든 사물과 사태가 가진 사회적 내용과 사회적 형식 사이의 모순이 폭발하여 기존 형식이 부정되고, 발전한 내용을 보전하며 새로운 단계 혹은 상태에서 새로운 형식이 갖춰지는 변증법적 지양(폐기, 보존, 새로운 단계)이 연속해서 발생한다는 의미이다. 여기서 변증법적 지양Aufhebung은 낡은 내용을 버리고 발전된 내용을 보존하며 기존 형식을 버리고 새로운 형식을 새로운 단계 혹은 사태에서 갖추는 폐기·보존·새로운 단계 혹은 사태의 세 가지 의미를 내포하는 개념이다.(Mattick 1993: 122 참조) 이 점을 헤겔은 『정신현상학』에서 다음과 같이 표현한다. "**지양한다는 것**은 우리가 부정적인 것에서 본 참으로 이중적인 의미를 나타낸다. 그것은 동시에 **부정하기**와 **보존하기**이다."(*HW* 03: 94)

이때 사물과 사태의 내용과 형식 사이의 모순 폭발은 기존 내용에 조응하던 기존 형식 덕분에 내용이 잘 발전하여 기존 형식과 괴리가 커져서 발생한다. 이런 연속적 지양으로서의 부정의 부정은 마르크스 방법에서 역사 발전의 법칙이다.(하태규 2019a 참조) 이 변증법적 부정의 부정을 민주주의에 적용해 보면 고대 아테네 민주주의가 과두제로 부정되었다가 다시 완전한, 발전한 민주주의로 부정된다. 이 부활한 민주주의는 과두제에서 발전한 제반 형식적 자유와 평등의 권리 보장 위에 고대 민주주의의 인민에 대한 믿음이라는 내용을 부활시킨다. 참고로 부정의 부정이 소유 문제에 적용되면(마르크스 1867: 1050) 자본주의 이전의 독립 소생산자의 사적 소유가 자본주의의 사적 소유로 부정되었다가 다시 공산주의의 공동 점유에 근거한 개인적 소유로 부정되는 것으로 나타난다. 이때 자본주의에서 발전한 공동 점유 위에 독립 소생산자의 사적 소유의 내용인 개인적 소유가 부활하게 된다.

## 4. 광장 민주주의를 위하여

지금까지 우리는 소극적이자 적극적인 자유와 평등의 원리를 실현한 상설 총회와 연례적 추첨 형식의 고대 아테네 민주주의가 소극적인 자유와 평등의 원리만 실현한 대의제 형식의 현대 민주주의, 경조사 민주주의를 넘어선 진짜 민주주의였다는 점을 보았다. 즉 고대 아테네 민주주의는 비록 참정권에서 인민 절반 이상을 배제했다는 한계가 있고 이는 극복되어야 하지만, 그럼에도 인민의 능력에 대한 믿음, 인민의 지배, 인민의 권력 균점, 인민의 자기 통치의 체제이자 이상을 실현했다는 점에서 실질적 참정권이 극소수에게만 있는 현대의 경조사 민주주의와 비교해서 우월할 뿐만 아니라 그에 대한 대안 모델이 될 수 있다. 이제 이러한 대안 모델을 현실에 적용하는 문제를 생각해 보려고 한다.

한국에서 촛불 집회는 2000년대부터 효순·미선이 사건, 광우병 사태, 박근혜 퇴진, 검찰 개혁 등 주요 정치적 이슈에 대해 대중이 집합적 의사를 표출하는 방법으로 자리매김하여 왔다. 많은 사람들이 이 촛불 집회를 광장 민주주의라고 생각하지만, 사실은 그렇지가 않다. 초기 소수에 의해 살

짝 모습이 나타나기도 했었지만, 촛불 집회는 대중이 문제를 토론하고 대안을 결정하는 집회의 장이 아니라 집행부가 정한 대안을 외치는 시위의 장으로만 기능했다. 지금까지의 논의로 이것이 민주주의가 아니라는 점을 쉽게 이해할 수 있다. 이것은 합법적 집회를 열 수 없고 "불법" 시위만 할 수 있었던 독재 시절의 타성에 젖은 결과라고 볼 수 있다. 당시의 "독재 타도", "파쇼 타도" 같은 구호와 피, 짱돌, 화염병이 "박근혜 퇴진", "검찰 개혁" 같은 구호와 촛불로 대체되었을 뿐이며, 토론 없이 주어진 구호를 외치는 방식은 여전하다. 만약 수십만, 수백만 광장 시민이 토론하고 심사숙고하여 결정한 대안과 구호를 외쳤다면, 어떻게 되었을까?

예를 들어 천만 시민이 5개월 동안 벌였던 "박근혜 퇴진" 촛불 투쟁을 보자. "박근혜 퇴진"이 당면 과제이자 구호였지만, 동시에 혹은 이후에 해결해야 할 나머지 개혁 과제들은 촛불의 구호가 되지 못했다. 재벌 개혁, 비정규직 해소와 해고자 복직, 기본소득과 같은 복지의 전면화, 검찰과 경찰과 국정원의 개혁, 사드 배치 철회와 평화·군축 협정, 생태 문제 해소, 여성과 소수자 권리 확보 등등이 그런 과제들이었다. 광장의 시민들은 이런 이슈를 박근혜 퇴진으로 등장하는 "촛불 정권"이 해결해 주리라고 기대하는 수밖에 없었다. 그렇지만 "촛불 정권"은 지금까지도 이 과제들을 해결하지 못하고 있고, 이를 앞으로도 기대하기 힘들다.

만약 광장 민주주의가 작동했다면, 나머지 개혁 과제들을 시민들이 토론하고 대안을 결정해서 스스로 집행을 하든지, 아니면 최소한 정부에 공식적으로 요구하고 압박할 수 있었다. 여기서 토론이 필요한 이유는 자명하다. 예를 들어 재벌 개혁 혹은 해체의 의미가 중소기업과의 갑을 관계를 해소하는 것인지, 총수 일가의 지배를 해체하는 것인지, 계열사의 분리를 의미하는 것인지 아니면 중소기업으로의 분리를 의미하는 것인지, 혹은 이들을 복수로 포함하는지 불분명하다. 그렇기 때문에 "촛불 정권"이 (촛불 투쟁을 암묵적으로 계승하여) 설정한 재벌 개혁의 목표도 불분명하고 성과도 지지부진하다. 만약 촛불 시민들이 총회를 통해 재벌 개혁 혹은 해체를 정의하고 실현 방안을 결정하고 공표했더라면 상황은 달라졌을 것이다.

여기에다 이런 재벌 개혁이나 해체가 실현된다고 해도 재벌이 재벌로서가 아니라 자본으로서 일으키던 문제, 노동을 착취하고 탄압하는 문제는 사라지지 않는다. 반면 재벌의 장점, 많은 계열사 자원들을 동원하고 집중할 수 있는 데에서 나오는 시너지는 어떻게 보전할 것인가 하는 문제도 남는다. 이것은 재벌 개혁이나 해체를 넘어 자본 개혁이나 해체, 생산수단 재편이라는 과제를 제기한다. 촛불이 총회를 상설화하였다면, 이런 문제들을 토론하고 실행 방안을 모색하는 데까지도 나아갈 수 있었을 것이다.

또 다른 예로 최근의 검찰 개혁 문제를 보자. 촛불 시민들은 토론 없이 정부의 공수처 설치와 검경 수사권 분리를 대안으로 간주했다. 하지만, 이것이 검찰 개혁의 완성일 수 있을까? 예를 들어 조국 사태, 삼성, 검찰 자신에 대한 경우와 같이 검찰이 수사권과 기소권을 남용하거나 불행사한 사례는 차고 넘친다. 그래서 공수처가 검찰을 완전히 견제할 수 있을까? 공수처 자체는 검찰이 제대로 견제할 수 있을까? 수사 완결권을 보장받은 경찰은 제대로 견제될까? 즉 선택적 수사나 기소가 아니라 수사하고 기소를 해야 할 대상은 반드시 그렇게 하고 하지 말아야 할 대상은 못하게 할 수 있을까? 이와 같은 의문들은 해소되지 않는다. 왜냐하면, 검찰이든 경찰이든 공수처든 모든 공권력은 소수의 수중에 있는 한, 남용과 불사용의 위험을 지니기 때문이다.

지금과 같이 공수처와 검찰과 경찰이 서로 견제하는 방식은 과두제의 삼권분립을 통한 견제와 균형의 원리처럼 특정 분파의 전권 장악을 방지하는 것과 동시에 혹시 발생할 수도 있는 인민의 권력을 방지하려는 것이다. 이것은 지배 계급의 과두제를 여전히 보장한다. 그래서 검찰 개혁의 핵심은 전문성이 필요한 수사권과 공소권의 집행을 전문가에게 맡기더라도, 이 집행 자체를 시민이 민주적으로 결정하는 제도를 도입하는 것이다. 이것은 예를 들어 기소를 시민 배심원들의 기소위원회가 결정하는 방식이다.

시민들에게는 법률적으로 심오한 지식이 필요하지 않다. 수사 보고서와 기소 제안서의 논리를 양심적, 시민적 판단력에 따라 가부만 판단하면 된다. 수사 착수, 압수수색·체포·구속영장 발부도 경찰이나 영장 전담 판사가 결정하는 것이 아니라 법적으로 심오한 지식이 없이도 합리성을 판단할 양식만 있으면 충분한 수사착수결정위원회, 압수수색·체포·구속영장 심사위원회의 시민 배심원들이 관련 당사자들의 진지한 소명과 공방을 청취하고 보고서에 근거하여 다수결로 판단을 내리면 된다. 이를 과정상 절차의 번거로움이나 사안의 긴급성을 이유로 반대하는 논리는 기존 수사와 기소도 그만큼 많은 절차를 거치기는 마찬가지인 데다가, 기존에는 소수 전문가 권력자가 자의적으로 판단하던 것을 다수 시민이 민주적이고 투명하게 판단한다는 차이를 가질 뿐이며 긴급한 수사 착수, 압수수색, 체포 등은 사전 집행, 사후 판단의 예외로 반영하면 된다는 점에서 기각된다. 물론 이런 방안들은 아테네 민주주의 관점에서는 당연할 수 있지만, 이 또한 시민들이 토론을 통해 정해야 한다. 요점은 시민들이 토론 과정에서 지혜를 모아 합리적 대안을 찾을 수 있다는 점이다.

어떻게 이런 광장 민주주의를 도입할 것인가? 당연히 실천을 통해서만 도입될 수 있다. 토론 없는 시위는 결코 민주주의가 아니라는 점을 자각하고 광장에서 총회를 개최하는 것이 출발점이다. "박근혜 퇴진" 촛불 투쟁의 열기가 사라진 현재 이런 광장 총회 구상이 완전히 비현실적으로 들리지만, 매주 수십만, 수백만 명이 광장에 모이던 시점에서는 불가능하지 않았다.

수십만, 수백만 명이 참가하여 정책 대안을 논의하고 결정하는 상설 총회는 언뜻 보기에 불가능한 망상일 것 같다. 하지만 광장 시민들의 다수결 투표는 스마트폰으로 순식간에 집계될 수 있다. 최근의 블록체인 기술은 투표의 신뢰도를 절대적 수준으로 높였다. 이뿐만 아니라 2002년 월드컵 때 길거리 응원전처럼 총회 때 각종 거리와 직장과 가정의 시민들도 컴퓨터와 스마트폰으로 정책 토론을 청취하고 표결에 참여할 수 있다. 방송이 가세하여 쌍방향 소통이 원활하게 되면 원격지에서도 안건 토론에 참여할 수 있다. 한국에 이런 소통을 가능하게 하는 방송 정보통신 기반시설이 없지 않다. 또한, 한국에 이런 민주주의 문화도 없지 않다. "박근혜 퇴진" 투쟁 직전에 이화여자대학교 학생들이 수 주일을 농성하면서 총회를 통해 총장을 몰아낸 사례는 학생들의 본능적인 민주주의였다. 구한말 시민 1만 명이 종로에서 여러 날을 토론하여 개혁안 6조를 도출하고 고종 정부의 대신들을 교체하는 성과를 냈던 만민공동회는 선조들의 민주주의였다.

그렇다면 총회의 개최를 책임질 평의회는 어떻게 구성했어야 했나? 당연히 "퇴진행동"(박근혜정권퇴진비상국민행동) 같은 자임한 대표자들이 아니라 전체 시민 가운데 추첨으로 선출했어야 한다. 임시적, 현실적으로 평의원으로 활동하기를 원하는 시민들을 인터넷에서 등록 받고 이들을 지역, 나이, 성, 직업 별로 인구 비례에 근거한 추첨으로 선발할 수 있다. 이들은 총회에서 결정되는 임기 동안 안건을 연구하여 매주 총회에 제출하고 결정된 내용을 집행할 전업 평의원이 될 것이다. 예산은 예를 들어 촛불 시민 1천만 명이 1만 원씩 모금해서 마련한 1천억 원으로 충당할 수 있다. 이 정도면 1년간 5천만 원의 연봉과 기타 활동비와 사무실, 집회 비용을 포함해도 1인당 1억 원, 전체로 1천 명의 평의원이 활동할 수 있다. 이들을 직업과 경력을 고려하여 평의회 내의 전문위원회, 예를 들어 20명씩의 전문위원회 50개를 구성하고 세분된 사안별 연구와 집행 책임을 지고 필요하면 외부 전문가 네트워크의 도움을 받게 하면 될 것이다. 또한 클레이스테네스 식 혼성 구성으로 지역에 근거한 12개의 상무위원회를 83명씩 구성하여, 한 달마다 돌아가며 대외 창구이자 최고 집행부로서 각 전문위원회를 조정 감독하는 역할을 하도록 구성하면 될 것이다.

만약 이런 총회와 평의회가 지난 "박근혜 퇴진" 촛불 집회를 계기로 상설화하였다면, 많은 변화가 일어났을 것이다. 상설 총회와 연례적 추첨 평의회에서 결정하고 집행하는 과정을 통해 시민들은 자신들의 변화 발전과 동시에 체제의 변화를 만들어 갈 수 있었을 것이다. 또한, 이런 상설 총회와 추첨 평의회와 행정관위원회, 입법배심원, 시민법정 형식의 민주주의는 전국적 수준뿐만 아니라 지역, 노동조합, 기업, 정당, 사회단체 등등 모든 조직에 확산할 수 있고, 확산해야만 한다. 그래야 전국적 수준에서 시너지를 내며 서로 발전할 수 있을 것이다.

현재 모든 수준에서 이런 민주주의는 '1도 없는' 것이 현실이다. 그래서 이런 일을 어떻게 할 수 있을지 별도로 논의해야 한다. 이를 결론에서 다룰 것이다. 여기서는 상설 총회와 추첨 형식의 민주주의가 "박근혜 퇴진" 촛불 투쟁과 같은 혁명적 국면에서 쉽게 실행할 수 있는 대안이라는 점을 확인하는 것으로 마치겠다.

# 2
# 마르크스와 자유롭게 연합한 인간들의 민주주의

마르크스가 주장한 자유롭게 연합한 인간들의 민주주의는 공산주의적 민주주의로서 자유, 평등, 인간 존중 이념을 내용과 형식에서 일치시킨, 전면적이고 완전하게 실현된 민주주의이며, 상설 총회와 연례적 추첨 형식을 지닌 민주주의이다.

## 예비적 Q&A

Q: 마르크스는 민주주의자 단계를 넘어 사회주의자, 공산주의자로 진화하지 않았나요?

A: 그렇지 않습니다. 이런 생각은 민주주의를 공산주의와 대립하는 개념으로 이해한 잘못된 민주주의관, 경조사 민주주의관에 따라 마르크스 사상의 발전을 재단한 전통적 마르크스주의 관성의 반영입니다.

Q: 민주주의와 공산주의가 양립 가능한가요?

A: 자유, 평등, 인간 존중이라는 이념은 마르크스의 민주주의와 공산주의의 공통적 토대입니다. 두 가지는 양립 가능할 뿐만 아니라 서로가 없이는 존재할 수 없는 한 몸과 같은 것입니다.

Q: 자본주의 체제에서는 왜 민주주의가 발전할 수 없나요?

A: 민주주의는 인민의 능력에 대한 믿음, 인민의 지배, 인민의 권력 균점, 인민의 자기 통치를 구현한 정체이기에 소수의 지배 계급이 나머지를 지배하고 착취하는 자본주의와는 양립 불가능합니다.

Q: 그렇다면 현대 민주주의의 각종 자유와 평등의 권리도 부정되어야 하나요?

A: 아닙니다. 오히려 더욱 발전해야 합니다. 현대 민주주의, 경조사 민주주의는 계급 착취가 지배하는 사회에서 작동하기 때문에 각종 자유와 평등의 권리를 법적, 형식적으로만 보장할 뿐 내용적, 실질적으로 보장하지 못합니다. 이를 내용적, 실질적으로 보장하면 계급 지배와 착취가 부정되기 때문입니다. 반면 사회주의, 공산주의에서는 계급과 착취가 폐지되었으므로 각종 자유와 평등을 형식적으로뿐만 아니라 내용적, 실질적으로 보장할 수 있습니다.

Q: 소련, 북한, 중국 같은 사회는 실질적 자유와 평등을 보장하지 못하는 것 같습니다. 그러함에도 이런 나라들을 사회주의라고 부를 수 있나요?

A: 전혀 그럴 수 없습니다. 이 사회들은 마르크스 사회주의, 공산주의의 개념과 정반대입니다. 이 나라들은 사회적 내용뿐만 아니라 형식에서도 사회주의가 아닌데도, 주관적 의식과 말로만 사회주의를 자임할 뿐입니다.

## 마르크스의 공산주의 민주주의관을 밝히기 위하여

마르크스와 민주주의의 관계에 대해 크게 보아 두 가지 견해가 있다. 하나는 마르크스가 민주주의를 비판하고 부정하며 사회주의자로 진화했다는 견해다. 이런 견해는 민주주의를 부르주아 민주주의 혹은 대의제 민주주의로 한정할 때 나름 타당하다. 이런 견해는 마르크스주의 전통에서는 상당한 경향이었다.(Wolff 2000)

다른 하나는 마르크스가 철저한 민주주의자로서 민주주의와 사회주의를 동시에 추구했다는 견해다. 이런 견해는 민주주의를 부르주아 민주주의에 한정하지 않고 더 근본적인 개념으로 이해할 때 타당하게 된다. 필자는 뒤에서 보듯이 마르크스가 민주주의를 더 근본적인 개념으로 사용했다고 보기 때문에 두 번째 견해를 지지한다.

이런 두 번째 견해를 제시하는 연구는 이미 1960, 70년대부터 전개되었다. 아비네리는 마르크스가 『헤겔 법철학 비판』에서 정치적 국가와 시민사회의 분리를 지양한 "진정한 민주주의"(*MEGA*[2] I. 02: 32)에서 인간의 "공산주의 본질"(*MEGA*[2] I. 02: 88)이 실현된다고 서술하여 진정한 민주주의를 공산주의로 보았다고 이해했다.(아비네리 1967: 56-62, Tabak 2000: 93)

드레이퍼는 민주적 극단주의자로서 마르크스의 민주주의 사상은 국제노동자연맹 임시 규약 첫머리의 "노동자 계급의 해방은 노동자 계급 자신에 의해 성취되어야만 한다."(*MECW* 20: 14)는 표현처럼 아래로부터의 사회주의로서 노동자 계급의 자기 해방 원리와 『테제』 3번에서 "환경의 변경과 인간 활동 혹은 자기 변화의 일치는 오직 혁명적 실천으로만 파악되고 합리적으로 이해될 수 있다."(*MEW* 3: 6)고 표현된 환경 변경과 인간 자기 변화 일치의 혁명적 실천 원리를 통해 공산주의자로서도 철저히 유지되었다고 보았다.(Draper 1966, 1977: 1장, 10장, 1978: 6장, Johnson 2000)

또한, 이후의 다양한 연구들도 이런 견해를 뒷받침하고 있다.(Easton(1981), Springborg(1984a), Elliott(1987), Mostov(1989), Nimtz(1999, 2010), Johnson(2000), Tabak(2000), 강성호(2004), 김진엽(2010), Neimi(2011), 강신준(2015) 참조) 또한 무엇보다 마르크스 자신의 저술들(『헤겔 법철학 비판』, 『프랑스 내전』 등)과 혁명적 실천들(1848년 유럽 혁명기의 공산주의자동맹, 1860-70년대 국제노동자연맹, 1870-80년대 독일 노동자 운동의 지도와 지원 활동)이 견해의 타당성을 입증하고 있다.

마르크스(와 엥겔스)의 혁명적 실천이 민주주의와 밀접한 연관이 있다는 견해는 모스(Moss, 1985) 니에미(Niemi, 2011) 뢰비(Löwy, 2014)를, 마르크스와 엥겔스의 후원으로 발전한 노동자 정치 운동이 19세기 말 서구 민주주의 발전에 결정적으로 공헌했다는 견해는 님츠(Nimtz, 1999)를 참고하라.

그런데 이런 두 번째 견해 내에서도 명확하지 않거나 논쟁적인 지점들이 있다. 즉 부르주아 민주주의를 비판한 후에 그 기본 이념인 자유, 평등, 인간 존중 개념을 비판적으로 수용한 수준과 범위, 보통선거제 지지와 선거를 통한 평화적 이행의 가능성, 대의제 비판에 따른 대안적 형식, 프롤레타리아 독재의 민주성, 마지막으로 사회주의 혹은 공산주의에서 민주주의의 존속에 관한 마르크스의 견해들이 그런 지점이다.

이 장은 특히 마지막 공산주의 사회의 민주주의에 관한 마르크스의 견해를 밝히는 것을 목적으로 한다. 이에 관해서 마르크스는 상대적으로 과묵하면서도 다소 혼란한 견해를 지닌 것처럼 보이기도 한다. 『헤겔 법철학 비판』에서 마르크스가 "진정한 민주주의"를 공산주의라고 보았다면, 『프랑스 내전』에서는 파리코뮌 민주주의를 대안으로 상정한 것 같고, 『고타 강령 비판』에서는 계급 갈등의 해소 기제로서 정치와 민주주의가 사라지고 행정 관리 기능만 남는 공산주의를 상정하는 듯 보인다.

이런 다소 혼란스러워 보이는 견해를 정리하고 마르크스

의 관점에서 일관된 공산주의 민주주의관을 제시하기 위해서 마르크스의 저술들과 후속 논의들을 바탕으로 우선 마르크스의 부르주아 민주주의 비판과 프롤레타리아 독재론의 민주주의 함의를 살펴보고, 다음으로 마르크스가 말한 자유로운 인간들의 연합에서 소유, 계획, 노동, 분배 개념들의 민주주의 함의를 살펴본 뒤, 필자가 "자유롭게 연합한 인간들" (*MEGA*[2] II. 10: 78, 마르크스 1867: 102)의 민주주의라고 명명한 공산주의 민주주의에 관한 마르크스의 숨겨진 견해를 추론할 것이다. 마지막으로는 이 논의들을 총괄해 제시할 것이다.

## 1. 부르주아 민주주의 비판과 프롤레타리아 독재론

마르크스가 부르주아 민주주의의 천부인권 개념인 자유, 평등, 인간 존중을 비판한 것에는 관련 논자들 대부분이 동의한다. 하지만, 마르크스의 공산주의에서 이런 개념들의 비판적 수용의 수준과 범위에 관해서는 그렇지 않다. 여기에는 추가 정리가 필요하다.

마르크스에게 부르주아 민주주의의 자유는, 생산수단의 사적 소유가 지배하는 자본주의 사회에서 소수 소유자에게는 거래의 자유로서, "천부인권의… 에덴 동산"으로 나타나는 데 반해, 노동자에게는 "이중적 의미의 자유", "강제된" 자유로 나타난다.(Brenkert 1979, Buchanan 1981, 김진업 2004,

Arndt 2016 참조) "즉 소수 소유자에게 '유통 혹은 상품 교환의' 영역은… 천부인권의 진정한 에덴 동산이다. 여기를 전적으로 지배하는 것은 자유, 평등, 소유와 벤담이다."(*MEGA*² II. 10: 160, 마르크스 1867: 230)

이에 반해 이중적 의미의 자유란 노동자가 "자유로운 인격으로서 자기 노동력을 상품으로 처분한다는 의미"와 "판매할 다른 상품들을 가지지 않아서 자기 노동력 실현에 필요한 모든 사물로부터 제거되어 자유롭다는 의미"(*MEGA*² II. 10: 154, 마르크스 1867: 221)를 가진다. 그래서 노동자가 지닌 노동력을 거래할 수 있는 자유는 생산수단을 박탈당한 "사회적 조건에 의해 강제된"(마르크스 1867: 362) 자유일 뿐이다. 따라서 자본주의 사회에서 인구 대다수에게 자유가 있다는 말은 자기 노동력 거래를 통해 착취될 자유를 의미한다.

반면 사적 소유와 계급이 지양된 공산주의 사회에서 자유는 모든 인구의 노동시간과 자유시간 양쪽에서 "주체의 자기실현의… 자유", "개성들의 자유로운 발전", "개인들의 전면적인 발전"의 자유로 나타난다. 관련하여 마르크스에게 노동시간은 필연과 소외의 영역이므로 진정한 자유는 자유시간에서야 실현된다는 견해는 코헨(Cohen, 1974), 버키(Berki, 1979), 헬러(Heller, 1982), 스크레판티(Screpanti, 2004), 정성진(2015)을, 진정한 자유는 자기실현의 노동시간에 해당한다는 견해는 엘스터(Elster, 1986), 박지웅(2013)을, 양쪽에서 모두 실현된다는 견해는 클라게(Klagge, 1986), 주정립(2009), 칸디

얄리(Kandiyali, 2014)를 참고하라. 필자는 마르크스의 서술들을 종합해 보았을 때 양쪽 모두에서 실현된다는 견해가 타당하다고 본다. 이 양쪽에서 주체의 자기실현 자유와 개인들의 전면적인 발전의 자유의 내용에 관해서는 뒤에서 서술할 것이다.

이렇게 부르주아 민주주의에서 자유는 착취될 자유가 중심이기 때문에, 사람들이 생각하고, 표현하고, 행동하는 모든 자유(종교, 사상, 언론, 출판, 집회, 결사, 거주 이전, 여행 등의 자유)는 착취당한 결과로 생계비 외에는 여유 자금이 없고, 약간의 자유시간도 노동력의 회복에 충당할 뿐 자유로이 사용할 수 없어서(Just 2017: 435 참조) 내용 없는 형식상의 자유에 불과하게 된다.

반면 공산주의에서는 뒤에서 보듯이 노동시간은 "자연과의 물질대사를 공동체적 통제 아래" 두면서도 새로운 분배기준에 따라 노동 자체가 자유로운 활동으로 되고, 자유시간 자체가 급속한 생산력의 발전과 함께 노동시간이 최소한으로 축소되어 대폭 늘어나면서도, 첫 번째 국면에서는 개인이 제공한 노동시간에 따라 소비재를 분배하고 높은 국면에서는 욕구에 따라 분배하기 때문에 착취용에서 자유용으로 용도 변경된 모든 시간과 풍족해진 욕구 충족 수단들을 통해 부르주아 민주주의의 형식상의 자유가 실질적인 자유(Easton 1981)로, 질적으로 "절대적인 자유"(Heller 1982)로, "목적 자체"(Screpanti 2004)로 변화할 수 있는 기반을 갖추게 된다.

그러함에도 마르크스가 공산주의에서의 제반 자유에 관해 침묵하고, 공산주의가 생산수단의 국유화와 중앙집권적 상명하달 계획을 옹호하는 것으로 보이기 때문에, 이런 자유들을 부정했거나 적어도 긍정하지 않았다고 해석할 수도 있다. 그래서 서론에서 언급한 첫 번째 견해는 마르크스가 부르주아 민주주의를 비판하고 넘어섰기 때문에 이런 부르주아 자유들을 적극적으로 수용했다고 해석하지 못한다. 또한, 민주주의와 공산주의를 동시에 추구했다고 보는 두 번째 견해에서도 마르크스의 논리가 이런 제반 자유를 모두 옹호한다고 명시하는 경우는 드물다. 하지만 이 침묵은 부정이 아니라 당연한 것에 대한 강한 긍정이라고 해석해야 한다. 왜냐하면, 자기실현의 자유는 생각하고, 표현하고, 행동할 자유들을 전면적이고 완전하게 보장해야만 가능하기 때문이다. 또한, 마르크스가 공산주의에서 국유화와 중앙집권적 상명하달 계획이 아니라 "공동 점유에 근거한 개인적 소유"와 아래로부터의 참여 계획을 구상했기 때문에, 제반 자유들이 오히려 더 잘 실현될 기반이 놓이게 된다. 이에 대한 오해는 주로 러시아 혁명으로 성립한 소련에서 연유한다. 3장에서 이에 대해 서술할 것이다. 따라서 마르크스에게 공산주의적 자유는 자기실현의 자유를 중심으로 생각하고, 표현하고, 행동할 제반 자유들을 전면적이고 완전하게 보장하는 것이라고 할 수 있다.

부르주아 민주주의의 평등에 대해서도 마르크스는 자유

와 마찬가지 원리로 비판했다. 부르주아 사회에서는 상품 거래에 기초한 형식적 평등만 보장된다. 그래서 이 사회에서 대다수 인구는 노동력 가치만큼의 생계비를 수입으로 획득하며, 잉여가치의 착취와 분배로 수입을 얻는 소유 계급과 비교하여 도저히 실질적 평등을 누릴 수 없다. 또한, 노동자들 사이나 자본가들 사이에서도 각자가 제공하는 개별 노동시간이나 각자가 착취한 잉여가치가 교환 과정에서 가치 법칙에 따라 평균노동시간과 평균이윤으로 환원되기 때문에 동일 노동시간에도 내용상의 불평등을 강제당하게 된다. 반면 사적 소유와 가치 법칙이 지양된 공산주의 사회에서는 수입 평등은 실제 노동시간에 근거하여 형식과 내용이 일치하는 개념, 자유를 억압하지 않고 심화하는 개념으로 변화한다. 이에 따라 제반 자유들에 상응하는 제반 평등(생각하고, 표현하고, 행동하는 권리의 평등)도 부르주아 민주주의에서는 내용 없는 형식상의 평등에 불과한 데 반해, 공산주의에서는 형식과 내용이 일치하고 자유를 심화하는 형식의 평등으로 변화한다.

마르크스는 부르주아 민주주의의 천부인권 개념도 마찬가지 맥락에서 비판했다. 부르주아 민주주의에서도 천부인권 개념은 자유와 평등을 낳는 근본 이념이다. 그렇기에 이 민주주의에서 자유와 평등이 내용 없는 형식상의 개념에 불과하다면, 인권도 마찬가지로 형식상의 개념으로 전락하게 된다. 그 결과, 인권은 소유자의 권리에 불과한 것으로서, "천부인권의 진정한 에덴 동산"은 소유자에게만 보장된다. 다시 말해 마르크스에게 "이른바 인권droits de l'homm은… 부르주아 사회 구성원의 권리, 즉 이기적 인간, 인간이나 공동체와 분리된 인간의 권리에 지나지 않는다."(*MEGA*² I. 02: 157)

마르크스가 여기서 비판하는 인권은 프랑스 대혁명의 가장 급진적인 판본인 1793년의 "인간과 시민의 권리 선언"에서 말하는 인권이다. 여기에서의 인간은 소유자이고, 비-소유자는 비인간이 된다.(Kouvélakis 2004: 709-710) 반면, 노동자들에게 세상은 작업장에서는 "자기 살갗의 무두질"을 견뎌야 하고, 주거에서는 "동물들조차도 누리는 햇빛, 깨끗한 공기와 같은 가장 기본적인 것들조차도 더는 누리기를 바랄 수 없는" 공간으로 전락한다.

"자기 살갗을 시장에서 거래한 노동자는 이제 다름아닌 그것의 무두질을 기다려야 한다."(*MEGA*² II. 10: 161, 마르크스 1867: 231) 이 인용문에서 "그의 살갗을 시장에서 거래하다." seine Haut zu Markte tragen라는 독일어 표현은 위험을 무릅쓰고 곤란한 일을 꾀한다는 뜻의 관용구인데, 여기서는 노동자가 노동력 판매 거래를 했다는 의미이다. 따라서 인용문 나머지는 노동자가 작업장에서 자기 살갗에 무두질하듯 고통스러운 노동을 견뎌야 한다는 의미를 지닌다. 그 다음 표현은 다음 인용문 전체로 보듯이 생리적 욕구 충족조차 저지당하는 노동자의 소외된 처지를 나타낸다. "이런 소외는 한편으로 욕구들과 충족 수단들의 정교화를, 다른 한편으로 욕구들의 짐

승과 같은 야만성, 완전한, 조잡한, 추상적 단순화를 낳는 것으로 나타난다. …신선한 공기를 마시고자 하는 욕구조차 노동자에게는 욕구이기를 중지하며, 그는 (원시적) 혈거로 돌아간다. …햇빛 속의 주거도… 노동자에게 존재하기를 중지한다. 햇빛, 공기 등 가장 단순한 동물적 깨끗함이 인간의 욕구이기를 중지한다."(*MEGA*[2] I. 02: 280)

반면, 프롤레타리아 계급이 보편적 해방을 이루어 사적 소유가 지양된 공산주의에서는 모든 인구에게 자유와 평등을 전면적이고 완전하게 보장하기 때문에 인권도 마찬가지로 보장된다.(Tabak 2000: 106-108 참조) 다른 한편, 일부 논의(Buchanan 1981)는 마르크스가 부르주아 권리의 핵심인 사적 소유를 지양한 뒤 새로운 소유권을 개념화하지 않았듯이 공산주의가 권리 개념이 필요 없는 무-모순적 사회이기 때문에 인권 개념은 필요가 없다고 주장한다. 하지만, "공동 점유에 근거한 개인적 소유"는 소유권 개념을 포함한다.(Arndt 2016: 218-219 참조) 또한, 공산주의는 도달해야 할 상태가 아니라 "현재 상태를 지양하는" "실제의 운동"(*MEW* 3: 35)이다. 전면적이고 완전한 자유, 평등, 인권은 현실 모순들을 지양하는 운동의 방향이지 완전히 도달한 상태일 수 없다. 따라서 관련 개념들은 필수적이다.

또한, 공산주의에서도 당연히 사회적 관계들은 주체, 활동하는 인간들에 의해 매개된 것이지 무-매개된 것이 아니다.(하태규 2019a 참고, Lotz 2018) 그래서 공산주의는 "보편적 인간 해방",(*MEGA*$^2$ I. 02: 373) "완성된 인간주의"(*MEGA*$^2$ I. 02: 389)인 것이다. 결론적으로 마르크스는 부르주아 민주주의의 기본 이념인 자유, 평등, 인권 개념의 내용 없는 형식성을 비판하면서, 공산주의에서 내용과 형식 일치의 전면적이고 완전한 실현을 구상했다고 할 수 있다.

이제 부르주아 민주주의의 핵심 작동 원리로서 대의제를 살펴보자. 마르크스는 대의제 의회가 정치적 국가와 시민사회의 분리에 근거한 시민사회의 정치 참여라는 민주적 요소를 "단지 형식적인 것"으로 만들기 때문에, 국가와 시민사회의 분리가 지양되는 진정한 민주주의에서는 폐지될 것이라고 보았다. 따라서 마르크스가 대의제로 귀결되는 보편적 참정권, 보통선거를 지지한 것은 모순적으로 보인다. 하지만 이런 외관상의 모순은 당대 맥락과 마르크스 민주주의의 핵심 원리인 "노동자 계급의 자기 해방"과 "혁명적 실천"의 관점에서 보면 해소된다.

당대 유럽의 대의제는 재산 규모에 따른 차등 참정권에 근거했다. 마르크스는 보통선거제 개혁을 통해 재산 없는 노동자들이 정치에 참여하면, 자기 의식의 급진화로 혁명적 투쟁을 낳을 수 있다고 보았기 때문에 보통선거제 개혁을 지지했다. 이것은 『차티스트』라는 마르크스의 다음 논술에서 드러난다. "보통선거는 영국 노동자 계급의 정치적 권력과 등가인데, 이곳은 프롤레타리아 계급이 인구의 다수를 형성하고, 비록 물밑이지만 장기적인 내전에서 계급 지위에 관한 명확한 의식을 획득한 곳이다. …영국에서 보통선거의 실행… 그 불가피한 결과는 노동자 계급의 정치적 패권이다.”(*MECW* 11: 335-336)

이러한 맥락에서 의회주의 노선에 대한 마르크스의 접근을 이해할 수 있다. 후기 마르크스는 영국, 미국, 네덜란드에서 “평화적 수단으로 목적 달성”의 가능성을 언급하였지만, 이것은 의회를 통한 집권을 넘어 평화적 이행이 실현 가능하다는 주장(강성호 2004: 112)은 아니었다. 다시 말해 마르크스가 1872년 국제노동자연합 암스테르담 대회에서 “우리는 노동자들이 평화적 수단으로 목적을 달성할 수 있을지도 모르는 미국, 영국… 네덜란드 같은 나라들도 있다는 사실을 부인하지 않는다.”(*MECW* 23: 255)라고 연설하기는 했지만, 이것은 확실성이 아닌 가능성을 언급한 것이다.

또한, 이어진 연설에서 “노동자들의 지배를 확립하기 위해서… 폭력에 호소해야 할 것이다.”라는 언급이나, 1878년 독일 사회주의 금지법에 관한 논설 초안에서 “역사 발전은 그 진전이 당대 사회 권력을 행사하는 사람들에 의해 폭력적으로 방해받지 않는 한 ‘평화적’일 수 있다. 예를 들어 영국이나 미국에서 노동자 계급이 의회 다수를 획득한다면, 합법적 수단으로 그들의 발전을 방해하는 법률과 제도를 제거할 수 있을 것이다. …하지만 ‘평화적’ 운동은 이전 상태로 복귀에 이해관계가 있는 부분의 저항에 따라 ‘강제적’ 운동으로 변형될 것이다.”(*MECW* 24: 248)라고 서술한 것은, 마르크스가 평화적 방식으로 집권은 가능하더라도 이행기의 사적 소유 폐지에는 폭력이 수반된다고 보았다는 것을 가리킨다.(Nimtz 2010: 375-376)

그런 이유로 노동자 정당의 선거 참여는 집권보다는 제도정치 공간상에서 선전을 통해 노동자들의 자기 의식 변화와 혁명을 낳기 위한 매개 즉 "노동자 계급의 자기 해방"과 "혁명적 실천"의 계기일 뿐, 그 자체로 이행 전략은 아니었다. 이것은 1848년 혁명을 결산하는 공산주의자동맹 중앙위원회에서 한 마르크스의 다음 연설(1850년 3월)에서 표현된다.(Nimtz 2010: 381-382) "노동자들은, 아무런 당선 가능성이 없을지라도, 자신들의 독립성을 유지하고, 자기 세력의 크기를 알아보고, 대중에게 혁명적 태도와 당의 관점을 알리기 위해 후보들을 반드시 내세워야 한다. …프롤레타리아 당이 그런 독립적 행동으로 성취해야 하는 진전은 대의제 기구의 약간의 반동적 인물들의 현존으로 입을 손실과는 비교할 수 없이 무한하게 중요하다."(*MECW* 10: 284) 그러므로 마르크스에 근거하여 사회주의로는 합법적 이행만이 가능하다는 사민주의 정당화 논의(Tabak 2000 참조)나 같은 맥락에서 생산력의 발전과 절차적 민주주의에 의한 이행만이 가능하다는 논의(강신준 2015)는 마르크스 자신의 논의, 이행에 폭력이 불가피하다는 논의로 논박된다.

마지막으로 이행기 프롤레타리아 독재의 민주성을 고찰해 보자. 지금까지 본 마르크스의 부르주아 민주주의의 자유, 평등, 인권 개념 비판과 공산주의에서 이 개념들의 전면화 구상을 고려할 때, 프롤레타리아 독재는 민주주의 개념들의 전면화를 위한 과정으로 파악되어야지(Tabak 2000: 90, 강성호 2004: 110, 강신준 2015 참조) 이를 이런 발전을 중단시키거나 미루는 과정으로 파악하는 것은 잘못이다. 다수의 관련 논의들은 이런 암묵적 전제를 내포하고 있고, 러시아 혁명에서 1920년대를 그런 관점에서 이해하기도 한다. 이에 대해서는 3장에서 비판할 것이다.

프롤레타리아 독재는, 부르주아 독재가 부르주아 민주주의의 가장 민주적인 과정의 결과로서 내용적 계급 독재인 것처럼, 노동자 계급과 자본가 계급에서 자유로운 인간으로 스스로 변형하는 사람들의 가장 민주적 과정의 결과로서의 내용적 독재일 뿐이다. 따라서 프롤레타리아 독재 시기에는 모든 사회 구성원의 생각, 표현, 행동의 자유와 평등의 제반 권리들을 전면적이고 완전하게 보장하는 것을 지향해야 한다. 이행기에 계급을 지양하는 것은 사회적 관계 규정의 산물인 계급과 관련한 기존의 사회적 관계를 새로운 자유로운 인간들의 관계로 변형하는 것이지 인적 청산을 말하는 것이 아니다. 그러므로 노동자 계급은 물론 자본가 계급도 그 구성원들의 계급 형식을 자유로운 인간 형식으로 변형하는 것이 핵심 과제이다. 유일하게 폭력이 작동하는 때는 반혁명 폭력에 대응한 폭력이 사용되는 경우뿐이다.(Tabak 2000: 90 참조)

## 2. 자유로운 인간들의 연합을 구성하는 원리들의 민주주의적 함의

이제 자유로운 인간들의 연합, 공산주의의 구성 원리로서 소유, 계획, 노동, 분배 개념의 민주주의적 함의를 살펴보자. 마르크스는 공산주의 소유 개념을 자본주의에서 발전한 "협동, 그리고 땅과 노동 자체에 의해 생산된 생산수단의 공동 점유에 근거한 개인적 소유의 부활"(*MEGA*[2] II. 10: 685, 마르크스 1867: 1050) 즉 "공동 점유에 근거한 개인적 소유"로 규정했다. 이와 관련하여 많은 논의(유재건 2011, 김수행 2012, 박지웅 2013, 정성진 2015)에서 "공동 점유"를 제외하고 "개인적 소유"만을 공산주의 소유 개념으로 사용하지만, 이것에는 한계가 있다. 제한 없는 개인적 소유는 처분권을 내포한다. 그렇다면 공산주의에서 특정 개인이 땅이나 생산수단을 처분하려고 할 때 이것을 인정해야 하는 모순에 처하게 된다. 이런 문제 때문에 마르크스는 공동 점유를 개인적 소유의 전제로 두었다.

개인적 소유가 "사회적 개인"의 소유라거나 "관계"를 지칭한다는 해석에도 한계가 있다. 마르크스에게 관계가 아닌 사회적 개념은 없다. 소유 개념도 소유 관계를 내포한다. "사회적 개인"이라는 개념은 그 논리적 함의가 공동 소유를 전제하는지 아니면 공동 점유를 전제하는지가 불분명하다. 그래서 『자본론』 1권 1판에서 원래 있었던 문구는 "공동 '소유'

에 근거한 개인적 소유"였지만, 뒤링에게 "헤겔적 헛소리"라는 비판을 받고서,(황태연 1992: 148-149) 마르크스가 고심하여 "공동 점유에 근거한 개인적 소유"로 표현을 바꾼 것이다.

이것은 자본주의에서 발전한 노동 방식인 협동과 땅과 생산수단에 대한 관계 방식인 공동 점유라는 내용을 보존한 가운데, 기존 사적 소유 형식을 폐지하고 새로운 형식을 도입하는 변증법적 지양, 부정의 부정이다. 그래서 일단 땅과 생산수단을 공동 점유하기 때문에 소유 개념에는 속하지만, 점유 개념에는 속하지 않는 처분권이 배제되고, 사용권과 수익권이 남는다. 따라서 공산주의 소유 개념은 땅과 생산수단의 어떤 처분도 배제한 공동 사용과 공동 수익을 전제한다. 이런 전제에서 개인적 소유가 부활하므로 개인들은 처분권을 제외한 사용권과 수익권을 공동으로 누리게 된다. 그러므로 공산주의에는 모든 개인이 자기결정으로서의 민주주의, 부르주아 민주주의보다 더 심화한 민주주의를 통해 땅과 생산수단의 사용과 수익에 관해 공동으로 의사결정을 한다는 점(하태규 2015, Arndt 2016: 219 참조)이 그 소유 개념에 이미 내포되어 있다.

공산주의의 계획 개념에 대해서는 체계적으로 서술하지 않았지만, 마르크스는 여러 서술에서 계획을 언급하거나 당연한 전제로 취급했다. 그래서 문제는 공산주의에서 계획이 도입되느냐의 여부가 아니라 어떤 계획인가에 있게 된다. 이에 대해 중앙집권적 상명하달 계획과 아래로부터의 참여 계획이라는 두 가지 선택지가 있다. 그 답은 마르크스의 『자본론』 1권, 3권과 『프랑스 내전』 서술에 이미 나와 있다. 자유로운 연합의 **구성원들이** "개별 노동력을 **자기 의식적으로** 하나의 사회적 노동력으로 지출"(*MEGA*$^2$ II. 10: 77, 마르크스 1867: 100, 강조-인용자)한다는 문구, **"연합한 협동조합**들이 **공동 계획**으로 전국의 생산을 규제"(*MECW* 22: 335, 강조-인용자)한다는 문구, 자연과의 물질대사를 **생산자들의 "공동체적 통제"**(*MEGA*$^2$ II. 15: 795, 마르크스 1894: 998)에 둔다는 문구 등은 마르크스가 국가의 중앙집권적 상명하달 계획이 아니라 자유롭게 연합한 인간들의 "아래로부터의 참여 계획"을 전제하고 있다는 점을 보여준다. 그러므로 마르크스의 계획 개념은 심화한 민주주의를 내포한다고 할 수 있다.

공산주의 노동 개념도 마찬가지다. 관련하여 우선 자기실현 개념을 보자. 많은 논의에서 자기실현의 자유, "주체의 자기실현… 자유", "개성들의 자유로운 발전", "개인들의 전면적인 발전"을 마르크스 공산주의의 최고 가치로 간주한다.(Aronovitch 1980, Klagge 1986, 유재건 2011, 박지웅 2013, Kandiyali 2014, 정성진 2015) 마르크스의 다양한 서술들을 검토할 때 이런 자기실현의 자유는 다음에서 보듯이 노동시간과 자유시간 양쪽에서 구현된다. 이와 관련하여 마르크스가 자기실현의 영역으로 노동시간과 자유시간 사이에서 동요했다는 평가가 있지만(Klagge 1986, Kandiyali 2014) 사실 마르크스가 양쪽을 다 고려했다고 할 수 있다.

후기 마르크스만 봐도 『자본론』 3권(실제 작성 기준 1864년)의 인용문에서는 자유시간을 중시했지만, 1875년 『고타 강령 비판』의 인용문에서는 노동시간을 중시했다. 이런 비일관성은 그의 노동 개념의 기원이 경제 활동뿐만 아니라 인간 활동 일반을 포괄하는 것(Berki 1979)과도 연관된 것으로 보인다. 또한, 몸으로 하는 수고로운 노동labor과 손으로 하는 창조적인 작업work을 구분하면서 마르크스가 둘을 혼동하였다는 아렌트의 비판도 참고할 만하다.(아렌트 2017: 3장) 어쨌든, 공산주의에서 노동의 폐지가 마르크스의 견해라는 주장(정성진 2015)은 마르크스의 제반 서술과도, 에너지 보존 법칙과도 부합하지 않는다.

노동시간이 자기를 실현하는 자유의 계기라는 점은 『요강』, 『자본론』, 『고타 강령 비판』 인용문에서 볼 수 있다. 노동이 대면하는 "이 장애물들의 극복이 즉자적으로 자유의 작동이라는 점… 따라서 **주체의 자기 실현, 대상화로서 실제 자유, 그 행위가 바로 노동**이라는 점을 스미스는 전혀 감지하지 못한다." (*MEGA*² II. 01.2: 499, 마르크스 1858b: 265-266, 강조—인용자) "**필연의 영역**에서 자유는 오직 연합한 인간, 연합한 생산자들이 맹목적 힘으로서의 물질대사에 지배되는 것이 아니라 **자연과의 물질대사를 합리적으로 규제**하여, 그들의 **공동체적 통제하에** 두는 것에서 나온다."(*MEGA*² II. 15: 795, 마르크스 1894: 998, 강조—인용자) "공산주의 사회의 높은 국면에서… **노동이 생명 수단일 뿐만 아니라 제일의 생명 욕구가 될 것**이기 때문에, 또한 개인들의 전면적 발전으로 인해 그들의 생산력도 증대하고 협동조합적 부의 모든 원천이 넘치도록 풍부해질 것이기 때문에, …각자는 자신의 능력들에 따라, 각자에게는 그의 욕구들에 따라!"(*MEGA*[2] I. 25: 15, 강조–인용자)

자유시간이 자기를 실현하는 자유의 계기라는 점은 다음의 『요강』, 『자본론』 인용문에서 볼 수 있다. "**개성들의 자유로운 발전**, 따라서… 사회적 노동의 최소한의 단축 일반에는 **모든 자유롭게 된 시간**과 창출된 수단들을 활용하여 (발전하는–인용자) 개인들의 예술적, 과학적 등의 교양이 조응한다."(*MEGA*[2] II. 01.2: 582, 마르크스 1858b: 381, 강조–인용자) "노동시간의 절약은 **자유시간** 즉 **개인의 충만한 발전을 위한 시간의 증대**와 마찬가지다."(*MEGA*[2] II. 01.2: 589, 마르크스 1858b: 388, 강조–인용자) 노동하는 "**필연의 나라 너머**에서 그 자체를 목적으로 여기는 **인간 능력들의 발전, 진정한 자유의 나라**가 시작된다."(*MEGA*[2] II. 15: 795, 마르크스 1894: 999, 강조–인용자)

이렇게 노동시간과 자유시간 양쪽에서 구현되는 자기실현self realization은 자기규정self-determination과 자아실현self-actualization으로 구성된다.(Aronovitch 1980: 370) 여기서 자아실현은 그 주체인 개인의 자유, 평등, 인간 존중을 내포하고, 자기규정은 그 실현 방식으로서 인민의 자기결정self-decision인 민주주의를 내포한다.(Tabak 2000 참조) 그러므로 자기실현으로서 공산주의의 노동시간 개념과 자유시간 개념 자체에는 심화한 민주주의 개념이 내포되어 있다.

이제 분배 개념을 보자. 마르크스는 다음 『고타 강령 비판』 인용문과 같이 공산주의 첫 번째 국면에서는 개인이 제공한 실제 노동시간에 따라, 높은 국면에서는 욕구들에 따라 개인적 소비재가 분배된다고 보았다. "그러므로 (공산주의 사회의 첫 번째 국면에서-인용자) 개별 생산자는 그가 제공한 것을… 정확히 돌려받게 된다. …그가 사회에 한 형식으로 제공한 것과 같은 노동량을 다른 형식으로 돌려받게 된다. …공산주의 사회의 높은 국면에서… 각자는 자신의 능력에 따라 (노동하고-인용자), 각자에게는 자신의 욕구에 따라! (분배받는다-인용자)"(*MEGA*² I. 25: 13-15) 다만, 이런 국면 구분은 서로를 배제하는 엄격한 구분이 아니라 서로 공존할 수 있는, 지배적인 요소의 구분으로 해석해야 한다. 그래야 "공제들"로 마련한 기금으로 첫 번째 국면에서도 생산자가 아닌 모든 사람, "노동 불가능한 사람 등"에게도 적절한 분배가 이루어지고, 사회 구성원 모두에게 "교육과 건강 관리 등"을 제공할 수 있다.(*MEGA*² I. 25: 13)

중요한 점은 공산주의에서의 이러한 분배가 민주주의를 내포한다는 점이다. 이 점은 다음 인용문에서 표현된다. "평등한 권리는 여기(첫 번째 국면-인용자)에서 그러므로 여전히 -원리로서는-부르주아 권리이지만, 그러함에도 결코 원리와 실천(형식과 내용-인용자)이 다투지 않는다면, 상품 교환에서 등가물들의 교환은 (가치 법칙에 의해서-인용자) 단지 평균에서만 실존할 뿐, 결코 개별 경우에는 실존하지 않는다."

(*MEGA*[2] I. 25: 14) 또한 『요강』의 다음 인용문도 마찬가지다. "시간의 경제는 따라서… 공동체적 생산의 토대에서 제일의 경제 법칙으로 남는다. …하지만 이것은 노동시간에 의한 교환가치 …의 측정과는 본질상 다르다."(*MEGA*[2] II. 01.1: 104, 마르크스 1858a: 155)

여기서 보듯이 마르크스는 첫 번째 국면에서의 분배 원칙의 기준을 가치 법칙의 평균노동시간이 아니라 생산자 각자가 제공하는 개별 노동시간, 실제 노동시간으로 보았다. 그래서 이 기준은 "쉽게 알아차릴 수 있게 단순한 것"(*MEGA*[2] II. 10: 78, 마르크스 1867: 101)이다. 그래야만 노동시간에서 외부에서 주어지는 생산성—사회적 평균노동시간 결국 최소 노동시간—기준에 구애받지 않고 생산자의 자발적 노동을 통한 자기실현의 자유, 따라서 개성과 결과적인 생산성의 전면적 발전이 보장된다. 만약 이 글이 참조한 다수 논의가 암묵적으로 인정하듯이 기준이 평균노동시간이라면 가치 법칙이 작동해서 노동의 소외가 불가피할 것이다.

이렇게 첫 번째 국면에서 실제 노동시간 기준 분배 개념은 내용과 형식이 일치하는 평등과 자유, 따라서 심화한 민주주의를 내포한다. 이에 더해, 높은 국면에서 "욕구들에 따라" 분배되는 것은 이런 평등 규정 자체를 넘어서 더 자유로운 소비와 자유시간을 보장한다. 또한, 노동시간 기준 없이 "능력들에 따라" 노동하는 것은 실제 노동시간 기준에 따른 분배를 기대하며 노동할 때 누리던 자유보다 더욱 심화한 자유를 보장한다. 따라서 민주주의 또한 더욱 심화될 수 있다. 이상에서 자유로운 인간들의 연합을 구성하는 원리들인 소유, 계획, 노동, 분배가 모두 심화한 자유와 평등, 심화한 민주주의를 내포한다는 점을 확인할 수 있다.

### 3. 자유롭게 연합한 인간들의 민주주의

이제 본격적으로 마르크스의 공산주의 민주주의 개념을 살펴보겠다. 지금까지 우리는 마르크스의 부르주아 민주주의 비판이나 공산주의의 주요 개념들이 내용과 형식이 일치하는 전면적이고 완전한 자유, 평등, 인권과 심화한 민주주의를 지향한다는 점을 확인했다. 이런 지향이 구체적으로 어떻게 민주주의에 반영되었는지가 이 글의 요점이다.

마르크스는 일찍이 『헤겔 법철학 비판』에서 민주주의를 "모든 정체의 해소된 수수께끼"(*MEGA*$^2$ I. 02: 32)로 보았다. 이런 서술은 『수고』의 "공산주의는 역사의 해소된 수수께끼"(*MEGA*$^2$ I. 02: 263)라는 서술을 연상시킨다. 이를 통해 마르크스가 공산주의를 생산양식의 최종 대안으로 상정했듯이, 민주주의를 정체의 최종 대안으로 상정했다는 점을 알 수 있다. 그러므로 마르크스에게 민주주의는 공산주의에서 실현된다는 점을 추론할 수 있다. 또한, 이런 민주주의는 "실제의 인간, 실제의 인민… 인민 자신의 작품"이며 "있는 그대로, 인간의 자유로운 생산물"(*MEGA*[2] I. 02: 32)이고 "내용과 형식" 이며 "형식적 원리"와 "내용적 원리"가 일치된 "진정한 민주주의"이다. 그리고 이런 "진정한 민주주의에서는 정치적 국가가 폐지된다."(*MEGA*[2] I. 02: 31-32) 다시 말해서 "민주주의는 내용이고 형식이다." 민주주의를 제외한 "나머지 모든 국가 형성체들은 일종의, 특정한, 특수한 국가 형식들이다. 민주주의에서는 형식적 원리가 동시에 내용적 원리이다. …최근의 프랑스인들은 이러한 사실을 진정한 민주주의에서는 정치적 국가가 폐지된다는 것으로 이해했다. 이것은… 옳다."(*MEGA*[2] I. 02: 31-32)

이렇게 앞서 본 부르주아 민주주의 비판에 따른 자유, 평등, 인간 존중 이념의 내용과 형식 일치를 구현하는 것이 마르크스의 민주주의, 국가가 폐지된 상태의 진정한 민주주의, 공산주의 민주주의라는 점을 추론할 수 있다. 이것은 "인민의 자기규정" "인민의 정체", "모든 국가 정체의 본질" "본질뿐만 아니라 실존에 따라서… 인민으로 늘 환원되는" 정체이자 "유가 그의 종들과 맺는 관계", "보편과 특수의 통일"인 민주주의(*MEGA*[2] I. 02: 31)와 "인간과 자연, 인간과 인간 사이 갈등의 진정한 해소", "실존과 본질 사이, 대상화와 자기 증명 사이, 자유와 필연 사이, 개인과 유 사이 갈등의 진정한 해소"인 공산주의(*MEGA*[2] I. 02: 263) 사이의 대비로도 확인할 수 있다.

그럼 이런 공산주의 민주주의는 어떤 정치적 형식으로 나타나는가? 우선 마르크스의 대의제 비판을 살펴보자. 마르크스는 『헤겔 법철학 비판』에서 대의제가 형식상으로도 내용상으로도 모순이라고 보았다. 형식상으로 대표자는 인민의 훈령을 따르지 않고 자의적으로 판단하게 되므로 위임받자마자 대표자가 아니게 되고, 내용상으로 대표자는 일반 이익을 대변하도록 위임받지만, 실제로는 특수 이익을 대변하게 된다는 것이다. 이것은 다음 인용문에서 알 수 있다. "모순은 이중적으로 나타난다. 1. 형식적 모순. 시민사회의 대표자들은 그들에게 위임한 사람들과 '훈령', 위임의 형식으로 결합하지 않는 일종의 사회이다. **대표자들은** 형식적으로 위임받지만 실제로는 **위임받자마자 더는 수임한 사람이 아니게 된다.** 그들은 대표자여야 하지만 아니게 된다. 2. 내용적 모순. …여기서 전도가 발생한다. **대표자들은** 일반적 용무들의 대변자로서 위임받았지만 실제로는 **특수한 용무들을 대변한다.**" (*MEGA*[2] I. 02: 133, 강조—인용자)

따라서 대의제 민주주의는 정치적 국가와 시민사회의 분리에 근거하여 시민사회의 정치 참여라는 민주적 요소를 "단지 형식적인 것"(*MEGA*[2] I. 02: 67)으로 만들 뿐이다. 그러므로 마르크스의 민주주의, 공산주의 민주주의는 국가 폐지와 시민사회의 소외 극복을 바탕으로 하여 대의제를 지양한, 새로운 정치 형식을 요구한다. 이 새로운 형식에 대해 마르크스는 과묵했다. 다만 『헤겔 법철학 비판』과 『유대인 문제에 관하여』에서 민주주의는 대의제의 근거인 정치적 국가와 시민

사회 사이의 분리를 지양한 시민사회가 정치 사회가 되는 상태, 실제의 개별적 인간이 자신의 고유한 힘, 따라서 인민의 사회적 권력이 그와는 분리된 정치적 권력의 형태로 나타내지 않는 상태라는, 중요하지만 원칙적인 대안만 제시했다. 이것은 다음 인용문들에서 확인할 수 있다. "시민사회가 실제의 정치 사회이다. 그때 시민사회와 분리된 실존으로서 정치적 국가라는 표상에서만 나오는… 요구를 제기하는 것은 터무니없는 일이다. 이런 상태에서 **대표권으로서 입법권의 의미는 철저히 소멸**한다."(*MEGA*² I. 02: 129, 강조—인용자) "실제의 개별적 인간이 자신에게 추상적 시민을 재흡수하고, 개별적 인간으로서 그의 일상에서, 개별적 노동에서, 개별적 관계들에서 유적 본질이 될 때에야, 인간이 그의 '고유한 힘'을 사회적 힘으로 인식하며 조직하고, 따라서 **사회적 권력이 정치적 권력의 형태로 그와 분리되지 않을 때**에야, 비로소 **인간 해방은 성취**될 것이다."(*MEGA*² I. 02: 162-163, 강조—인용자)

그러다가 『프랑스 내전』에서야 비로소 새로운 접근이 나타난다. 마르크스는 파리코뮌을 "본질상 노동자 계급의 정부"로서 "노동의 경제적 해방을 성취할 마침내 발견된 정치적 형식"(*MECW* 22: 334)으로 규정하며 새로운 민주주의 정치 형식에 대한 논의를 제시했다. 하지만 이 형식은 일부가 오해하듯이 계급이 폐지된 공산주의의 정치 형식이 아니라 "본질상 노동자 계급의 정부"이기 때문에 이행기의 정치 형식이다. 따라서 여전히 공산주의 민주주의 정치 형식을 서술해야 하는 과제가 남았다. 그러함에도 이행기 정치 형식은 반혁명 폭력에 대응하는 폭력 외에는 전면적이고 완전한 자유, 평등, 인권의 실현을 지향하므로 공산주의 정치 형식을 일정 수준은 예시한다고 할 수 있다.

이런 의미에서 마르크스는 부르주아 민주주의에서 상상할 수 없는 파리코뮌의 민주주의 형식들에 주목했고 "마침내 발견된 정치적 형식"이라고 예찬했다. 즉 코뮌의 대의원들은 보통선거로 선출되고 단기 임기에 소환이 가능하며, 다수가 노동자인 노동자 계급의 인정된 대표들이었으며, 코뮌은 동시에 집행과 입법을 하는, 의회가 아닌 일하는 기구였다는 점. 상비군이 민병대로 대체되었고, 경찰, 행정부, 사법부 공무원은 정치적 속성을 벗고 선출되어 코뮌의 책임 있고 소환가능한 대리인이 되었고, 코뮌 대의원부터 공무원들까지 모두는 노동자의 임금을 받았다는 점. 결국, 국가의 모든 기능이 코뮌으로 이양되었다(*MECW* 22: 331-332)는 점에서 그렇다. 하지만 마르크스는 진정한 공산주의 민주주의 형식에 관해서는 여전히 침묵했다.

따라서 이제 상상력을 발휘하여 마르크스의 논리로 일관된, 숨겨진 공산주의 민주주의 정치 형식을 논의하는 작업이 필요하다. 이 문제와 관련하여 우선, 공산주의에서는 정치가 사라질 것(헬드 2010: 4장)이므로 민주주의도 필요 없을 것이라는 견해(Tabak 2000)를 보자. 이런 견해는 공산주의에서 계급이 없으므로 계급 갈등의 해소 기제로서 정치 권력이 필요

없다는 『공산당 선언』의 논리와 "정부의 기능은 단순한 행정 관리 기능이 될 것"이라는 『이른바 인터내셔널의 분열』과 "일반 행정 관리 비용이… 엄청나게 제한될 것"이라는 『고타 강령 비판』의 마르크스의 언급에 기댄다. 마르크스의 언급은 다음과 같다. "계급 구분이 사라질… 때 …공적 권력은 그 정치적 성격을 잃는다."(*MECW* 6: 505) "계급들의 폐지가 달성되면… 국가 권력이… 사라지고, 정부 기능은 단순한 행정 기능이 된다."(*MECW* 23: 121) "우선 생산에 직접 속하지 않는 일반 행정 관리 비용. 이 부분은 처음부터 현 사회와 비교하여 엄청나게 제한될 것이고, 새 사회가 발전할수록 그만큼 더 축소될 것이다."(*MEGA*[2] I. 25: 14)

이러한 견해는 또한 레닌의 "공산주의 사회에서… 민주주의가 사라지기 시작할 것"이라는 논의를 통해 강화되었다. 『국가와 혁명』에서 레닌은 다음과 같이 서술했다. "오직 공산주의 사회에서… 자본가들이 사라지고, 계급들이 없을 때 … 오직 그때 '국가는… 실존하기를 중지할 것'이고 오직 그때 진정한 민주주의는 가능하고 실현될 것이다. …그리고 오직 그때, 자본주의 노예제에서 해방되고, 자본주의 착취… 에서 해방된 인민이 수백 년 동안 알려졌고 모든 금언 모음집에서 수천 년 동안 반복된 사회적 교류의 기초적 법칙들을 준수하는 데 점차 익숙해질 것이라는 단순한 사실 덕분에, 민주주의는 사라지기 시작할 것이다."(*LCW* 25: 467)

이에 대해서 세 가지 반론이 가능하다. 우선, 일반 행정 관리에서도 인민의 의사결정 과정이 필요하다는 점이다. 그래서 앞의 마르크스의 언급들을 인민의 의사결정 과정 없는 행정 기구의 자동적인 집행으로 이해한다면, 잘못일 것이다. 마르크스에게는 파리코뮌도 "집행과 입법을 동시에 하는 일하는… 기구였어야 했다."(*MECW* 22: 231) 이행기 평의회의 이런 의사결정 역할이 공산주의에서 사라져야 할 필연적 논거가 없다면 연속한다고 보는 것이 합리적일 것이다.

둘째, 경제적 재생산의 의사결정 과정도 생산자들과 일반 시민의 참여가 필수적이라는 점이다. 여기서도 민주주의는 당연히 전제된다. 공산주의에서도 경제적 재생산, 즉 "사회적 생산물 전체에서 다음이 공제되어야 한다. 첫째 소모된 생산수단의 보충. 둘째 생산 확대를 위한 추가 부분. 셋째 천재지변 등에 의한 불행, 교란에 대응한 예비 기금 혹은 보험기금"(*MEGA*² I. 25: 12)은 필수적이다.

셋째, 공산주의에서 계급 갈등은 사라지지만, 계급 관계로 환원되지 않는 남은 갈등들과 새롭게 발생할 갈등을 해소할 정치, 따라서 민주주의가 필요하다는 점이다. 예를 들어 민족과 인종 차별, 성적 차별, 지역 갈등, 민족 갈등, 자연과 인간 사이의 물질대사 균열 즉 환경 문제는 계급의 해소와 동시에 사라질 문제가 아닐 것이고 공산주의에서도 해소하려는 노력이 필요할 것이다. 또한 지금은 예단할 수 없지만, 개인들의 전면적 발전 과정에서 나타날 새로운 갈등들도 정치, 따라서 민주주의를 요구할 것이다.

다만, 계급이 사라지고 자유로운 인간들이 연합한 토대는 제반 문제를 더 쉽고 빨리 해소할 수 있는 기반일 수 있다. 또한, 공산주의는 도달해야 할 상태가 아니라 "현재 상태를 지양하는" "실제의 운동"(*MEW* 3:35)이다. 이런 근거들로 인해 공산주의에서도 민주주의는 필수적일 것이다. 그래서 전면적이고 완전한 자유, 평등, 인간 존중의 공산주의 민주주의를 "자유롭게 연합한 인간들의 민주주의"라고 할 수 있을 것이다.

그렇다면 대의제의 대안이 문제로 남는다. 마르크스처럼 대부분의 논의들(아비네리 1967, Draper 1977, Niemi 2011)도 사회주의 민주주의를 언급하기만 할 뿐 대안적 형식에 관해서는 침묵한다. 그래서 마르크스의 유일한 논의인 이행기의 평의회 형식을 공산주의 형식으로 간주하는 방식이 있을 수 있다. 하지만, 이를 두 가지 논거로 부정할 수도 있다. 하나는 이행기 형식이 공산주의 형식을 예견할 수 있을지라도, 이 형식이 반드시 연속된다고 볼 근거가 없다는 점이다. 예를 들어 분배 형식은 공산주의의 첫 번째 국면과 높은 국면 사이에서 생산력의 발전에 따라 변경된다. 마찬가지로 일정한 조건이 성숙한다면 평의회 형식도 변경되지 않아야 할 이유가 없다.

둘째, 평의회도 불완전한 민주주의 형식이라는 점이다. 평의회는 부르주아 의회와 차원이 다를 뿐 대의제라는 점에서는 다를 바 없다. 그러므로 마르크스 자신이 했던 형식상으로도 내용상으로도 모순이라는 비판은 여기에도 적용된다. 평의회 대의원은 형식상으로 인민의 훈령을 받지 않기 때문에 위임받는 순간 대표자가 아니게 되고, 내용상으로 일반 이익을 대변해야 하지만 (계급 이익이 아닌 특수 이익도 얼마든지 있을 수 있으므로) 특수 이익을 대변할 수도 있다.

따라서 평의회 형식은 지속할수록 선출된 대표자의 과두제를 형성하면서 인민을 수동적으로 만들 가능성이 크다. 마르크스는 파리코뮌에서 "소환"(*MECW* 22: 231)을 이런 가능성에 대한 통제 장치로 간주했다. 하지만 소환이 형식이 아니라 내용상 제대로 작동하려면 인민이 소환을 제대로 결정할 수 있도록 다른 주요 사안들에 대해서도 평상시에 정책 결정을 하는 훈련과 문화 즉 상설적 총회 형식이 필요하다. 이런 상설적 인민 총회 형식이 없었던 파리코뮌도 72일보다 더 지속되었더라면 변질될 수 있었고, 러시아 혁명의 소비에트, 유고슬라비아의 평의회는 실제로 변질되었다. 이런 변질은 평의회가 스스로 의사결정의 주체가 되면서 인민을 배제하는 형식 자체에서 근본적으로 연유한다. 마찬가지 이유로 현대 민주주의의 소환은 형식이 아닌 내용상으로는 작동 불가능하다.

이런 근거들에서 평의회 형식은 진정한 민주주의 형식, 인민의 참된 의사결정 형식인 인민 총회 형식으로 변형될 필요가 있다. 이와 관련하여 마르크스는 바쿠닌과의 논쟁 과정에서 무의식적으로 고대 아테네 민주주의 식 인민 총회 형식의 필요성을 인정했다. 즉 바쿠닌이 「국가주의와 무정부주의」에서 코뮌을 비판하며 독일인 “4천만 명이 정부 구성원이 될 수 있나?”(Bakunin 1873)라고 질문했을 때, 마르크스는 「바쿠닌의 ‘국가주의와 무정부주의’에 관한 개요」에서 분명하게 “그렇다”고, “모든 사태는 코뮌(기초자치단체–인용자)의 자치정부에서 시작하기 때문이다. 모든 인민이 통치할 것이고, 아무도 통치되지 않을 것이다.”(Marx 1874)라고 대답했다.

이와 관련하여 시사적인 점은 마르크스가 고대 아테네를 “정치”와 “민주주의” 개념 발전의 모범으로 삼았다는 논의들이다. 마르크스가 가치론의 발전에서 아리스토텔레스 논의의 도움을 받았듯(Booth 1991) 정치와 민주주의 개념 발전에는 고대 아테네 정체에 대한 아리스토텔레스 논의의 도움을 받거나(Schwartz 1979) 고대 아테네를 모범으로 삼았다는 주장들(Mewes 1976, Springborg 1984b, Katz 1994)이 있다.

이것은 사실일 수 있다. 하지만 문제는 마르크스가 고대 아테네 민주주의의 실상을 제대로 파악할 수 없었다는 점에 있다. 왜냐하면, 마르크스가 파악한 고대 아테네 민주주의, 고대 그리스 민주주의는 아리스토텔레스 등의 과두제 편견에 갇힌 연구와 당대의 허약한 민주주의 개념 발전 수준을 통해 굴절되었기 때문이다. 미국 혁명, 프랑스 혁명 등 부르주아 혁명과 몽테스키외, 루소 등 민주주의 이론가의 모범도 그리스가 아니라 로마였다. 그리스가 모범일 때에도 아테네가 아니라 과두제 스파르타가 모범이었다. 가끔 고대 아테네를 찬양할 때에도 대상은 온건한 솔론의 혼합정체였다.

독일의 지적 풍토만은 예외적으로 진상을 모른 채 뛰어난 문화와 민주주의를 연상하는 방식으로 아테네를 모범으로 삼았지만, 이곳에서도 19세기 중반부터 점차 스파르타로 관심이 옮겨 갔다. 반대로 나머지 유럽과 미국은 19세기 중반부터 아테네로 관심이 이동했고 20세기 초에는 아테네를 민주주의의 모범으로 삼게 되었다.(Hansen 1992:18-20) 이렇게 19세기 중반 활동한 마르크스는 아테네 민주주의를 제대로 평가할 수 없던 지적 풍토의 영향 아래 놓여 있었다.

필자는 만약 마르크스가 당대의 한계를 넘어서 고대 아테네 민주주의의 실상을 파악할 수 있었다면, 고대 아테네 민주주의 형식을 적극적으로 수용했을 것이라고 믿는다. 왜냐하면 상설 총회와 연례적 추첨의 원리에 근거한 제반 민주주의 형식들의 총체이자 자기결정으로서의 고대 아테네 민주주의는 인민의 정치 참여와 자기 교육, 자기 변화 사이의 상호작용을 통해 지속 발전했던 정체로서 "노동자 계급의 자기해방"과 "혁명적 실천"이라는 마르크스의 민주주의 원리, 공산주의에서 개인이 자기를 실현할 자유의 전면화, 개인들의 전면적 발전이라는 목표에 완전히 부합하기 때문이다. 결론적으로 마르크스가 침묵했던, 자유로운 인간들의 연합에 숨겨진 민주주의 형식은 자유, 평등, 인간 존중 이념이 내용과 형식상 일치하여 전면적이고 완전한 발전을 보장하는 정치적 형식으로서의 상설 총회와 연례적 추첨에서 실현될 수 있을 것이다.

## 4. 정치적 이행 형식으로서 민주주의를 생각하며

지금까지 마르크스가 침묵했던, 숨겨진 공산주의 민주주의 개념을 그의 저술들의 논리에 근거하여 자유롭게 연합한 인간들의 민주주의로서 자유, 평등, 인간 존중 이념의 내용과 형식이 일치하는 전면적이고 완전한 실현의 민주주의, 상설 총회와 추첨 형식의 민주주의로 추론해 보았다.

한 가지 추가할 점은 이런 추론에 비추어 마르크스의 실제 민주주의 정치를 비판적으로 볼 수 있다는 점이다. 비록 마르크스(와 엥겔스)가 노동자 계급이 주도한 19세기 말 민주주의 발전에 결정적으로 공헌했다는 논의가 가능하지만(Nimtz 1999) 그러함에도 이 민주주의는 부르주아 민주주의, 대의제 민주주의에 불과하다. 문제는 이런 과정에서 노동자 운동과 정치 내에서도 대의제 민주주의의 근본 문제인 과두제와 관료제가 동시에 발전했다는 점이다. 마르크스의 정치적 동지인 엥겔스가 독일 사회민주당에서 관료제가 발전할 수 있다고 경고했지만,(Nimtz 1999: 225) 이런 사후 처방만으로 문제를 해소할 수는 없었다. 왜냐하면, 자본주의 내에서도 과두제와 관료제의 근본적 치유책은 선거제와 엽관제의 어떤 개선이 아니라 그것들의 폐지에 근거한, 진정한 민주주의의 핵심인 상설 총회와 연례적 추첨의 부활뿐이기 때문이다. 엽관제는 지나간 미국만의 관행이 아니라 현재 선거로 대표자를 선출하는 모든 대의제 민주주의 조직에서 만연하고 있다. 선출된 대표자가 선거 기여에 따라 임명하는 관료제의 상위 관리자들이 바로 엽관들이다.

이런 관점이 정당한 것은 협동조합이 자본주의 태내에서 발전하는 경제적 "이행 형식"(마르크스 1894: 547)이듯이, 자본주의 태내에서 발전하는 노동자들의 "정치적" 이행 형식이 필요하기 때문이다. 마르크스가 활동한 국제노동자연합부터 그 후계자들의 제2인터내셔널, 제3인터내셔널을 거쳐 지금의 노동조합과 노동자 정당에 이르기까지 민주주의의 이름으로 과두제와 관료제를 발전시키고 대중을 수동적으로 만드는 기제는 변함없이 관철되어 왔다. 고대 아테네 민주주의의 실상을 몰랐던 마르크스가 이 문제를 근본적인 문제로 대면하지 못했던 점, 이것이 지금까지 그의 논리와 방법이 아니라 문구만을 따랐던 노동자들의 혁명적 투쟁이 발전하는 데에도 발목을 잡고 있다.

# 3
# 러시아 혁명과 대안민주주의

세계 최초로 국가 수준의 사회주의 혁명을 성공적으로 출범시켰던 러시아 혁명은 혁명 지도부의 잘못된 사회주의 구상과 결합한 잘못된 민주주의관을 실천했기 때문에 이행에 실패할 수밖에 없었다.

## 예비적 Q&A

Q: 100년 전에 지나간 러시아 혁명을 다시 거론하는 것이 무슨 의미가 있나요?

A: 러시아 혁명은 세계사에서 국가 규모로 민주주의와 결합한 사회주의를 실현하려 했고, 성공 가능성을 지녔던 유일한 혁명이었다는 점에서 여전히 의미가 있습니다. 이런 가능성이 실패로 귀결된 원인을 이해할 때 새로운 실패를 반복하지 않을 것이기 때문입니다.

Q: 러시아 혁명이 민주주의와 결합한 사회주의로의 이행에 실패한 시기는 언제인가요?

A: 실패는 스탈린이 집권한 1920년대 후반에 확정되었지만, 이것은 돌발적 사건이 아니라 1917년 10월 혁명 초기부터 내재했던 반민주적이고 반사회주의적인 요소들이 민주적이고 사회주의적인 요소들을 점점 압도하던 과정의 결과였습니다. 10월 혁명을 전후하여 인민의 혁명적 열정이 분출하고 민주주의가 발전하던 약 1년의 기간 이후에는 이에 역행하는 과정이 점점 지배하게 되었습니다. 그러므로 이행이 실패하기 시작한 시점은 1919년부터라고 할

수 있습니다.

Q: 러시아 혁명이 민주주의와 결합한 사회주의로 이행하는 데 실패한 원인은 무엇인가요?

A: 가장 결정적 원인은 혁명 지도부가 잘못된 사회주의관을 지녔고, 민주주의를 오해했다는 점입니다. 국가와 당 중심으로 이행을 추구하면서 국가와 당을 폐지하는 것이 아니라 강화하고 가치 법칙과 계급을 폐지하는 것이 아니라 강화한 것은 잘못된 사회주의관과 민주주의 이해에서 비롯했습니다.

Q: 러시아 혁명이 사회주의로의 이행에 실패한 것은 제국주의의 간섭과 국제 혁명 지원이 실패한 때문이라고도 볼 수 있지 않나요?

A: 물론 제국주의의 간섭과 국제 혁명의 지원 실패가 일정한 역할을 했습니다. 하지만, 이것이 결정 요인이라고 할 수는 없습니다. 모든 사회주의 혁명에는 이것이 세계 동시 혁명이 아닌 한, 제국주의의 간섭이 동반되고, 이미 성공한 사회주의가 없는 한, 국제 혁명의 지원이 불가능합니다. 또한, 사회주의 국제적 연속혁명permanent revolution은 성공 가능성이 현실적으로 지극히 낮습니다. 왜냐하면, 사회주의 혁명은 각 나라마다 조건별 특수성에 따라 그 발생부터 성공까지 모두 시점이 다를 것이기 때문입니다. 러시아 혁명도 이런 냉혹한 현실에서 성공을 찾아야 했습니다. 성공은 결

국 사회주의에 대한 올바른 이해와 민주주의 실천을 통해 전 인민의 혁명적 열정을 결집하고 발전시키는 방법으로만 보장됩니다.

Q: 러시아의 낮은 생산력 수준이 사회주의 혁명의 실패를 규정한 것 아닌가요?

A: 그렇지 않습니다. 생산력 발전에서 사회주의 혁명이 가능한 수준을 정의하는 것 자체가 쓸모없는 일입니다. 러시아를 포함한 세계 자본주의는 이미 19세기 중반부터 주기적인 위기crisis에 노출되어 왔습니다. 자본주의 위기는 자본주의 생산양식의 내적 모순이 폭발하는 계기로서 낡은 생산양식을 폐기하고 새로운 생산양식으로 변증법적으로 지양하는 혁명의 토대 조건입니다. 물론 이런 토대 조건에서 자동으로 혁명의 성공이 보장되지는 않습니다. 생산력과 모순에 빠진 생산관계, 사회적 관계를 새롭게 바꿀 사회적 실천이 관건입니다. 어쨌든 발전하는 생산력이 생산관계를 폭발시킬 모순에 도달한 것의 표현인 자본주의 위기는 그 자체로 혁명의 객관적 토대를 표시합니다. 혁명 직전 러시아의 생산력은 선진 자본주의보다 낮았지만, 일부 중화학공업 분야는 선진 유럽에 버금갈 정도였습니다. 부문별 불균등 발전에 따라 나머지 부문의 생산력이 낮았지만, 이 후진 부문은 선진 부문의 도움으로 도약할 수도 있었습니다. 이런 도약은 사회주의 생산관계, 인민의 민주주의 실천을 통해 성취할 수 있습니다. 그러므로 러시아 혁명의 실패를 규정한 것은 낮은 생산력이 아니라 사회주의적, 민주주의적

으로 발전하지 못한 생산관계, 사회적 관계였습니다.

Q: 10월 혁명 이후 국제적으로 고립된 상황이 사회주의 이행을 실패하게 한 것 아닌가요?

A: 물론 국제적 고립이 혁명의 발전을 가로막았지만, 실패를 규정한 것은 아닙니다. 더욱이 국제적 고립도 처음부터 예정된 경로는 아니었습니다. 10월 혁명 직후부터 스탈린 집권까지는 개방 노선과 고립 노선 사이에서 선택의 기로에 있었습니다. 제국주의 고립 책동이 없지 않았지만, 세계 시장의 국제 자본은 고립보다 개방을 선호했습니다. 이런 국제 자본의 지향을 역으로 활용한 개방 노선이 가능했지만, 스탈린은 이를 채택하지 않았습니다. 20세기 세계 역사에서 국제 자본은 반자본주의 지향 체제에 대해 봉쇄보다 개방을 추구하는 흐름을 훨씬 우세하게 유지했습니다. 고립은 결국 고립된 체제의 선택이었지 봉쇄한 제국주의의 선택이 아니었습니다. 문제는 개방을 통해 사회주의를 발전시킬 수 있는가에 있습니다. 이것은 내부에서 민주주의, 사회주의 생산관계, 사회적 관계를 굳게 형성하고 개방할 수 있는가에 달려 있습니다. 왜냐하면 정의상 사회주의의 생산관계, 사회적 관계가 자본주의의 생산관계, 사회적 관계보다 더 우월하기 때문에, 개방 교류를 통해 자본주의에 종속되기보다 사회주의 생산관계, 사회적 관계를 유지 발전시키고 또한 국제적으로도 확산할 수 있기 때문입니다.

## 러시아 혁명의 실천적 지양을 위해서

지난 100년간 러시아 혁명에 관한 수많은 글이 있었지만, 여전히 정설로 확립된 것은 없다. 아마도 새로운 사회주의 혁명이 성공하기까지 이런 현상은 지속될 것이다. 왜냐하면, 러시아 혁명이 새로운 사회주의 혁명의 성공을 통해 실천적으로 지양되어야만 그 평가도 수렴될 수 있을 것이기 때문이다. 이 장에서는 러시아 혁명의 실천적 지양에 공헌하기 위해 러시아 혁명의 대안민주주의를 주제로 다룰 것이다. 러시아 혁명에 관한 지금까지의 수많은 글들 속에서도 대안민주주의를 직접 주제로 한 글은 드물다. 이 글이 말하는 대안민주주의는 당시에는 혁명적 민주주의, 소비에트 민주주의, 프롤레타리아 민주주의, 완전한 민주주의 등으로 불렸던 것인데 혁명 과정과 사회주의 자체에서 작동하는 새로운 민주주의를 말한다.

혁명의 성공으로 건설되는 사회주의에서 민주주의는 자

본주의 사회의 민주주의와는 질적으로 다를 것이다. 부르주아 혹은 대의 혹은 현대 민주주의라고 칭해지는 자본주의 사회의 민주주의가 사회주의에서 새로운 민주주의로 대체될 것이라는 견해는 러시아 혁명의 지도부인 볼셰비키들의 일반적 견해였고 이들이 계승한다고 생각한 마르크스의 견해이기도 했다. 마르크스는 앞서 보았듯 『헤겔 법철학 비판』에서 "진정한 민주주의"를 부르주아 민주주의의 대안으로 서술했고, 『프랑스 내전』에서 파리코뮌을 이행기의 민주주의 형식으로 서술했다. 레닌은 『국가와 혁명』 등에서 "프롤레타리아 민주주의", "소비에트 민주주의", "완전한 민주주의" 등을 대안으로 서술했다.

이러한 민주주의는 러시아 혁명에서 실현되지 못했다. 필자는 민주주의 실현이 실패한 과정을 서술하면서 이것이 사회주의 자체의 실현 실패와 밀접한 상관 관계가 있고, 더 나아가 가장 중요한 실패의 원인이라고 주장할 것이다. 관련하여 이 두 가지 개념들의 상호 관계를 분명히 할 필요가 있다. 사회주의와 민주주의는 궁극적으로 같은 목표를 가진 동전의 양면과 같은 관계이고 한 몸을 형성한다. 한쪽이 없으면 다른 쪽이 성립 불가능하다. 다만 사회주의 개념이 주로 제도로 실현될 내용을 추상적으로 표현한 것이라면, 민주주의 개념은 이런 제도가 실현되는 실천 원리 혹은 운영 원리를 추상적으로 표현한 것이라고 할 수 있다. 그래서 예를 들어 사회주의 생산관계 안에서 공동 점유에 근거한 개인적 소유제, 노동자자주관리제 등이 사회주의 개념의 실현일 때, 이를 실천하고 운영하는 원리가 민주주의 개념인 것이다. 그렇기에 향후 새로운 사회주의 혁명과 건설을 성공하려면 다른 조건들과 더불어 민주주의 실현을 성공하는 것이 가장 중요한 요건이 된다.

사회주의 혁명과 건설을 성공하기 위한 나머지 조건 중에서 가장 중요한 것은 사회주의 사회의 작동 방식에 대한 올바른 이해라고 할 수 있다. 사회주의 건설은 자본주의 생산양식의 모순(발전된 생산력과 기존 생산관계 사이의 모순)을 지양한 결과로서 더 높은 단계에서 기존에 발전된 생산력에 상응하는 새로운 생산관계 즉 새로운 생산양식을 형성하는 문제라고 할 수 있다.

마르크스는 정치경제학 비판으로서 자본주의 생산양식 비판의 논리적 결과로 사회주의의 작동 원리를 서술했기 때문에, 그의 구상을 잠재적인 사회주의 건설 대안으로 간주할 수 있다. 앞으로 보겠지만 러시아 혁명의 지도부가 구상한 사회주의는 마르크스가 제시한 사회주의와는 매우 달랐다. 그래서 러시아 혁명이 실패한 또 다른 원인은 마르크스의 사회주의 구상에 대한 혁명 지도부의 오해였다고 볼 수 있다. 그렇게 오해했기에 그들이 건설하려던 마르크스 사회주의는 실패할 수밖에 없었다. 물론 마르크스의 사회주의 구상 자체는 러시아뿐만 아니라 다른 나라들에서도 실현된 적이 없기에 향후 실천에서 검증해야 할 것이지 선험적으로 옳다고 주장할 수는 없을 것이다.

일반적으로 러시아 혁명과 건설이 실패할 수밖에 없었다고 평가하는 나머지 조건들, 즉 국제적 연속혁명의 실패에 따른 지원 부재와 국제적 고립, 세계대전과 내전에 따른 사회 혼란, 경제 붕괴, 인구 대량 사망, 노동자 계급의 해체 등의 문제는 러시아 혁명뿐만 아니라 다른 모든 사회주의 혁명에서도 정도의 차이는 있을지언정 겪을 가능성이 크다. 하지만 이것들이 실패를 결정 짓는 요인이 될 수는 없다. 오히려 이런 조건들은 다수 민족국가의 국제 체계와 자본주의 세계시장의 토대에서 작동하는 기존 생산양식이 붕괴한 결과로 불가피한 현상일 수 있고 그래서 새로운 생산양식이 건설되는 토대일 수 있다. 혁명이 전개될 때 이러한 토대에서 올바른 사회주의 이해와 결합한 민주주의를 제대로 작동시킨다면 사회주의 건설을 성공할 수 있다고 볼 수도 있다.

또한, 러시아 혁명의 옹호자들이 암묵적으로 인정하는 러시아 혁명과 건설 과정에서의 또 다른 실패 조건들, 즉 러시아의 생산력 발전 미흡이나 인민의 문화적 후진성은 실제로는 실패 조건이 될 수 없다고 볼 수 있다. 러시아 인민이 사회주의를 건설할 수 없을 정도로 문화적으로 후진적이었다면 노동자와 농민의 혁명 열정에 근거하여 성공했다고 평가되는 10월 봉기 자체가 혁명의 출발점이 아니라 쿠데타일 따름이기 때문이다. 마찬가지로 생산력 발전의 미흡으로 사회주의 건설의 물질적 토대가 결여했다는 주장도 10월 봉기를 주도한 레닌과 트로츠키의 연속혁명 개념을 부정하는 것이며, 혁명의 성공과 사회주의의 건설이 물질적 토대의 단순한 반영이라는 속류 유물론의 오류일 것이다.

혁명은 생산양식의 붕괴 위기에서 발생하여 주어진 물질적 토대에 맞는 새로운 생산양식을 건설하는 과정인데, 기존 생산양식이 붕괴한다는 사실 자체가 주어진 생산력과 생산관계의 모순이 폭발한 것으로서, 사회주의 건설에 맞는 생산력의 절대 기준이 없는 한 주어진 생산력에 상응하는 새로운 생산관계를 민주주의의 작동을 통해 형성하여 사회주의 생산양식을 건설할 여지를 제공하기 때문이다. 여기서 생산관계는 인간들의 실천으로 구성되는 사회 관계들인데 민주주의만이 인간 실천의 혁명적 변화를 낳을 수 있다.

러시아 혁명과 건설에서의 민주주의를 서술하기 위해서는 최소한 소비에트가 처음 형성된 1905년부터 스탈린 체제가 확립된 1930년대 초까지를 포괄할 필요가 있다. 하지만 지면 제약상 혁명 러시아의 틀을 만든 1917년부터 1921년까지에 집중하고 필요시 앞뒤 시기들을 추가할 것이다. 민주주의가 작동하는 중요한 장소는 소비에트, 공장위원회, 노동조합, 협동조합, 농촌 공동체 등 인민의 아래로부터의 참여 기구들과 이들과 상호작용한 당과 국가이다. 이들의 작동 과정은 혁명 세력이 내전과 국제적 압력을 극복하면서 사회주의를 건설하려던 과정이고, 그 건설 정책들은 혁명 세력의 사회주의 구상과 밀접히 연결된다. 그래서 이하에서는 우선 사회주의에 관한 마르크스의 구상과 레닌(과 볼셰비키)의 구상을 비교할 것이다. 2절에서는 소비에트 등에서 민주주의가 실패하는 과정과 원인을 서술할 것이다. 3절에서는 이 과정에 상호작용했던 당과 국가의 역할을 살펴볼 것이다. 4절에서는 이런 결과로서 당시 사회주의 건설의 핵심 과제였던 시초 축적, 농업 집단화, 계획경제 건설의 실패를 서술할 것이다. 그리고 마지막 결론으로는 민주주의와 올바른 사회주의 구상의 결합이라는 과제의 중요성을 강조할 것이다.

## 1. 마르크스의 사회주의와 볼셰비키의 사회주의

흔히 마르크스가 사회주의 구상을 제시하지 않았다고 오해한다. 하지만 마르크스는 청사진은 아니지만 사회주의 건설에 지침이 될 개념적 구상을 제시했다. 자본주의 생산양식 비판의 종합인 『자본론』은 자본주의의 작동 원리를 생산, 유통, 총생산 과정으로 구분하고 기능별로 세분하여 서술하고 비판하면서 그 논리적 귀결로서 각 기능의 대안, 사회주의 구상에 대해서도 짧은 분량이지만 핵심적 개념들을 서술했다. 이뿐만 아니라 청년기인 1843년의 『수고』부터 말년의 『아돌프 바그너에 대한 비판적 평주』까지 40년간 작성한 정치경제학 비판 연구 노트와 자본론의 초고들(무스토 2013, Anderson 2010)도 마찬가지로 단편적 사회주의 구상들을 다수

담고 있다.(Hudis 2011) 또한 정치학, 철학 저작인 『헤겔 법철학 비판』, 『테제』, 『독일 이데올로기』, 『공산당 선언』과 공산주의자동맹 관련 저술들, 프랑스 혁명 3부작, 국제노동자연합 관련 저술들, 『고타 강령 비판』 등도 마찬가지다. 이것들을 종합하면 마르크스의 사회주의 구상을 비교적 명확히 알 수 있다.

우선 마르크스의 사회주의 구상에서 사회주의와 공산주의가 서로 다른 개념이 아니라는 점을 강조할 필요가 있다. 사회주의나 공산주의 개념은 마르크스가 발명한 것이 아니라 기존 사회주의자와 공산주의자들의 자본주의 대안 개념들을 비판적으로 재구성한 것이다. 그래서 이 두 개념은 마르크스가 사용할 때에도 동등하게 자본주의의 대안을 가리킨다. 실제로 마르크스는 모든 저작에서 한번도 두 가지를 서로 다른, 대립적 개념으로 사용한 적이 없다. 오히려 그는 사회주의, 공산주의, 자유로운 인간들의 연합, "연합한 생산양식"(마르크스 1894: 547) 등의 개념들을 혼용했다. 그래서 마르크스에게는 사회주의와 공산주의가 단계적으로 발전하고 대체되는 사회들이라는 견해가 전혀 없었다.

유일하게 『고타 강령 비판』에서 공산주의의 "첫 번째 국면"ersten Phase과 "높은 국면"höheren Phase의 구분만이 있었다. 단계stage 구분과 달리 이런 국면 구분은 시간적, 질적, 단절적 이행을 반드시 상정하는 것이 아니라 자연스러운, 양적인 이행과 또한 역행의 가능성뿐만 아니라 동시에 두 국면의 특징들을 내포할 수도 있음을 함축한다고 해석할 수 있다. 어쨌든 사회주의와 공산주의를 단절적으로 이행하는 선후의 생산양식들로 상정하는 논의는 마르크스에게는 없다.

반면 레닌은 『국가와 혁명』에서 마르크스 공산주의의 첫 번째 국면을 사회주의와 등치하고(*LCW* 25: 427) 높은 국면만을 공산주의로 구분했다. 그래서 마르크스가 공산주의 사회의 특질이라고 서술한 국가와 계급의 사멸이 사회주의에서는 적용되지 않는 것으로 보았다. 다시 말해 (첫 번째 국면의) 공산주의에서도 자본주의의 특질들(국가, 계급, 가치 법칙 등)이 존속할 수 있게 된다. 이것은 그 자체로 논리 모순이다. 이것은 『국가와 혁명』에서 레닌이 사회주의에 대해 말한 부분, "국가의 필요", "부르주아 계급 없는 부르주아 국가", "프롤레타리아 계급의 혁명적 독재", 완전한 공산주의에서 "자본가들도 계급들도 없어야 국가는 소멸한다."(*LCW* 25: 472, 476, 464, 472) 등의 표현에서 잘 드러난다. 이런 "사회주의 국가라는 어법은 마르크스의 관점에서는 형용모순이다."(정성진 2017: 92) 이러한 레닌의 관점은 볼셰비키에서 일반화되어 스탈린에게서 노예제, 봉건제, 자본주의, 사회주의, 공산주의라는 역사 발전 5단계설 도그마로 확립된다.

레닌과 볼셰비키의 이런 오해와 밀접하게 연관된 것이 이행기와 프롤레타리아 계급의 혁명적 독재 개념에 대한 그들의 오해이다. 이에 대한 논란은 이재현(2017: 24)을 참조할 수 있다. 마르크스는 사회주의 혁명이 성공적으로 출범한 후에 사회주의가 확립되기까지의 정치적 이행기에 프롤레타리아 계급의 혁명적 독재가 필요한 것으로 보았다.

이것은 『고타 강령 비판』에서 “자본주의와 공산주의 사회 사이에 하나의 다른 하나로의 혁명적 전복의 시기가 놓여 있다. 이 시기에 상응하는 것이 정치적 이행기인데, 이 시기의 국가는 프롤레타리아들의 혁명적 독재 외에 다른 것이 될 수 없다.”(*MEGA*[2] I.25: 22)는 서술이나, 『프랑스 내전』에서 파리 코뮌을 “본질상 노동자 계급의 정부” 즉 프롤레타리아 계급의 독재 정부로서 “노동의 경제적 해방을 성취할 마침내 발견된 정치 형식”(*MECW* 22: 334)이라고 서술한 데에서도 잘 드러난다. 이것은 혁명이 성공적으로 출범하더라도, 국가와 계급을 폐지하고 사회주의 생산양식에 상응하는 생산관계를 확립할 시간이 필요했기 때문이었다.

이에 반해 레닌은 『국가와 혁명』에서 이행기를 공산주의 첫 번째 국면, 즉 사회주의와 동일시했고, 이에 적합한 정치 형식을 프롤레타리아의 계급 독재로 보았다.(*LCW* 25: 464-472) 그 결과 (첫 번째 국면의) 공산주의에서도 프롤레타리아 계급과 (독재) 국가가 존속하는 모순이 문제 없이 수용되었다. 이런 관점은 볼셰비키 내에서 일반화되어, 이들이 내전에 따른 강제 징집과 노동의 군사화, 곡물 징발, 적색 테러 같은 격렬한 국가 폭력과 계급투쟁의 시기를 전시 “공산주의”로 규정하면서 이를 국가와 계급이 폐지된 사회, 즉 공산주의로 믿거나 미화하도록 했다.(이완종 2004: 132, 박승호 2010:

167, 정성진 2017: 83) 또한, 스탈린 체제를 강력히 비판한 트로츠키가 그 체제를 타락한 노동자 "국가" 사회주의로 평가하여 사회주의와 국가가 병립한다는 점을 아무 모순 없이 서술하게 했다. 관련하여 전시공산주의가 강제 징집, 노동의 군사화, 곡물 강제 징발, 적색 테러로 얼룩졌다는 사실은 좌우의 거의 모든 러시아 혁명 저술에서 인정한다.(카 1997, 스미스 2007, 이완종 2012. Figes 1997, Pipes 1996) 트로츠키의 타락한 노동자 국가에 관한 서술은 다음을 참고하라.(Trotsky 1935, 트로츠키 2017)

그런데 이런 이행기가 다소 장기적일 수 있다는 점은 마르크스와 레닌의 공통적 견해였다. 그렇지만 그 이유가 달랐다. 마르크스가 이행기를 생산관계, 사회 관계들을 변형하는 과제 때문에 장기적일 것이라고 보았다면, 레닌과 볼셰비키는 생산력을 서구 자본주의 수준으로 따라잡을 과제가 있기 때문에 장기적일 것이라고 보았다. 이는 레닌의 "공산주의는 소비에트 권력 더하기 온 나라의 전화電化"(*LCW* 31: 419)라는 표현에서 단적으로 드러난다. 사회주의에 대한 기본 관점의 차이를 담고 있는 이러한 대조는 러시아의 혁명 정책들이 오류를 낳았던 까닭의 한 뿌리를 드러내 준다.

마르크스는 『프랑스 내전』에서 파리코뮌을 찬양한 뒤, "노동자 계급은, 자신들의 해방을 이루기 위해서 그리고 이와 함께 현존 사회의 경제 기구들이 저항할 수 없이 이끌리는 그런 더 높은 형식을 이루기 위해서 긴 투쟁들, 일련의 역사적 과정들, 환경과 인간을 변형하는 과정들을 겪어야 한다는 점을 안다"고 서술했다. 왜냐하면, 파리코뮌에서 노동자 계급은 "기적을 바라지도 않고", "인민의 포고령으로 도입할 기성의 유토피아들도 가지지 않았기" 때문이었다.(*MECW* 22: 335) 이런 다소 장기간에 걸친 이행기는 내용과 형식 사이 모순의 지양 운동에 관해 인간주의, 역사 유물론, 변증법을 삼위일체로 이해하는 마르크스의 방법(하태규 2019a 참고)으로는 너무나도 당연한 것이었다.

이런 내용과 형식 사이 모순의 지양 운동에 관한 삼위일체 이해는 사회주의 혁명과 이행기에 대해 다음 결론에 도달하게 한다. 자본주의 생산양식에서 생산력이라는 내용은 끊임없는 자본 축적 과정에서 지속 발전하여 생산관계의 형식 규정들의 산물인 사회적 형식, 생산양식과의 모순을 심화하고 생산양식의 붕괴 위기를 낳는다. 이런 자본주의 생산양식의 위기는 주기적으로 폭발하면서 결국 사회 혁명에 의한 새로운 사회적 형식, 생산양식으로 이행을 낳는다.

이는 『자본론』 3권의 다음 서술에서 잘 나타난다. "자본주의 생산양식의 모순은 생산력을 절대적으로 발전시키려는 이 생산양식의 경향 자체에 있다." "자본주의 생산양식은 결코 생산력과 부의 생산의 발전을 위한 절대적 형식이 아니라는 점과 오히려 특정한 시점에서 이 발전과 충돌하게 된다는 점이… 나타난다. …이런 충돌은 주기적 위기들에서 나타난다." "동시에 신용은 이런 모순들의 강제적 돌발, 위기들, 그로 인한 낡은 생산양식 해소의 요소들을 가속한다.” 자본주의라는 “이런 특수한, 역사적으로 규정된 생산양식에 상응하는 생산관계—인간들이 사회생활 과정에서 그들의 사회 생명을 생산하는 데서 맺는 관계들—가 특수한, 역사적이고 일시적인 성격을 가진다는 점”을 과학적 분석은 증명하고 있다.(*MEGA*² II.25: 254, 260, 432, 850, 마르크스 1894: 309, 316-317, 548, 1065-1066)

여기서 이러한 변화의 완성 인자는 사회 관계들을 구성하는 인간 노동과 활동의 혁명적 변형이다. 그러므로 이런 변형은 “인민의 포고령”이나 “기성의 유토피아” 따위의 청사진들로는 바로 도입할 수 없는 “긴 투쟁들, 일련의 역사적 과정들”의 장기적 효과다.

반면에 레닌과 볼셰비키는 생산력의 발전이 법제화에 의한 땅과 생산수단의 국가 소유, 국영산업, 중앙집권적 경제계획, 집단농장 등과 결합하면 사회주의가 성립하는 것으로 보았다. 그래서 인간의 변화와 환경의 변경이 일치하는 혁명적 실천, 인간 노동과 활동에서의 사고 방식과 행동 방식의 혁명적 변화, 사회적 형식의 변형이 이런 법과 제도 자체를 규정한다는 점을 바라보지 못했다. 그래서 일부 볼셰비키들은 문화 혁명과 소비에트 인간형의 창조를 추구할 때에도 이러한 인간 변화가 노동 과정의 변형과 분리되지 않는다는 점도 인식하지 못했다. 그래서 레닌은 “문화 혁명”을 과거 부르주아의 “기술과 지식을 습득”하는 일로 간주했다.(리브만

2007: 420) 그 결과 노동 과정에서는 생산력의 발전을 위한 테일러주의(자본주의 노동 조직 방식, 자본주의 생산관계 형식 규정의 산물)가 지배했고, 일상에서는 지식인 주도의 문화 혁명 프로젝트가 서로 겉도는 괴리가 발생하여 새로운 인간형을 창조할 수 없었다.

다시 말해 테일러주의를 도입했다는 것은 자본주의 생산관계에 근거한 노동의 사회적 조직화가 사회주의와 양립할 수 있다는 볼셰비즘의 극단적 생산력 중심주의의 표현이었다.(스미스 2007; 132) 혁명 러시아는 예방의학 도입 등 보건 의료 분야에서 뛰어난 성과를 거두며 복지국가를 건설하려고 했고, 초중등 무상교육과 전인교육을 시도하고, 육아와 가사 노동에서의 해방과 가부장제 공격 등으로 여성해방을 추구하고, 문화를 혁명의 제3전선으로 선언하며 문자 해독 증진, 출생·결혼·사망 등의 통과 의례 개폐, 종교 공격, 문예 장려 등을 추진했음에도, 프롤레트쿨트Proletkult(노동자의 문화)로 대표되는 지식인 운동의 한계로 일부 성과에 그치고 말았고,(스미스 2007; 163-193, 리브만 2007: 406-412) 사회주의 생산관계의 형식 규정의 산물인 사회주의 사고 방식과 행동 방식을 체득한 소비에트 인간형을 창조하는 데 실패했다.

이런 사회주의 혁명관의 차이를 최종 결정지은 것은 민주주의관의 차이였다. 왜냐하면, 어떤 사회주의 혁명관이라도 인민의 실천을 통해 반영될 것인데, 인민의 실천을 좌우한 것이 민주주의관의 차이였기 때문이다. 마르크스의 민주주의관은 국가가 폐지된 상태에서 자유, 평등, 인권의 내용과 형식이 상응하는 민주주의가 실현될 수 있다는 것이었고, 파리코뮌 같은 평의회 형식에서 이행기 민주주의를 볼 수 있다는 것이었다. 이런 민주주의 형식에 상응하는 내용은 앞서 보았듯이 노동자 계급이 스스로 해방하는 "아래로부터의 사회주의" 사상, 교육자와 피교육자를 구분해서는 안 되며 환경 변경과 자기 변화의 일치를 통해 모두 스스로 교육되어야 한다는 "혁명적 실천"의 사상으로 표현되었다.

레닌도 『국가와 혁명』에서 마르크스의 파리코뮌 해석을 높이 평가하고 계승하면서 소비에트를 그 발전 형태로 보았고, 공산주의에서 완전한 민주주의가 실현될 것으로 보았다. 즉 레닌은 『국가와 혁명』에서 파리코뮌이 "부르주아 민주주의에서 프롤레타리아 민주주의로 변형된 것" "양질 전환된 것"이었으며, 사회주의로 이행은 이런 "원시 민주주의로의 회귀" 없이 불가능하다고 보았다. 레닌은 오직 공산주의 사회에서만 "어떤 예외도 없이 진정으로 완전한 민주주의가 가능하고 실현될 수 있을 것"이라고 생각했다. 다만 이런 완전한 민주주의는 공산주의에서 실현됨과 동시에 국가와 함께 "사멸하기 시작할 것"이었다.(*LCW* 25: 424, 425, 467) 이런 민주주의 사멸론은 민주주의를 상부구조에 위치시키고 국가와 동일시하는 레닌의 한계를 보여준다.(김의연 2017: 24-25)

또한, 레닌은 10월 혁명 전후 행한 각종 연설과 논설에서 새로운 민주주의로서 "혁명적 민주주의", "프롤레타리아 민주주의", "소비에트 민주주의", "진정한 민주주의", "진정으로 완전한 민주주의", "실제 민주주의", "직접민주주의", "최고의 민주주의 형식", "새로운 민주주의", "더욱 진보적 민주주의 형식", "노동 인민의 민주주의", "사회주의 민주주의 형식의 시작" 등을 계속 거론했다.(*LCW* 25: 17, 20, 27. 33, 258, 312, 352, *LCW* 26: 44, 104, 114, 336, 316, *LCW* 27: 153, 175, 265, 268) 하지만 이렇게 마르크스의 관점을 계승한다면서도, 레닌과 볼셰비키는 그 내용인 노동자 계급의 "아래로부터의 사회주의"와 환경 변경과 자기 변화 일치의 "혁명적 실천" 사상을 부정하며 교육자와 피교육자 계급을 구분하였다. 이것은 뒤에 보듯이 이행기에서 교육자로서 당과 국가가 지속 강화된 사실로 증명된다.

이런 사회주의 혁명관과 민주주의관의 차이가 표현된 것으로서 사회주의 건설 정책(이론)들의 차이는 다음과 같다. 마르크스는 사회주의 소유 형식을 공동 점유에 근거한 개인적 소유로 보았던 반면, 레닌과 볼셰비키는 국가의 소유로 보았다. 공동 점유에 근거한 개인적 소유에서는 인민의 공동 결정에 근거한 민주주의를 실현하게 되지만, 국가 소유는 인민의 소외를 낳게 된다. 마르크스는 인민이 아래로부터 참여하는 계획을 상정했지만, 레닌과 볼셰비키는 위로부터의 중앙집권적 계획을 상정했다. 아래로부터의 참여 계획은 민주주의와 상응하지만, 위로부터의 중앙집권적 계획은 인민의 소외와 관료국가의 강화를 초래한다.

마르크스가 가치, 시장, 계급과 국가의 지양을 추구했던 반면, 레닌과 볼셰비키는 이것들의 폐절만을 추구했다. 마르크스에 의하면 가치, 상품, 시장을 지양하기 위해서는 실제 노동시간 척도에 의한 자유로운 노동과 참여 계획이 작동되어야 했고 결국 사회 관계들이 변형되어야 했지만, 이것을 상정하지 않은 레닌과 볼셰비키는 강압만으로 상품과 시장과 가치를 근절할 수 있을 것이라고 기대했다.

마르크스의 사회주의 구상의 핵심 토대는 가치의 지양이다. "시간의 경제"(마르크스 1858a: 155)는 모든 생산양식에 공유되는 특징이지만, 자본주의 가치 형식의 지배 아래에서는 평균노동시간이 계산의 척도가 된다. 반면, 가치 형식을 지양한 사회주의에서는 실제 노동시간을 척도로 하여 아래로부터의 참여 계획으로 운영된다. 이에 반해 혁명 러시아에서는 인위적인 과도한 화폐 발행 결과인 인플레를 통해 화폐를 폐지하고 노동시간 증서가 아닌 등급제 배급 증서와 원시적 물물교환으로 시장을 폐지하려 했고, 그 결과 암시장만 키우게 된 어처구니없는 촌극이 벌어졌다.(Figes 1997: 726-727, 리브만 2007; 430)

마르크스에 의하면 계급과 국가도 사회 관계들의 혁명적 변화에 근거하여 지양될 것이었지만, 레닌과 볼셰비키는 지배 계급 출신을 억압하고, 노동자 계급을 강화하고, 국가 기구 구성원을 노동자나 빈농 출신으로 변경하는 것으로 계급과 국가가 폐절되거나 적어도 성격이 변할 것으로 보았다.

계급과 국가가 사회 관계들의 형식 규정의 산물인 사회 형식들이라는 관점은 마르크스의 기본적인 견해다.(하태규 2019a, 2019c 참고) "인간 본질은 사회 관계들의 전체적 효과이지 개별적 개인에 내재하지 않는다."(*MEW* 3: 6) 계급을 사회 관계가 아니라 출신 성분에 따라 규정하여 국가 기구 구성원의 출신 성분을 바꾸면 국가의 성격이 바뀔 수 있다고 생각한 레닌과 볼셰비키의 견해는 마르크스와는 전혀 상관없었다. 이렇게 마르크스와는 근본적으로 다른 레닌과 볼셰비키의 사회주의 구상과 민주주의관이 러시아 혁명에서 관철되는 과정을 이어서 살펴보자.

## 2. 대안민주주의의 작동 과정

러시아 혁명에서 대안민주주의가 작동했던 장소들은 소비에트, 공장위원회, 노동조합, 협동조합, 농촌 공동체 등이다. 이 중에서도 핵심은 소비에트Soviet(평의회)였다. 소비에트는 1905년 혁명 때 공장 노동자들의 파업위원회들이 연대를 위해 아래로부터 시 차원의 노동자 대표 소비에트로 결집하면서 발생했다. 이 소비에트가 발생한 역사는 다음과 같다. 합법 노동조합이 금지된 조건에서 노동자들에게는 파업 기구가 필요했고, 사업주에게는 교섭 창구가 필요했다. 제정도 노동자들이 선발하는 작업반장을 법으로 허용하고 있던 상황(안바일러 1986: 33)에서 파업위원회가 생겨날 수 있었다. 파업위원회는 대개 파업의 종료로 해체되었지만, 이번 혁명 과정에서는 새로운 발전이 일어났다. 공장별 파업위원회들에서 시 차원으로 결집한 노동자 대표 소비에트는 1905년 5월 보즈네센스크에서 처음 형성되었다가 10월 페테르부르크를 거쳐 크고 작은 산업도시 40-50개로 확산하였고 약간의 병사 대표 소비에트와 농민 대표 소비에트도 발생했다.(안바일러 1986: 49-57)

소비에트는 처음에는 파업을 주도하면서 임금 인상 등 경제 문제에 주력했다. 하지만 곧 급진화하며 정치적 요구들을 제기하기 시작했고, 결국 무장 봉기로까지 나아갔다. 그 과정은 다음과 같다. 페테르부르크 소비에트는 약 50일간 공공연히 활동하면서 노동자들의 혁명 열망을 바탕으로 "8시간 노동일"과 "제헌의회"를 요구하는 정치 투쟁을 벌였다. 다른 소비에트들도 이 두 가지를 되풀이해서 요구했다. 12월에 트로츠키가 주도하던 페테르부르크 소비에트 지도부가 체포된 뒤, 혁명 주도권은 모스크바로 이전되었고 모스크바 소비에트는 "봉기를 수행하는 기관" 역할을 했다. 10일간의 무장 충돌 중에 몇몇 구 소비에트들은 제거된 시 소비에트를 대신하여 무장 투쟁을 지도했다.(안바일러 1986: 66-75) 1905년의 소비에트는 한마디로 노동자 계급의 자치 기관이자 봉기 기관이었다.

1917년의 소비에트는 2월 혁명 과정 중에 페테르부르크에서 먼저 부활해서 전국으로 확산하였다. 이 소비에트들은 이전 소비에트와 비교하여 다음과 같이 달라졌다. 첫째, 대중 파업에서만 발생했던 1905년과 달리 군사 반란에서 병사 대표 소비에트가 추가되었고, 노동자·병사 대표(연합) 소비에트들이 형성되었다. 둘째, 1905년보다 더 광범위한 지역에서 훨씬 많은 소비에트가 발생하여 이들을 묶는 전국 연합 소비에트가 형성되었다.

이 두 가지 과정은 다음과 같았다. 2월 혁명이 페테르부르크 수비대 병사들의 반란 동참을 결정적 계기로 하여 성공했고, 반란군 병사 대표들이 노동자 대표 소비에트와 연대하기를 원했다. 그 때문에 페테르부르크 노동자 대표 소비에트에서는 3월 1일 명령 1호를 발표하여, 중대 이상 모든 군부대에서 선거로 소비에트를 구성할 것, 정치 문제에서 소비에트를 따를 것, 병사들의 시민적 자유를 보장할 것을 선포함에 따라, 병사 대표 소비에트가 구성되고 노동자 대표 소비에트와 결합하여 페테르부르크 노동자·병사 대표 소비에트가 형성되었다. 이 영향으로 소비에트는 핀란드부터 태평양까지, 대도시부터 산업도시, 대규모 수비대 주둔 도시, 병사가 거의 없는 도시, 작은 군과 읍, 산간 벽지로도 확산해서 10월에 약 900개에 달하게 되었다.

지방의 병사 대표 소비에트들은 노동자 대표 소비에트와 결합하거나 밀접한 관계를 지녔다. 사실 명령 1호가 수도에만 해당했음에도 그 여파는 확대되어 전선에 있는 부대들에서도 소비에트가 형성되고 총사령부의 중앙 소비에트도 형성되었다. 수병들도 6월에 중앙 소비에트를 만들었다. 농민 소비에트는 1905년과 마찬가지로 시간과 조직상 뒤처졌다. 이런 모든 소비에트를 총괄하는 전국 러시아 노동자·병사 대표 소비에트 협의회가 열려서 4월 초에 중앙집행위원회를 구성하였다. 농민들은 6월에 별도의 중앙 대회를 통해 중앙 집행위원회를 결성했다.(안바일러 1986: 121-140)

셋째, 자치 기관이자 봉기 기관에 머물렀던 1905년과 달리 성공한 2월 혁명의 결과로 나라를 정치 사회적으로 재건하는 과제도 안게 되었다. 넷째, 1905년 혁명과 달리 10월 혁명에서 소비에트는 봉기 기관으로서 성공했다. 이러한 성공의 결과 소비에트들은 주권적 국가 기관과 지방자치 기관으로 변하면서 사회적 영역들로도 그 형식 원리를 확산했다.

일반적으로 10월 혁명 전 러시아의 상태를 부활한 소비에트가 임시정부와 권력을 분점한 이중 권력dual power 상태였다고 평가한다.(트로츠키 2017: 11장) 정확히 말하자면 국가 강제력의 두 가지 속성 중에서 법적 권위는 임시정부에 있었지만, 실질적 권력은 소비에트에 속한, 권위와 권력의 괴리 상태였다. 결국, 10월 봉기는 법적 권위만 있던 허수아비 임시정부를 붕괴시키고 권력과 권위의 통일을 이루는 계기였다. 정상적일 때 국가 권력은 국가 권위와 통일되어 있다. 이때 권위는 적나라한 권력의 외피로서 대중을 호도하는 역할을 한다. 그래서 정상 상황에서는 국가의 본질인 권력만을 분석하는 것이 통용될 수 있다.

하지만 러시아 혁명 상황에서는 다른 혁명 일반과 마찬가지로(트로츠키 2017: 200 참조) 권력과 권위가 괴리되었기 때문에 주의가 필요하다. 차르 두마위원회를 기반으로 한 임시정부는 국가 권위를 자임했고 소비에트가 이를 인정했다. 하지만 임시정부의 권력은 다른 곳이 아니라 노동자와 병사를 통제하는 소비에트에 있었다.(Sukhanov 1955; 85-86, 215) 차르 경찰은 소비에트에 충성하는 다양한 민병대로 대체되었고,(Frame 2016: 1954) 지역 주둔군도 소비에트에 충성하여서 군대의 공식 명령은 소비에트의 포고나 결의에 배치되지 않는 한 통용될 수 있었으며,(안바일러 1986: 122) 전국 1천만 군대는 4월 17일까지 소비에트의 통제에 들어왔다.(Sukhanov 1955: 296) 하지만 10월 혁명 직후부터 다시 국가 권위와 권력의 괴리가 발생하기 시작했는데, 이번에는 법적 권위는 소비에트에 남았지만, 실질적 권력은 볼셰비키당으로 넘어갔다. 이로써 소비에트는 민주주의 주권 기관의 외형에도 불구하고 속이 빈 껍데기가 되어 갔다.

소비에트가 10월 혁명 전에 실질적 권력을 지녔던 것은 민주주의를 통해 인민의 혁명 열망을 대변하며 혁명적으로 재조직된 군대와 경찰을 통제하고 인민들을 조직하고 동원할 수 있었기 때문이었다. 다르게 표현하면 인민들이 소비에트 대표들을 수시로 선출하고 소환하며 “빵, 토지, 평화”로 요약되는 자신들의 혁명 요구들을 반영하는 민주주의를 작동시켰기 때문에 소비에트에 권력이 집적될 수 있었다. 이 과정에서 볼셰비키당만이(Marot 2012: 3장) 카데트(입헌민주당)는 말할 것도 없고 나머지 두 사회주의당(멘셰비키, 사회혁명당)도 외면했던, 인민들의 혁명 요구들을 지지하면서 봉기 슬로건 ("모든 권위를 소비에트로!"가 더 잘 어울리는) "모든 권력을 소비에트로!"를 관철했기 때문에 10월 무장 봉기를 승리로 이끌 수 있었다.

그 결과 10월 혁명으로 건립된 소비에트 공화정의 주권 기관과 읍 단위까지의 지방자치 기관으로 변화한 소비에트는 정부의 인민위원회로, 경제의 최고경제위원회로, 작업장의 공장위원회로, 군부대로, 자치 공화정으로 그 형식이 전면 확장되어 만개하는 시기를 누렸다.

이 과정은 다음과 같았다. 인민위원회는 장관들의 정부라는 특권의 냄새를 풍기는 명칭을 대체한 평의회 식 명칭이었다.(트로츠키 2017: 988) 10월 봉기가 승리한 날 밤 열린 제2차 전 러시아 소비에트 대회는 소비에트 정부를 선포하고 인민위원회를 구성했다.(리드 2005: 132) 1918년 1월 내무인민위원회는 "모든 지역에서 소비에트는 지역 권력과 행정 기관이며 모든 행정, 상업, 문화 기능들은 거기에 예속되어야 한다. … 전국은 소비에트들의 망 상의 조직으로 연결되어야 하며… 이런 조직들은 각각… 지역 문제에 관해서는 완전히 자율적이지만… 최고 소비에트의 일반 법령이나 규칙과 상치되어서는 안 된다"고 주장했다. 이것은 1918년 7월 헌법에 반영되었다.

1918년 초에는 도, 군, 읍 차원에서 조직 체계가 수립되었다. 지역 소비에트는 젬스트보와 두마를 대체했다. 소비에트 형식은 1917년 12월의 포고령으로 모든 군대로 확장되어 모든 권력은 병사위원회로 이양되었고, 병사위원회는 연대장까지 선출했다.(안바일러 1986: 240-241)

이에 더하여 1917년 11월의 선거를 거쳐 1918년 2월에 개원한 제헌의회가 해산되면서, 소비에트는 유일한 주권 기관의 지위를 확보했다. 하지만 이런 형식상의 확대와 만개는 다음에서 보듯이 내용상의 전도를 동반했다. 부언하자면 제헌의회의 해산은, 일부 좌파들이 사회주의 연립 정부의 가능성을 무산시킨 계기였다고 비판했지만, 필연적이었다. 왜냐하면, 이행기의 민주주의는 소비에트 인민의 정책 결정권을 강화하는 데서 찾을 수 있었지, 대의제 의회로는 확보될 수 없었기 때문이다. 그래서 이른바 제헌의회 해산 문제라는 것은 10월 혁명 전에 제헌의회 슬로건을 철회하고 소비에트를 강화하는 로드맵을 제시하지 못한 볼셰비키의 한계의 산물이었다고 볼 수 있다.

소비에트는 인민들이 선출하여 파견한 대표들의 평의회 형식의 기구였다. 평의회council는 문자 그대로 조언counsel(인민들의 정책 결정에 대한 조언)의 기능을 맡아야 했지만, 발생 시기부터 정책 결정의 주체가 되기 시작했다. 이것은 사람들이 인민들이 모여서 하는 정책 결정에는 시공간의 제약이 있다고 느꼈기 때문일 것이다. 하지만 조언 담당이 정책 결정 담당이 되는 예외는 혁명과 내전 과정이라도 불가피한 경우에만 허용될 수 있다. 왜냐하면, 예외가 계속되면 관례가 되기 때문이다. 러시아 혁명 과정에서 인민들은 대표들이 정책을 결정하는 관행에 익숙해져서 소비에트의 내용상 전도를 수용했다. 이런 전도는 나아가 대표 소비에트 총회와 집행위원회 사이의 관계에서 다시 발생했다. 전도된 대로라도 대표 소비에트 총회가 결정한 것을 집행하고 결정 과정에 조언할 임무를 가진 집행위원회는 예외적 상황에서만 직접 결정해야 했다. 예외는 계속되어 다시 관례가 되었다. 이런 전도는 소비에트와 당과 국가의 관계에서도 반복되었다. 이런 과정에서 인민들, 소비에트 대표들, 소비에트 집행위원들은 각각 원래의 혁명적 주체성과 실천력을 상실하고 상위의 결정에 순응하는 수동적인 객체로 변화되어 갔다.

이런 과정의 구체적 모습을 묘사하면 다음과 같다. 2월혁명 직후부터 페트로그라드 소비에트 총회는 집행위원회를 선출한 것 외에는 "회의 순서도 없는 광적이고 소모적인 장애물 경주였다." 집행위원회가 모든 주요 작업을 맡는 것은 당연했다. 소비에트의 "지휘"와 "대중"의 분리는 일반적 현상이었다.(Sukhanov 1955: 70-71, 83, 86, 259) 또한, 10월 혁명 이후에 3개월마다 열렸던 전 러시아 소비에트 대회(총회)는 1919년부터 연례행사로 변했다. 또한, 중앙집행위원회는 1918년 7월부터 1920년 2월까지의 내전 중에 포고령들을 계속 공표했을지라도 실제 정책 결정은 당이 했기에 한 번도 열리지 않다가 “소비에트 재건” 요구와 함께 1920년 2월부터 다시 열렸다. 그럼에도 재건은 1920/21년 겨울에 일어난 농민과 노동자들의 소요에 따라 결국 무산되었다.

이렇게 소비에트 재건이 무산된 일이 절정에 다다른 것은 소비에트의 회복을 요구하며 크론시타트 수병이 일으킨 반란을 약 2천 명을 살육하면서 진압한 사건이었다.(리브만 2007: 280-282, Figes 1997: 763) 혁명 동지 수천 명을 살육한 일을 옹호하는 쪽에서는 외부의 위협에 따른 혁명 지도부의 불가피한 선택이라는 논리를 내세운다. 하지만, 인민의 지지로 승리한 내전을 고려한다면 이는 외부 위협에 의한 외인론보다 (민주주의를 오해한 지도부에 의한) 내인론으로 설명해야 한다.(최진석 2017: 147-154)

이렇게 인민이 만개하는 소비에트 형식에서 마르크스 민주주의의 내용적 실현이 실패하는 과정은 다른 장소에서도 반복되었다. 이전의 파업위원회에 뿌리를 둔 공장위원회는 2월 혁명 과정에서 소비에트와 마찬가지로 노동자들의 자발적 운동으로 페테르부르크에서 부활하여 경영에 대한 노동자 통제를 추구하면서 모스크바를 비롯한 주요 도시들로 확산하다가 10월 혁명 승리 후 전면화하였다. 하지만 이런 형식상의 전면화는 내용상의 전도를 동반했다. 공장위원회가 공장 노동자 총회에 대한 조언 담당이 아닌 결정 담당으로 나서는 내용적 전도를 통해 노동자 대중의 참여와 책임 공유, 발전보다는 무관심, 무책임, 노동 규율 해체를 유발하였다. 그 결과 전쟁과 혁명으로 해체되던 생산양식에서 생산성 하락과 경제적 무질서를 가중했다. 결국 공장위원회는 노동조합 산하로 편제되었고, 노동자의 통제가 노동자 경영으로 발전하기는커녕 일인 경영으로 대체되었다.

노동자 통제는 원래 어떤 사회주의 당 강령에도 없던 노동자들의 자발적 운동이었다.(Mandel, D. 2016: 118) 공장위원회는 우선 8시간 노동일과 전시 인플레를 벌충할 임금 인상을 쟁취했고, 공장 재산 경비, 고용과 해고 감시, 노동 규율, 식량 공급 조직화를 맡았다.(스미스 2007: 29) 10월 혁명 후 이루어진 합법화로 공장위원회는 노동자 200명 이상 공장의 68퍼센트에 확대되었으나 기계 마모, 원료 부족, 식량 부족 속에서 노동자들이 먹을거리를 찾아다니고 부업하고 결근하는 상황으로 인해, 노동 강도와 생산성을 하락시키는 상황을 방관하고, 공장 간 협력을 파괴한 무정부주의-생디칼리슴의 주역으로 비난받으며, 1918년 1월에 노동조합 산하로 편제되었고, 6월에 노동자 통제 자체는 일인 경영으로 대체되었다. 이 과정 중에 공장위원회들은 혁명 직후인 11-12월에 총회로 정책을 확인받는 민주주의를 추구했지만, 1918년 1-2월부터 이미 "과도한 규율", "관리자 같은 행동", "고용주 이해 옹호"로 비판받기 시작했다.(Rosenberg 1985: 220-226, 스미스 2007: 95, 박승호 2010: 170, 정재원 2017: 153)

노동조합은 불법화된 조건에서 1917년 혁명으로 향하는 과정에서는 소비에트나 공장위원회보다 늦게 발전했지만

1918년 1월 제1차 전국노동조합대회에서 공장위원회를 종속시키면서(스미스 2007: 29, 95-96) 형식상 크게 확장되기 시작했다. 이런 과정에서 노동조합은 공장위원회와 같은 아래로부터의 상향식이라기보다 위로부터의 하향식으로 조직되었다.(류한수 2017) 그래서 여기서는 더욱 쉽게 내용상의 전도가 이루어졌다. 조합원 총회의 조언 담당을 넘어 정책 결정 담당을 자임한 노동조합 집행부는 조합원 대중의 수동성을 유발했다. 총연맹은 단위 노동조합 집행부의 조언 담당을 넘어 결정 담당으로 변하는 전도를 반복했고, 이런 결과는 다시, 다음 "노동조합 논쟁"에서 보듯이, 모든 노동조합이 국가의 하위 기구로 변화하는 경향적 흐름으로 나타났다.

노동조합 논쟁에서 혁명 후 공장위원회의 지배 아래 노동자들의 노동 규율이 해체됨에 따른 생산성 하락과 내전의 파괴에 대응하여 노동의 군사화를 추진했던 트로츠키는 노동조합이 국가에 완전히 흡수되어 통제받아야 한다고 주장했다. 반면, 노동자 반대파는 경제 운영권을 노동조합에 완전히 귀속시키라고 요구했다. 이 상반된 견해는 1921년 3월 열린 10차 당대회에서 노동조합이 지닌 노동자 이익을 지키는 역할과 공산주의의 학교라는 기능을 인정하면서도, 국가의 노동조합 통제도 인정하는 레닌의 절충안으로 타협되었다. 이런 타협에도 노동조합의 국가화는 경향적으로 관철되었고 스탈린 체제에서 완성되었다.(스미스 2007: 96, 박승호 2010: 177-178)

이 모든 과정에서 혁명의 주체였던 노동자 대중은 점차 수동적 객체로 전락하게 되었고, 그 결과로 스탈린의 반혁명에 대한 노동자들의 마지막 저항의 불꽃은 결국 스러져야 했다. 스탈린 반혁명에 대한 노동자들의 저항은 노동조합, 공장위원회, 노동자 총회를 매개로 1927년부터 강화되어 스탈린 독재 확립 후인 1932년까지 지속되었다.(Pospielovsky 1997, Murphy 2005, Rossman 2005) 노동자 민주주의 형식들을 매개로 한 이러한 저항은 1917년 혁명에서 분출했던 노동자 대중의 혁명 열망이 15년 동안 유지될 정도로 매우 강력했다는 증명이기도 하지만, 반혁명(정성진 2006: 197)을 분쇄하는 데에는 이르지 못했다는 점에서 그동안 작동했던 민주주의 형식들의 내용적 전도를 증명한 것이라고 볼 수 있다.

협동조합과 농촌 공동체obshchina, commune도 러시아 인구 중 80퍼센트를 넘는 농민들의 민주주의 장소로서 지역 소비에트 산하에서 작동할 수 있었지만, 다른 기구들과 유사한 상위 조직에 의한 내용적 전도가 농민의 민주주의와 혁명적 실천을 가로막고 그들을 수동적 객체로 만들었다. 참고로 마르크스와 말년의 레닌은 다음의 『자본론』, 『프랑스 내전』과 1922년 11월의 연설 인용문에서 볼 수 있듯 공통으로 이행기와 사회주의에서 협동조합 형식의 중요성을 강조했다. "협동조합 공장들을 연합한 생산양식으로 가는 이행기 형식으로 간주해야 하듯이."(*MEGA*[2] II. 25: 432, 마르크스 1894: 547) "연합한 협동조합들이 공동 계획 아래에서 전국 생산을 규율하여 자기 통제 아래 둔다면, …공산주의, 가능한 공산주의가 아니고 무엇이겠는가?"(*MECW* 22: 335) "사회주의를 진전시키는 데 인민들이 협동조합 작업에 참여하는 외에 다른 장치는 필요없다." "협동조합 기업들은… 사회주의 기업들과 다르지 않다."(*LCW* 33: 470, 473)

실제로 러시아 혁명 전에 농업 생산과 유통 분야에서 발전했던 협동조합들은 10월 혁명 직후 정권의 곡물 분배 기구로 이용되다가 1918년 중반의 국유화에 의해 사라졌고, 신경제 정책 시기에 부활했다가 스탈린 체제에서 다시 파괴되었다.(정재원 2017: 156-163) 혁명 러시아에서 협동조합은 이렇게 국가의 정책에 따라 생명이 좌우되면서 내용적 민주주의를 실현할 수 없었다.

마르크스는 또한 「자술리치에 보낼 편지 초고들」에서 러시아 농촌 공동체를 사회주의 이행 형식으로 보았다. "농촌 공동체는 더욱 전국적 규모로 확립되어 점차 원시적 특징들을 떨쳐내고 집합적 생산의 요소로 직접 발전할 수 있을 것이다.", "농촌 공동체를 구제하기 위해 러시아 혁명이 필요하다.", "이 농촌 공동체는 러시아 재생의 지주다."(*MECW* 24: 349, 359. 371) 혁명 러시아에서는 이런 마르크스의 견해가 철저히 무시되면서 농촌 공동체는 해체 대상으로 여겨져서 스탈린 체제에서 파괴되고 집단농장으로 대체되었다.(김남섭 1991) 이렇게 농촌 공동체의 민주주의도 발전할 수 없었다.

이 모든 과정은, 노동자들의 "아래로부터의 사회주의"와 환경 변경과 자기 변화를 일치시키는 "혁명적 실천"이라는 마르크스 민주주의 사상과는 반대로, 아래로부터 형성된 민주주의 기구들을 형식상의 확장에 동반한 내용상의 전도를 통해 형해화시키면서 교육자와 피교육자 계급을 구분하는 사회를 낳았다. 이것의 원인은 혁명 과정에서 분출하는 인민들의 혁명 실천 욕구를 제대로 된 민주주의로 담아 내지 못한 혁명 지도부의 잘못된 민주주의관과 실천에 있었다.

레닌의 부인 크룹스카야가 "어디서나 사람들이 옹기종기 모여서 열띤 주장을 하고 최근 사태를 토론했다. 그 어떤 것으로도 막을 수 없는 토론이었다!"라고 회상했듯이(스미스 2007: 26) 2월 혁명 후의 러시아는 세계에서 "가장 자유로운 나라"였다. 대중에게 민주주의는 정치 개혁이 아닌 사회 혁명의 언어였다. 이들은 국가뿐만 아니라 공무원, 장교, 승려, 교사, 경찰, 지주, 농촌 장로, 교구 신부 등 모든 권위적 인물들을 거부했다. 러시아 도시 전체가 "해방 축제들", 정치 회합들에 사로잡혀 모두가 정치를 말했고, 이것은 노동자들의 자기 의식과 조직의 확산으로 반영되었다. 이런 자발적 운동의 최고봉이 적위대였다.(Figes 1997: 358-359, 368-370)

이렇게 토론과 민주주의를 좋아하고 무장 조직을 만들고 혁명 봉기를 통해 사회 혁명을 추구했던 인민들이 민주주의를 통해 자신들의 혁명 열정을 계속 발전시킬 수 있었다면 놀라운 혁명적 성과, 사회주의 이행을 달성했을 것이다. 다음 절에서 살펴보겠지만, 당과 국가를 통한 혁명 지도부의 지도는 이런 가능성을 압살해 버렸다.

## 3. 당과 국가의 역할

러시아사회민주노동당 볼셰비키 분파(1912년 이후 분당하여 볼셰비키당이 되었다.)는 1903년 형성된 이후 불굴의 조직과 투쟁을 통해 1917년 2월의 부르주아 혁명의 승리에 공헌하고 10월의 사회주의 혁명의 승리를 주도한 혁명 지도부였다. 특히 부르주아 혁명에 안주했던 임시정부를 타도한 10월 무장 봉기의 승리는 볼셰비키당의 봉기 조직 없이는 불가능했을 것이다. 이런 사회주의 혁명을 향한 무장 봉기 전략은 "모든 권력을 소비에트로!"라는 슬로건에서 표현된, 단계혁명론을 버리고 연속혁명론을 채택한 레닌의 4월 테제에서 시작되었다.

4월 테제는 당시 사회주의 당들에게는 정설이었던 2단계 혁명론을 버리고 러시아 혁명이 부르주아 혁명을 넘어 사회주의 혁명으로 나아가야 한다는 트로츠키의 연속혁명론을 수용한 것이었다.(도이처 2017: 6장, 리브만 2007; 227, 정성진 2017: 79) 연속혁명론은 트로츠키가 마르크스로부터 계승했고 4월 테제 이후 볼셰비키가 공유한 것인데, 단계혁명론이나 세계 동시 혁명론과 달리 한 나라에서 혁명은 프랑스 대혁명 같이 점점 급진화하며 연속적으로 발생하고, 국제적으로도 자본주의의 성숙과 상관없이 여러 나라에서 상호 영향을 주면서 연속적으로 발생한다는 이론이다. 그래서 볼셰비키들은 러시아의 저발전 자본주의 토대에서도 연속혁명을 통해 사회주의 혁명이 가능하지만, 국제 연속혁명을 통한 선진 나라의 물질적 지원이 확보되어야 그 혁명이 생존·발전할 수 있다고 보았다.

2월 혁명 이후 "빵, 토지, 평화" 요구를 충족하지 못한 대중은 날로 급진화하며 7월의 무장 시위에 이르렀다. 이 무장 시위를 승인하고 선두에 섰던 볼셰비키는 탄압당하여 지하로 들어가서도 9월의 코르닐로프 반혁명 쿠데타 시도를 노동자들과 함께 막아 내고, 당 내 반대와 망설임에도 레닌의 독촉과 트로츠키의 주도로 10월 무장 봉기를 감행하여 승리했다. 러시아 혁명의 주요 서술들은 이런 평가에서 대략 일치한다.(트로츠키 2017, Sukhanov 1955, 리드 2005, 라비노비치 2017, 리브만 2007, 카 1997, Figes 1997) 다만 우파적 해석은 10월 봉기를 쿠데타로 본다는 점(Pipes 1996)에서 차이가 있다. 10월 봉기는 국가를 타도했다는 의미에서는 쿠데타임이 분명하지만, 인민의 지지를 바탕으로 법적 권위만 있던 허수아비 국가를 타도하고 인민을 대변한 소비에트 권력으로 권위를 통일했기에 혁명의 계기였다.

문제는 10월 혁명 이후 볼셰비키당의 행보였다. 볼셰비키는 사회주의 혁명의 출범을 성취했지만, 사회주의로의 이행을 성취하는 데에는 실패했다. 이런 실패는 무엇보다 당의 이행기의 역할에 대한 오해에서 나왔다. 이행기가 새로운 생산관계, 사회적 관계들을 형성하는 인간 실천의 혁명적 변화(인간과 환경, 사회적 관계들의 일치된 변화)를 이루는 시기라면, 당은 혁명의 성공까지와는 달라져야 했다. 당은 혁명을 인민의 외부에서 지도하던 방식에서 이제는 사회 내부에서 인민 스스로가 하는 혁명적 실천을 후원하고 조정하는 방식으로 행동을 바꾸어야 했고, 그러기 위해서 당 자신도 민주주의의 형식과 내용을 실천해야 했다. 왜냐하면, 민주주의 형식과 내용을 실천하는 당이 그런 방식으로 인민 내부에서 후원과 조정을 해야 인민의 민주주의가 작동할 수 있고 인민의 혁명적 실천이 성공할 수 있었기 때문이다. 하지만 당은 자신의 민주주의를 실천하지도 못했고 인민의 혁명적 실천도 후원하지 못하면서 다시 위에서 지도하려고 했다.

레닌이 『무엇을 할 것인가』에서 제시한 당의 노동자 대중 외부로부터의 의식화 방법은 카우츠키를 모방하여(Lih 2006) 교육자와 피교육자를 구분한 것으로 마르크스의 방법과는 달랐다. 설사 러시아 전제 치하에서 망명과 지하 활동의 비밀 유지를 위해 중앙집권적 조직과 상명하달을 통해 혁명을 추진할 수밖에 없었던 환경이라는 점을 십분 인정하더라도, 혁명 승리 후 조직과 활동 방식은 근본적으로 변해야 했다. 이것의 타당성은 레닌이 1905년 혁명기에 최초로 중앙집권주의에 대립하여, 중앙위원회에 대비한 당 위원회들 간의 자율성의 옹호, 일정한 행동 통일을 교란하지 않는 한 보편적이고 완전한 비판의 자유를 의미하는 민주집중주의 demcratic centralism를 도입하고 선도했던 데에서도 확인할 수 있다.(Kellogg 2009: 62-63, Mandel, E. 2016: 82-84) 10월 혁명 이후에도 볼셰비키당은 "토론은 민주적으로, 집행은 집중적으로" 하는 민주집중주의 원리를 더 살렸어야 했다. 혁명 후 집권 상태에서 민주집중주의는 정책 결정의 상설 총회와 조언과 집행의 추첨 평의회 형식에서 가장 잘 반영될 것이었다.

이와 정반대로 볼셰비키당은 인민의 정책 결정권을 배제하고 갈수록 상위에 양도하는 내용상의 전도를 통해 민주주의 기관들을 껍데기로 만들었고, 인민들은 순응성, 수동성, 무관심, 무책임성을 지닌 객체로 변해 갔다. 이런 변화 과정에서 상호작용한 당은 국가와 함께 더욱 확대되고 중앙집권적으로 강화되어 소멸해야 할 운명과는 정반대로 나아갔다.

이행기의 비상 국면에서 당은 예외적으로 후원과 조정보다도 지도를 우선할 수 있었을 것이다. 당은 경제 붕괴와 내전의 파괴 속에서 다시 인민의 혁명적 실천을 위에서 지도했다. 하지만 이러한 당의 사업 방식은 완전히 관행으로 확립되어 버렸다. 그 결과 내전 후의 본격적 이행기에도 당은 중앙집권적 조직과 상명하달로 인민의 실천을 위에서 지도하는 방식을 지속하게 되었다. 이런 방식은 교육자와 피교육자를 구분하지 않고 인민이 스스로 교육하는 혁명적 실천의 사상과는 정반대였다. 이로써 생산관계의 혁명적 변화를 통한 새로운 생산양식 형성이라는 과제는 필연적으로 실패할 수밖에 없었다.

사실 10월 혁명 후 수개월 동안 소비에트가 만개한 시기에 당은 사멸할 위기에 놓였었다. 이것은 의도했다기보다 이행기 당의 역할에 대한 의식적 고려가 없는 조건에서 당원들이 새롭게 형성되던 소비에트들에 참여하면서 당원 자신의 정체성보다는 소속 현장의 정체성을 더 반영했기 때문이었다. 심지어 프레오브라젠스키는 당의 해산을 제안하기도 했다. 더불어 당 내에서도 소비에트 형식이 크게 발전했다. 만약 당이 이런 흐름을 수용하고 당원들이 참여한 소비에트들에서의 민주주의의 작동을 통해 이행기 정책들을 달성하는 노선을 취했더라면 인민의 혁명적 실천이 발전할 수도 있었을 것이다. 하지만 현실에서는 정반대로 다시 당원의 정체성을 강화하면서 소비에트보다 당을 우선하고 중앙집권적인 상명하달 체계를 확립하는 쪽을 택했다.(Sakwa 1987: 444-447, 리브만 2007: 343-346)

여기에다 당 조직국은 1923년 당, 정부, 경제의 주요 직책 5,500개의 후보 명단을 작성하는 후보명부제Nomenklatura를 도입해서 모든 선거를 형해화시키고 당 중앙위원회(나중에 서기장)가 지방까지 모든 당, 국가, 경제의 주요 직책들을 임명권을 통해 통제할 수 있게 했다.(Monty 2012) 이로써 이행기에서 당의 민주주의와 인민의 혁명적 실천의 후원과 조정, 이에 따른 당 사멸 가능성이 모두 사라지게 되었다.

이 과정에서 한번 타도되었던 국가는 부활하여 이전보다

더 확대되면서 중앙집권적으로 강력해졌다. 그래서 사라져야 할 국가가 도저히 사라질 수 없을 뿐만 아니라 이런 국가를 통해야만 사회가 운영될 수준에 도달했다. 그래서 더는 국가가 소멸한 사회주의로의 이행은 불가능해졌다. 국가의 강화 과정은 행정, 사법, 입법, 경찰, 군대, 외교 등 모든 국가 기구의 확대와 관료제의 부활을 통해 이루어졌다. 정부는 인민위원회라는 평의회 식 명칭에도 제정 관료제의 상속자로서 거대한 관료제를 형성했다.(Rowney 2005, Sakwa 1987: 437-438, Heizen 1997: 78, Figes 1997: 687-690, 리브만 2007: 398-403, 박노자 2008: 128)

법원에서는 선출제였던 판사 임용 방식이 임명제로 바뀌었다.(리브만 2007: 405) 소비에트는 결정권의 상위 양도와 더불어 입법보다 더 우위에 있는 인민위원회와 당의 결정에 종속되어 국가와 당의 의지를 대중에게 연결하는 "전달 벨트"로 변했다.(안바일러 1986: 260-262) 경찰 기능을 하는 민병대는 관료 국가 기구로 재편성되었고 특히 비밀경찰은 더욱 확대되었다.(Frame 2016, 하태규 2016) 적군은 지휘관 선출을 폐지하고 전형적인 계급 사회의 상비군으로 재편성되었다.(박노자 2008: 137, 도이처 2017: 624) 외교 조직은 민주 외교에서 비밀 외교로 회귀한 데 따라 옛 제정 방식으로 복귀했다.(노경덕 2017) 이런 모든 과정은 내전과 맞물렸지만, 내전 이후에도 계속되어 스탈린 체제에서 확립되었다.

이렇게 국가가 강력해진 것도 민주주의의 실패와 상호작

용했다. 민주주의가 성공했더라면 국가는 소멸하기 시작했을 것이다. 각종 민주주의 장소에서, 조언 담당인 소비에트의 원래 취지대로, 인민의 정책 결정권을 상설 총회를 통해 발전시키면서 인민들에서 연례적 추첨으로 번갈아 선임되는 평의회를 조언과 집행 기구로 만들어 갔다면 국가는 강화될 필요 없이 계급의 소멸과 함께 사라졌을 것이다.

이런 이행기에 프롤레타리아 독재는 남아 있는 부르주아 계급(의식)에 대한 강제를 실행할 반국가로 나타나지만, 이 반국가는 계급과 함께 사멸해야 했다. 이런 계급들의 사멸은 지배 계급 출신들을 절멸시키는 방식이 아니라 이들의 사고방식과 행동 방식을 변형하는 작업을 통해서만 가능했다. 또한 프롤레타리아 계급도 함께 사멸해야 했다. 왜냐하면 프롤레타리아도 해방된 인간, 자유로운 인간이 되기 위해서는 계급적 사회관계들의 형식 규정의 산물인 계급 형식을 벗어야 했기 때문이다.

이를 실현하는 방법은 첫째, 공동 점유에 근거한 개인적 소유, 아래로부터의 참여 계획, 실제 노동시간 척도에 따른 자유로운 노동, 균형적 직군 등의 조건을 갖추는 것이었다. 파레콘(앨버트 2003)에서 처음 제안된 "균형적 직군"balanced jobs은 분업을 지양하는 마르크스적 방식이라고 할 수 있다. 이는 직업과 직무라는 사회적 역할 분담 자체는 유지하되 개인이 평균적으로 동등한 권한(실무자와 관리자 역할을 번갈아 수행)과 동등한 수고로움(위험하고 힘든 일과 안전하고 쉬운 일의 병행)을 지닐 수 있게 하는 것이다. 복수의 직업과 직무를 일생의 장기적 계획으로 선택할 수 있게 하여, 개인이 평생 한 가지 일에 매몰되어 다양한 잠재력을 지닌 인간성을 손상하거나 낮은 사회적 평가와 위신을 얻는 직업에 종속되는 분업의 폐해를 방지하고, 평균적으로 동등한 사회적 평가와 위신을 얻게 하여, 분업의 목적인 직업·직무적인 전문성·효율성은 유지·발전시키는 방안이다.

둘째, 출신 계급으로서 부르주아나 프롤레타리아가 아니라 해방된 인간으로 사고하고 행동하는 방식을 체득할 수 있는 상설 총회와 추첨 평의회에서의 상설적 토론, 결정, 집행의 실천적 통일, 혁명적 실천이었다. 하지만 혁명 러시아에서는 정반대로 부르주아 출신 인사의 선거권을 박탈하고 소비에트에서 배제하여,(리브만 2007: 269) 부르주아들의 계급의식을 역설적으로 강화했을 뿐만 아니라 일상의 선전·선동을 통해 역설적으로 프롤레타리아 계급의 형성도 촉진했다. 무엇보다 토지와 생산수단의 국가 소유에 따라 국가 경영자들과 기업 경영자들을 지배 계급으로 형성시켰다. 이렇게 계급의 소멸을 향해야 하는 이행기에서 계급이 강화되는 역설이 발생했다. 이 과정은 국가의 강화와 다시 맞물렸다.

이와 연관된 프롤레트쿨트 운동은 프롤레타리아 계급의 지양이 아니라 그 문화와 계급을 강화하려 했다.(리브만 2007: 407-408, 437) 즉자적 계급은 현상적 소득 원천이 구분되는 사회 관계들의 형식 규정의 산물이다. 이런 즉자적 계급 형식의 규정을 받는 노동자들(과 자본가들)이 투쟁 과정에서 소득 차이가 현상적 소득 원천의 차이가 아니라 노동력 사용의 결과인 필요노동과 잉여노동의 구분에 근거한 착취와 억압에서 나온다는 본질을 파악할 때 대자적 계급들로 전환되고, 노동자 계급은 계급 관계를 해체할 정치 투쟁에 나서게 된다.(하태규 2019c) 이런 계급의 지양은 균형적 직군으로 실현될 수 있을 것이다.

이런 관점은 혁명 러시아에서도 적용된다. 혁명 러시아에서도 현상적 소득 원천이 임노동(의 임금), 국가(경영 보수로서 조세), 기업(경영 보수)으로 구분되는 노동자 계급과 국가 경영자 계급과 기업 경영자 계급이 즉자적으로 형성되었고, 이들은 투쟁 과정에서 각자의 소득이 필요노동과 잉여노동의 구분에 근거한 착취와 억압에 기인한다는 본질을 자각하게 되면, 대자적 계급들로 전환될 것이었다. 역설적으로 혁명 러시아에서 프롤레타리아 계급의식과 적대감을 고취하는 선전·선동은 임노동의 객관적 현실을 반영하였지만, 이것은 현실에서 사라져 가는 사적 자본가 계급(의식)에 대한 것이었으며, 실제로는 국가 소유에 근거한 국가와 기업 경영자 계급에 대한 적대감을 호도하여 노동자들의 계급투쟁과 대자적 계급으로의 발전을 방해했다고 볼 수 있다. 이와 맞물려 개인의 직업 고착화에 의한 계급 형식은 다른 자본주의 사회와 동등하게 유지되고 강화되었다.

이렇게 당, 국가, 계급의 강화는 민주주의의 형해화와 상호작용을 통해 성취되었다. 이 결과 확립된, 당이 실질적 권력을 보유하고 껍질만 남은 소비에트를 사실상 대체한 관료국가가 법적 권위를 가진 계급 사회는 경제, 사회, 문화 정책들이 어떻게 추진되던 간에 사회주의로의 변형이 불가할 것이었다. 이런 불가능성은 다음에서 보듯이 마르크스 사회주의 구상에 대한 오해에서 나온 잘못된 이행기 정책들을 통해 확정되었다.

## 4. 사회주의 건설의 실패

10월 혁명 8개월 만에 벌어진 본격적 내전에 즈음하여 혁명 지도부는 공업 기업들의 전면적 국유화, 기업 경영의 일인 관리, 시장의 폐지, 식량과 주요 소비재들의 배급을 통해 경제를 국가가 운영하는 이른바 전시공산주의를 도입했다. 이를 통해 파괴된 경제를 유지하는 것은 가능했지만, 한편으로 이를 위한 곡물 징발에 대한 농민들의 반발과 노동의 군사화에 따른 노동자들의 의욕 저하로 인해, 경제 회복이나 오해한 방식이 아닌 진정한 공산주의로의 이행은 전혀 달성할 수 없었다.

이에 대한 반성으로 1921년부터 도입한 신경제 정책은 곡물 징발 대신 현물세를 통해 도시용 곡물을 조달하고 잉여물의 시장 교환을 허용하여 농업 생산을 장려하고 이에 힘입은 농민의 공업 수요를 자극하여 공업 생산도 촉진하려던, 시장자본주의로의 복귀 정책이었다. 이 신경제 정책의 성과로 1926-27년에는 1914년 이후 8년에 걸친 전쟁과 내전으로 파괴되었던 산업 생산이 전쟁 전 수준으로 회복되었다. 즉 내전 말기인 1920-21년에 공업 생산액은 세계대전 직전인 1913년의 5분의 1, 노동 생산성은 3분의 1, 석탄 생산과 소비재 생산은 4분의 1 수준이었지만, 신경제 정책의 효과로 1926-27년에는 대공업 생산이 세계대전 이전 수준을 넘어섰고 제조업, 건설업, 철도의 고용자 총 수는 비슷해졌다.(스미스 2007: 93, 128-129)

이에 따라 혁명 지도부는 다시 사회주의로의 이행을 생각하게 되었고, 이와 관련하여 사회주의 시초 축적 논쟁과 "한 나라 사회주의" 발전 전략에 관한 논쟁이 전개되었다. 사회주의 시초 축적은 사회주의 생산양식의 출발점을 만드는 과제를 일컫는다. 그래서 이것은 다른 것이 아니라 사회주의 생산관계를 형성하는 문제여야 했다.

시초 축적은 원래 자본주의 생산양식의 출발점 형성에 관한 것으로, 마르크스는 애덤 스미스의 물질적 시초 축적론을 비판하며 『자본론』에서 이를 다음과 같이 자본 관계, 자본가 계급과 노동자 계급 사이 관계의 축적을 의미한다고 서술했다. "면방적 기계는… 일정한 관계 아래에서만 자본으로 된다. …자본은 사회적 생산관계이다.", "자본 관계를 창조하는 과정은 노동자를 자기 노동 조건의 소유로부터 분리하는 과정… 이외의 어떤 다른 것일 수가 없다. …따라서 이른바 시초 축적은 생산자와 생산수단 사이의 역사적인 분리 과정 이외의 다른 일이 아니다."(마르크스 1867: 1054, 981) 마찬가지로 사회주의 시초 축적은 착취와 억압이 없는 자유로운 생산자들 사이에서 형성되는 사회적 관계의 축적을 의미해야 했다. 하지만 논쟁에 나선 주요 인사들의 관점은 생산관계의 변형이 아니라 물질적 기금의 축적 방안에 집중되었다.

좌익 반대파를 대변한 프레오브라젠스키는 "사회주의 시초 축적론"을 통해 시장에서 교환되는, 정책적으로 낮춘 농산물 가격과 공산품 가격 간의 차이에 의해 조성되는, 농민에서 공업 기업으로 가치가 이전되는 불평등 교환을 통해 공업 투자 기금을 축적하는 공업 우선 불균등 발전을 주창했다.(Day 1975: 216, 김남섭 1991: 241) 하지만 이는 기존 임노동자 계급을 더욱 확대하고 상대적으로 발전하던 농민 계급을 축소할 뿐 자유로운 생산자들의 관계를 만들 수는 없었다.

집권 우파를 대변하던 부하린은 프레오브라젠스키와는 반대로 "달팽이 기어가듯" 천천히 진행되는 이행기를 상정하고 기존 신경제 정책을 유지하여 시장에서 부를 축적한 농민에 대한 조세로 조달되는 공업 투자 기금을 형성할 것을 옹호하면서 농업과 공업의 균형 발전을 주창했다.(김남섭 1991: 214) 여기서도 기존 노동자 계급과 농민 계급의 유지 외에 자유로운 생산자들의 사회 관계로의 변형이라는 관점은 찾아볼 수 없다. 부하린에 반대하고 프레오브라젠스키와 견해를 같이 한 트로츠키는 추가로, 한 나라 안의 고립적 사회주의 건설이 가능하다고 본 부하린이나 프레오브라젠스키와 달리 자본주의 국제 분업에 참여하고 해외 무역을 통해 농산물의 수출 대가로 생산수단을 수입하는 시초 축적을 주창했다.(Day 1973, 1977, 정성진 1993: 265) 하지만 여기서도 자유로운 생산자들로의 사회 관계 변형이라는 관점은 없었다.

그래서 이 논쟁은 이행기의 생산관계 변형이라는 본질 과제를 망각한 채 인구의 대다수가 종사하는, 상대적으로 성장이 느리고 수준이 낮은 농업의 생산력과 상대적으로 비중이 낮은 공업의 생산력을 동시에 획기적으로 증대하는 방안에 집중되었다. 하지만 그 누구도 양 부문의 생산력 증대를 동시에 가속하면서도 문제를 낳지 않는 방안을 제시할 수 없었다. 부하린의 방안은 생산력의 발전뿐만 아니라 계급 관계의 변형도 미래로 미루는 방안이었다. 프레오브라젠스키의 방안은 "갱신된 내전"(Day 1977: 72) 없이 농촌에서만 축적 기금을 조달하는 불충분한 방안으로서 이를 넘어서는 과잉 수탈은 농민들의 불만을 증폭시켜 농업의 정체를 초래할 것이었다. 트로츠키의 방안은 자본주의 세계시장의 가치 법칙에 종속을 초래할 것이었다.

이것은 신경제 정책 아래 농업 중심의 고립된 자본주의 경제에서는 세계 자본주의와 비교할 때 농업 생산력이 상대적으로 더 낮을수록 공업 생산자의 원료 가격과 임금으로 반영되는 생산비는 더 비싸지고 그 결과 공업 생산력의 발전이 더 더디게 되어 이것이 공업이 제공할 농업용 생산수단을 비싸게 하여 농업 생산력의 상승을 더욱 더디게 하는 생산성 저성장의 악순환에서 빠져나올 방법이 없었기 때문이었다.

해답은 민주주의와 올바른 사회주의 구상의 결합 속에서 공업이든 농업이든 생산자들의 자유로운 노동과 자유로운 여가를 보장하는 방안이었을 것이다. 국가 소유가 아닌 공동 점유에 근거한 개인적 소유, 중앙집권적 계획이 아닌 참여계획, 평균노동시간이 아닌 실제 노동시간 척도, 직업적 고착이 아닌 균형적 직군 등의 조건 속에서 작업장의 자유로운 노동과 일상의 자유로운 여가를 촉진하기 위한 생산자와 소비자 총회와 평의회를 통해, 자신과 환경을 같이 바꾸는 혁명적 실천을 하는 인민들이 자기 창발성에 근거하여 생산력과 문화를 급속히 발전시킬 수 있었다. 특히 농민을 자유로운 생산자로 변형시키기 위해서는 농촌 공동체와 협동조합을 전국 연합으로 발전시켰어야 했다. 물론 이런 방안을 현실화하기 위해서는 소비에트를 넘어선 총회와 평의회에서 인민의 토론, 결정, 집행의 통일로서 혁명적 실천이 필수적이었다. 하지만 이러한 접근과는 정반대로 나타난 것이 바로 강제 집단화였다.

이러한 시초 축적 논쟁은 "한 나라 사회주의"의 발전 전략에 관한 논쟁과 연결되었다. 일반적으로 국제주의와 대립하는 개념으로 잘못 이해된 "한 나라 사회주의"는 혁명적 낭만주의가 아니라 현실주의에 근거해 보면 당연한 전제였다고 할 수 있다. 국제 연속혁명은 낭만적으로 기대할 수는 있어도 현실화될 수는 없다. 왜냐하면, 세계는 자본주의 단일 시장으로 연결되지만 동시에 다수의 민족국가로도 구성되어 있기 때문이다. 어떤 혁명도 나라 별로 국가를 타도해야 하는 조건에서, 나라 별 사회 경제적 유사성과 상호연관성이 아무리 높더라도 혁명 시도가 국제적으로 연속해서 발생할 가능성은 상대적으로 낮고, 그런 시도들이 연속으로 성공할 가능성은 더 낮고, 그런 성공한 연속혁명들의 사회주의로의 이행이 연속적으로 성공할 가능성은 더욱 낮기 때문이다. 따라서 사회주의 사회는 하나 혹은 소수의 나라에서 실존할 가능성이 매우 크다고 볼 수 있다.

이런 이유로 논쟁은 한 나라 사회주의를 전제한 채 발전 전략으로서 고립주의 대 통합주의로 전개되었다. 수년 동안의 논쟁 후반기에서 고립주의를 대변한 스탈린은 한 나라에서 고립적으로 사회주의가 발전할 수 있다는 관점을 가졌고, 통합주의를 대변한 트로츠키는 한 나라의 사회주의가 생존 발전하기 위해서는 자본주의 세계 시장에 통합되어야 한다고 보았다. 이런 트로츠키의 통합주의는 혁명적 현실주의 관점에서 농업이 중심인 생산력이 낮은 한 나라 사회주의가 생존하고 발전할 방안을 제시한 혜안의 산물이었지만, 그런 통합이 생산관계의 변형과 동시에 실현되어야만 한다는 점을 간과했기에 한계가 있었다.

앞서 보았듯이 농업 중심의 고립된 한 나라 자본주의 경제는 낮은 생산력을 세계 자본주의보다 빨리 발전시킬 방안이 없었으며, 이를 돌파할 방안은 우선 사회주의 생산관계의 형성이었다. 이런 조건이면 자유로운 노동을 통한 생산성의 급속한 증대를 기대할 수 있었다. 여기서 사회주의가 자본주의보다 더 우월한 생산양식이라면 자본주의 세계 시장과의 통합을 통해 발전하는 것을 두려워할 필요가 없다는 점을 상기할 필요가 있다. 트로츠키는 이러한 측면에서 올바른 견해를 제시했지만 이런 통합이 자본주의에 종속되지 않기 위해 요구되는 조건 즉 생산관계의 변형에 대한 사고를 발전시키지 못한 한계를 지녔다.

이런 세계시장과의 통합을 부정하고 고립을 전제한 뒤 사회주의 시초 축적의 딜레마를 해결하려던 방안이 스탈린의 강제 농업 집단화였다. 이 방안은, 한편으로 농민의 부를 강탈하여 공업에 투자할 물질적 축적 기금의 확보 문제를 해결했으나 다른 한편으로 농민 소유자를 토지와 분리하여 그 토지를 소유한 국가에 종속된 농업 프롤레타리아로 변형했기 때문에, 사회주의 생산관계가 아니라 자본주의 생산관계를 창출한 것이었다. 왜냐하면, 토지를 전부 소유한 국가는 사회주의 생산관계가 아니라 자본주의 생산관계 형식 규정의 산물이기 때문이다. 국유화된 토지를 전제한 자본주의는 이론적으로도,("요컨대 자본은 사적 소유로서 토지 소유를 해체하고, 이것을 국가에 이전시키고자 한다. …그리하여 내부 사회 전체를 자본가들과 임노동자들로 전환하고자 한다."(마르크스 1858a: 283)) 중국, 싱가포르 등의 현실에서도 증명된다.

사회주의는 국가가 소멸할 때 시작된다. 연합한 생산양식, 자유로운 인간들의 연합은 국가의 소멸을 전제하고 땅과 생산수단의 공동 점유에 근거한 개인적 소유, 생산과 소비를 인민이 공동으로 작성하는 참여 계획, 실제 노동시간 기준, 균형적 직군 등의 조건에서 "각자가 일한 시간만큼 분배받는" 첫 번째 국면의 공산주의를 거쳐 더 높아진 생산력에 따라 "능력에 따라 일하고 욕구에 따라 분배받는" 더 높은 국면의 공산주의로 발전한다. 협동조합이나 농촌 공동체와 같은 맹아적 사회주의 형식들을 전국 연합으로 발전시켜 연합한 생산양식, 자유로운 인간들의 연합을 형성할 방안을 무시하고 국가 폭력으로 전국 연합의 외형만을 달성한 이 국유화는 민주주의의 형식상의 확장에 부수한 내용적 전도를 집단농장에서 재현한 것이었다.

이러한 오해된 사회주의, 국가자본주의 시초 축적 프로젝트를 완성한 것이 5개년 계획이었다. 이 5개년 계획은 농민이든 노동자든, 직접 생산자들 일체의 참여 없이 상명하달로 작성되고 집행되는 중앙집권적 계획으로서 모든 직접 생산자들을 국가에 종속된 임노동자 계급으로 확립한 것이었다. 이렇게 스탈린의 "사회주의 시초 축적"과 "고립적 한 나라 사회주의" 프로젝트는 노동자와 농민을 프롤레타리아 계급으로 확립하고 관료국가를 착취자로 확립한 국가자본주의의 출발점을 형성했다.

이 출발점에서 혁명 러시아에서는 수동적 노동자 계급을 외연적으로 포섭한 (국가) 자본주의 생산양식이 재확립되었고, 이 생산양식은 천연자원과 노동시간의 착취, 절대적 잉여가치 생산에 근거한 외연적 성장—이것은 러시아의 풍부한 자원에 따라 당대의 후발 자본주의 발전으로서는 괄목할 정도였을지라도 자원과 노동력의 고갈에 따라 한계에 봉착할 방안이었다—이 아닌 기술 혁신, 상대적 잉여가치의 생산에 근거한 내포적, 진정한 자본주의 성장을 실현하지 못한 채(Chattopadhyay 1994) 붕괴할 수밖에 없었다.

이것은 인민의 자유를 억압한 관료국가 경제(국가자본주의) 체제의 귀결인데, 직접적으로는 경제 자체에서 유기적 구성의 고도화에 의한 이윤율 하락의 결과였다. 소련 경제에서 유기적 구성의 고도화를 낳은 가치 법칙의 작동은 1) 상품 가격을 통해 실현되는 가치 법칙 2) 우선 무기 산업 분야 발전을 장려한 체계적인 가격 조작 3) 현실적 혼란의 종합으로서 왜곡되면서 관철되었다.(Haynes 2002)

그 결과 소련 경제는 후발 자본주의 나라에서 일반적으로 추진하는 인력과 자원의 양적 투입을 통한 절대적 잉여가치 생산 중심의 성장에는 성공했으나, 장기적으로 관철된 유기적 구성의 고도화와 이윤율 하락으로 인한 위기에 봉착하면서, 노동자들의 은밀한 투쟁에 의한 절대적 잉여가치 생산의 한계에 더해 창조적 자본 파괴나 부문 간 자본 이동을 막는 경직된 관료국가 경제 체제로 인해 붕괴했다. 이렇게 혁명 러시아가 인민의 혁명적 실천을 반영할 민주주의를 실현하는 데 실패했고, 잘못된 사회주의 구상과 결합하면서, 혁명을 성공적으로 출범시켰음에도 이행에는 실패할 수밖에 없었다는 점을 확인할 수 있다.

## 5. 민주주의와 결합한 사회주의 혁명

3장에서 필자는 혁명 이후 러시아에서 자본주의 민주주의를 넘어선 새로운 민주주의를 실현하려던 시도가 실패했기 때문에 사회주의로의 이행도 실패했다고 주장했다. 이런 서술의 논리적 결론은 향후의 새로운 사회주의 혁명과 건설은 올바른 사회주의 구상과 결합한 올바른 민주주의의 실천을 통해서만 성취될 수 있다는 것이다.

이런 논리적 결론은 두 가지 점에서 부연할 필요가 있어 보인다. 첫째, 마르크스의 방법 즉 환경의 변경과 인간의 자기 변화를 일치시키는 혁명적 실천과 이것의 현실 전개로서 모든 사물과 사태의 내용과 형식 사이의 변증법적 모순과 지양 운동에 대한 이해가 혁명 운동과 전략에 주는 함의이다. 그람시와 알튀세르는 마르크스의 방법을 구조주의로 오해하고 자본주의 생산양식을 강고한 구조의 산물로 이해하여 결국 혁명적 비관주의에 빠졌다. 마르크스는 모든 사물과 사태는 내용과 형식 사이의 모순적 통일로 실존하기 때문에 결코 강고한 구조가 아니라 인간의 실천으로 변화하고 발전하는 내용에 따라 끊임없이 현존 형식이 지양되는 과정이라고 이해했다.

물론 모든 사물과 사태에서 내용과 조응하여 안정적으로 실존하는 형식의 시간 길이(생명 주기)는 각각 다르다. 개별 상품 형식이나 화폐 형식이나 각종 자본 형식이 지양되는 시간은 『자본론』의 서술이 보여주고 우리가 일상에서 경험하듯이 상대적으로 매우 짧다. 국가 형식이나 사회적 형식 혹은 생산양식은 상대적으로 매우 길고 일상에서 경험하기 어렵다. 하지만 어떤 형식의 사물이든 사태든 이것이 인간 실천의 산물인 한 변화 발전에 노출되고 내용과 형식 사이의 변증법적 모순과 지양의 운동에서 벗어날 수 없다. 그러므로 자본주의 국가나 생산양식을 구조주의적으로 이해하여 혁명적 비관주의에 빠질 이유는 전혀 없다. 그 모순을 과학적으로 이해하는 것이 정치경제학 비판이고 그 논리적 결론이 사회주의 구상이다.

자본주의 모순을 정확하게 파악하는 일은 비록 사회주의의 청사진을 주지는 않지만 개념적 사회주의 구상을 비교적 뚜렷하게 제공한다. 이런 구상은 시행착오를 반복하는 실천 과정에서 인간의 사고 방식과 행동 방식의 지양 운동으로 구체화할 것이다. 그래서 인간 변화와 환경 변경의 일치로서 혁명적 실천을 이룰 것이다. 이렇게 우리는 마르크스의 방법을 통해 혁명적 낙관주의를 충분히 견지할 수 있다.

뒤집어서 구조주의에 대한 반발로 주체를 강조하는 논의들이 있다. 아나키즘부터 자율주의까지가 이런 흐름을 대표한다. 이런 흐름은 구조의 강고함을 암묵적 혹은 무의식적으로 전제하고 그것의 역편향으로 자율적인 무정형의 개인, 일반 대중, 다중을 강조하면서 당이나 혁명 조직을 부정한다. 그래서 인간이 관여하는 모든 사물과 사태가 항상 내용과 형식의 변증법적 모순과 지양 운동의 과정에 있다는 마르크스의 방법을 버려 버린다. 그 결과 이런 관점의 운동은 항상 주관주의적 실천의 오류에 빠지게 된다. 왜냐하면, 이 관점은 객체와 주체의 현존 형식을 도외시하기 때문이다. 아나키즘이나 자율주의가 아니더라도 주체 형성을 강조하는 다른 대부분의 논의도 환경 변경과 인간 변화의 통일을 망각하기 때문에 주관적 당위론에 빠지기 쉽다.

그렇다면 당과 좌파 정치 조직들은 지난 100년 동안 경험했던 혁명 운동의 실패를 어떻게 극복할 수 있을까? 그에 대한 답은 바로 민주주의 실현의 성공에 있을 것이다. 볼셰비키당은 민주주의를 도입하는 데 실패했기 때문에 후원과 조정을 통해 인민의 혁명적 실천을 촉진하는 데에도 실패했다. 이것은 10월 혁명의 성공이 관성의 법칙에 따라 당의 변신을 방해한 결과였다. 이러한 볼셰비키당의 실천 방식 혹은 레닌주의를 고집하는 혁명가들은 그런 관성을 지금까지도 유지하고 있다. 물론 그 동안 레닌주의를 버린 모든 좌파 세력이 대리주의(대의제)나 관료주의, 국가주의, 아나키즘에 빠져서 개량주의로 흘렀던 역사 속에서 레닌주의 외에는 대안이 없다고 느꼈을 심정은 이해할 만하다. 하지만 지난 100년 동안의 실천 운동을 반성해 보고, 마르크스와 레닌의 이론을 진지하게 (재)해석해 보았을 때, 그것이 가리키는 대안이 민주주의라는 점은 분명하다. 당과 국가의 독재가 아닌 모든 인민의 능력에 대한 믿음으로서의 민주주의가 프롤레타리아 독재이고, 중앙집권주의가 아닌 민주적 토론과 결정의 상설 총회와 집중적 조언과 집행의 추첨 평의회 사이의 종합이 민주집중주의일 것이다.

당이나 사회운동 조직은 선거를 통해 지도부를 구성하는 대의제와 관료주의가 아니라 상설 총회와 추첨 평의회를 통해 구성원 전체가 정책을 결정하고 돌아가며 정책 제안과 집행 책임을 맡는 민주주의를 실천해야 혁명을 촉진할 수 있을 것이다. 왜냐하면, 혁명은 그 정의 자체로도, 구성원 전체가 환경 변경과 자기 변화를 일치시키는 혁명적 실천을 통해 변화하지 않는 한 불가능하기 때문이다. 이렇게 민주주의를 통해 혁명적으로 변화하는 당원들이 다시 개별적으로 속한 일상 공간의 구성원들과 함께 현장 조직의 상설 총회와 추첨 평의회를 통해 자신과 환경의 변화를 일치시키는 혁명적 실천을 촉진할 때 사회 전체가 혁명적으로 변화할 것이다.

이때 직업 혁명가는 뒤틀어 말하면 일상의 직업을 가진 혁명가를 말하게 될 것이다. 혁명가들은 일상의 모든 사업장, 노동조합, 협동조합, 학생회, 교수회, 시민단체에서 당에서의 민주적 토론을 통해 만든 집중적 집행 방침을 가지고 후원과 조정 활동을 할 것이며, 일상의 상설 총회와 추첨 평의회를 통해 모든 구성원의 혁명적 실천을 후원하며 추동하게 될 것이다.

이런 민주주의에서는 세계의 모든 혁명적 사회주의 당에서 그러했던, 한 번 당수가 된 사람이 죽을 때까지 당수로 남는 관행이 석기시대의 유물로 보이게 될 것이다. 마찬가지로 노동조합총연맹, 대학교, 방송국, 국가 등등에서 직선제로 대표자를 뽑거나 좋은 책임자를 임명하는 것을 민주주의로 착각하는 전도 또한 자본주의 시대의 유물로 만들 것이다.

한국에서 30여년 전의 6월 항쟁과 7·8·9 노동자 대투쟁부터 지난 촛불 투쟁까지 10년마다 분출된 대중의 혁명적 열정을 대의제와 관료제가 아니라 민주주의의 내용과 형식으로 담아 낼 수 있었더라면, 사회주의 혁명도 남의 일이 아니었을 것이다. 지금도 늦지 않았다. 당과 혁명 조직부터 노동조합, 협동조합, 학생회, 교수회, 시민단체, 사업장 결사에 이르기까지, 모든 진보 운동은 민주주의를 실천하는 것을 통해 혁명의 실마리를 풀 수 있다.

# 4
# 21세기 사회주의의 민주주의 모델

이 장에서는 21세기라는 조건에서 실현될 사회주의에서 민주주의가 작동하는 모습, 일종의 민주주의 모델을 제시한다. 물론 이것은 청사진 혹은 설계도라기보다는 민주주의를 실현하고 발전시키는 과정에서 참고할 예시, 일종의 나침반일 뿐이다.

# 예비적 Q&A

Q: 21세기에 사회주의가 정말 가능할까요?

A: 사회주의는 자본주의 사회가 모순이 폭발하여 새로운 사회로 전환된 결과이므로, 21세기뿐만 아니라 자본주의 모순이 주기적으로 폭발하기 시작한 19세기 후반부터 이미 가능했습니다. 문제는 모순의 폭발에 따른 구질서의 붕괴 가능성을 활용하여 새로운 사회로 전환할 인간의 실천 능력입니다. 미래는 쉽게 예측할 수 없는 다양한 변수들의 함수입니다. 확실한 것은 21세기에 더욱 심화하는 모순이 폭발할 조건이 성숙하고 있다는 점이며, 인간이 이런 조건을 활용하여 실천할 수 있는 능력이 준비되어야 한다는 것입니다.

Q: 21세기에 자본주의의 모순이 심화하여 폭발할 것이라고 예측하는 근거는 무엇인가요?

A: 4차 산업혁명 때문입니다. 가치 법칙이 지배하는 자본주의에서는 항상 노동과 자본이 생산성 증대를 강요받고 이것은 노동을 절약하는 자본의 기술 혁신 경쟁으로 나타납니다. 4차 산업혁명은 이런 경향이 절정에 이른 것입니다. 4차 산업혁명은 생산성 증대

를 통해 생산 과정에서 노동의 비중을 극도로 축소하고 자본의 비중을 대폭 늘려 자본의 이윤율을 극도로 하락시킨 결과 자본주의에서 위기가 빈발하게 되는 구조적 조건을 만듭니다. 이것은 또한 대량 실업에 처한 노동자 계급이 생존 본능으로 반자본주의 투쟁에 나설 조건도 만들 것입니다. 또한, 발전하는 생산력 토대는 이에 조응하지 못하는 법률, 제도, 의식 등의 상부구조를 취약하게 하고 혼란에 빠뜨릴 것입니다. 이런 과정은 불균등하게 발전하는 자본들과 노동들 각각의 사이에서 벌어지는 치열한 경쟁에 따라 혼란 속의 경향으로 강제될 뿐 질서 있게 도래하여 예측하고 대처할 수 있는 현상으로 나타나지는 않을 것입니다. 결국, 자본주의 위기는 심화하는 모순이 폭발하면서 실제로 발발하고, 혁명적 정세의 토대를 마련할 것입니다.

Q: 자본주의 위기가 발생한다는 것과 사회주의 혁명이 성공한다는 것은 다른 이야기이지 않나요? 지난 150년 동안 여러 차례 자본주의 위기에도 사회주의 혁명은 성공하지 못했습니다.

A: 물론 그렇습니다. 따라서 위기를 혁명으로 전환할 인간의 실천 능력이 관건이 됩니다. 이 책이 지금까지 이야기한 것은 이런 인간 실천 능력의 핵심이 민주주의라는 점인데, 이것을 그동안 자각하지 못하고 실천하지 못했기 때문에 혁명에 성공할 수 없었다는 말입니다. 따라서 민주주의 실천 능력을 고양할 수 있다면 사회주의 혁명의 성공도 불가능하지 않을 것입니다.

Q: 민주주의 실천 능력이 사회주의 혁명의 성공을 담보한다는 주장은 추상적이고 잘 와닿지 않습니다. 확실하게 설명해 주면 좋겠습니다.

A: 우선 민주주의와 결합한 사회주의 혁명이 성공한 사회가 어떻게 민주주의와 사회주의의 결합을 통해 계속 번영하며 서로를 발전시키는지에 관한 그림을 이해할 필요가 있습니다. 이것을 이해한다면, 다음으로 이것을 성취할 방도 또한 잘 이해할 수 있을 것입니다.

## 자본주의 과두제를 넘어선다면

지난 3년간 촛불 정권의 성과에 대해 만족하지 못하는 사람이 필자만은 아닐 것이다. 적폐 청산, 재벌 개혁, 비정규직 철폐, 한반도 비핵화와 평화 공존, 소득 주도 성장 등 개혁 과제들은 어느 것 하나 제대로 달성되지 않고 있다. 더욱이 이런 개혁 과제들이 현 정권 내에서 달성될 가능성도 매우 낮다는 판단이 필자만의 예단은 아닐 것이다. 더 나아가 인류의 생존을 위협하는 온실가스, 미세먼지, 미세플라스틱 등의 환경 오염으로부터 해방, 2018년 한국 기준으로 1인당 3천 3백만 원(3만 달러), 4인 가족당 1억 3천만 원으로 평등하게 분배되는 소득, 일자리 걱정 없이 추구할 수 있는 노동을 통한 자기실현, 성·성적 취향·장애·나이·지역·민족·인종·학력·직업에 따른 차별의 철폐, 풍부한 자유시간을 통한 다양한 개성의 자유로운 발전과 같은 인류의 보편적 가치가 현 정권뿐만 아니라 가까운 장래에 실현될 수 있다고 보는 사람은 거의 없을 것이다.

사실 이런 개혁 과제나 보편적 가치는 실현할 수 없는 것이 아니라 실현하지 못하고 있는 것일 뿐이다. 왜냐하면, 모든 문제는 그 속에 이미 해결책을 내포하고 있기 때문이다. 관건은 문제에 대한 제대로 된 해결책을 발견하고 실행하는 것이다. 필자는 상기 과제나 가치로 표현된 저변의 문제들에 관한 해결책을 사람들이 발견하지 못하는 이유가 현 사회 체제가 역사적으로 일시적인 자본주의이고, 정치 체제가 과두제라는 점을 인식하지 못하거나 인정하지 않기 때문이라고 생각한다. 다시 말해 당면 문제들은 현 사회가 시효가 정해진 자본주의 과두제라는 점에서 나오고, 그 해결책은 사람들 대다수가 이 점을 인식하고 인정하는 데에서부터 나올 것이라고 본다. 즉 이런 인식과 인정을 통해 사람들이 자본주의를 역사의 뒤안길로 보내고 민주주의를 실현한다면, 상기 과제와 가치는 이미 달성되거나 달성될 전망 속에 놓일 것으로 생각한다.

더욱이 이런 시나리오가 21세기 안에 현실이 될 수 있다고 생각한다. 그래서 이 장에서는 우리가 자본주의 과두제를 지양하고 사회주의 민주주의를 실현하는 과제를 21세기 안에 달성할 수 있는 근거와 그것이 실현된 모습을 제시할 것이다. 우선 현대 민주주의가 과두제에 불과하다는 점을 다시 확인하고, 다음으로 이른바 4차 산업혁명으로 불리는 현대 자본주의의 발전하는 생산력이 자본주의 생산관계라는 외피와 공존할 수 없는 한계에 조만간 도달할 것이고, 이 모순의 폭발을 통해 사회주의 혁명이 현실화할 수 있다고 주장할 것이다. 또한, 이렇게 발전하는 생산력이 고대 아테네 식 민주주의를 도시, 나라, 세계 수준에서 실현할 수 있는 물질적 토대가 될 수 있다고 주장할 것이다. 이렇게 해서 이런 사회주의 혁명을 통해 실현될, 실행할 수 있고 지속할 수 있는 민주주의 모델을 제시할 것이고, 마지막에는 이런 미래의 민주주의 모델이 현재와 이행기에서 지니는 함의를 살펴보려고 한다.

## 1. 현대 민주주의의 실체: 과두제

이 절은 앞서 나온 내용과 일부 중복되지만, 현대 민주주의 비판을 종합하고 확인하기 위해 구성되었다. 현대 민주주의, 대의제 민주주의가 과두제이고 경조사 민주주의에 불과하다는 사실은 이미 강조했다. 그렇지만 거의 모든 사람이 민주주의를 생각할 때 대의제, 선거로 뽑은 대표자를 통한 공동체의 주요 사안에 관한 의사결정 방식을 떠올린다. 초등학교 반장부터 대학교 평의회와 총장, 동창회 회장, 노동조합 대의원과 위원장, 정당 대의원과 대표, 국회의원과 대통령까지 사회 전반에서 관철되고 있는 대의제가 민주주의라는 견해는 현재 세계적으로 통용되는 상식이다.

이런 허위의식은 18세기 이후 세계사적 사기를 통해 굳어졌고, 그래서 거의 모든 사람이 경조사 민주주의를 민주주의라고 믿고 있다. 하지만 18세기 말까지 민주주의는 상설 총회와 추첨 방식 즉 고대 아테네 식 민주주의를 의미했다. 현존하는 스위스 칸톤의 주민 총회인 란츠게마인데, 18세기 미국 뉴잉글랜드의 주민 총회인 타운 회의, 르네상스기 이탈리아 도시국가들의 추첨제, 현존하는 법원 배심원제가 이런 민주주의의 불완전한 잔존 혹은 부활 모습이라고 할 수 있다.(Hansen 1999, 주성수 2009, 소준섭 2011, Manin 1997, Altman 2011, 이지문 2012)

대의제는 적용상의 잘못 때문이 아니라 원리 자체가 민주주의에 반하기 때문에 민주주의의 구성 요소가 될 수 없다. 이 문제는 궁극적으로는 대의제에서 선출된 대표자가 당면 안건에 대해 유권자 혹은 공동체 구성원(이하 구성원)의 의사가 아니라 자기 주관에 따라 결정하기 때문에 발생한다. 현안에 대해 구성원의 의사에 구속되는 대의 방식은 실제로도 형식논리가 아닌 한 불가능하다. 앞서 확인했듯이 이것은 평의회에도 해당하고 소환으로도 해결할 수 없는 문제다. 만약 현안에 대해 구성원의 의사를 묻고 그에 복종하는 대표자를 상위 단위에 파견한다면, 단순히 구성원의 의사를 집계하는 것과 비교해 번거롭기만 할 뿐이고, 파견된 대표자가 구성원의 의사와 다른 결정을 내린다면, 그 전제를 부정하는 꼴이 된다.

오히려 현실에서는 현안을 숙의하면서 대표자의 생각이 바뀔 수도 있고, 또한 안건의 배경 상황이 숙의 중에 변할 수도 있으므로 구성원과 대표자의 의사결정 내용이 서로 다른 것이 자연스러울 수 있다. 그래서 대표자가 처음부터 의사결정을 자유롭게 할 수 있도록 위임받는 것이 일반적이게 된다. 일본에서 시작하여 한국에서도 정착된 'representation'을 대표가 아니라 대의라고 번역한 것은 뉘앙스 차이를 잘 반영한 선택이었다. 대표는 구성원의 의사를 충실히 반영한다는 의미인 데 반해, 대의는 탁월한 자, 엘리트의 통치라는 함의를 지니기 때문이다.(이관후 2016) 그렇기에 부르주아 혁명 이후 역사에서 영국·미국·프랑스 대의제는 구속적mandate 대표나 상설적 소환을 없앴다.(Banin 1997: 163-167)

이런 상황 때문에 앞서 보았듯이 마르크스는 대의제가 형식상으로도 내용상으로도 모순이라고 지적했다. 이렇게 자유롭게 위임받은 결과 대표자는 구성원의 심부름꾼에서 구성원의 의사를 좌우하는 지배자로 변하게 된다. 그래서 루소는 대의제 아래에서 인민은 선거날 하루만 자유로운 노예라고 했다. 대의제의 영국에서 주권자 인민이 "자유로울 때는 오직 의회의 대표를 선출할 때뿐이며 일단 선출이 끝나면 노예"가 된다.(루소 2002: 116)

이런 대의제가 민주주의의 핵심 원리가 된 것은 앞서 보았듯이 1770년대부터 1830년대까지의 "혁명의 시대"(Whedbee 2002: 68)에 미국과 프랑스 부르주아 혁명과 그 여파가 유럽으로 확산된 과정에서 찾을 수 있다. 미국 건국의 아버지들, 연방주의자들은 고대 아테네 식 민주주의가 아니라 고대 로마 식 대의제 공화정을 추구했다. 대의는 고대 로마에서 호민관, 집정관, 원로원, 원수 등의 구성 원리였고(기번 2010: 91-96, Hopkins 1978: 29, 59, 94-95, Manin 1997: 46-51) 아테네에서는 과두정의 원리였다.(Aristotle 2011: 1294b 8-10, 105쪽) 민회에서 결정하고 집행할 대표를 추첨으로 선임하는 아테네 민주정과 결정할 대표를 투표로 선출하는 로마 공화정, 이 두 정체 사이에는 시민을 구성원으로 삼는 동질성에도 불구하고 만리장성과 같은 장벽이 놓여 있다. 이런 질적 차이에 대한 인식은 18세기까지 이어졌다. 참고로 민주주의, 민주정, 민주제, 민주국이 'democracy'의 번역어이듯, 공화주의, 공화정, 공화제, 공화국은 'republic(anism)'의 번역어이다.

이렇게 고대 아테네 식 민주주의 대신 고대 로마 식 대의 공화정을 추구한 명분은 민주주의는 다수의 횡포로 소수를 억압할 뿐만 아니라 소국이 아닌 대국에는 적용할 수 없다는 이유 때문이었다. 매디슨은 연방주의자의 강령이라고 할 『연방주의자 논설』 14번과 10번에서 다음과 같이 썼다. "민주주의에서는 국민이 직접 정부를 구성하고 운영하며, 공화국에서는 국민이 그 대표들과 대리인들을 통해 정부를 구성하고 운영한다. 결과적으로 민주주의는 작은 범위에만 국한될 것이고 공화국은 넓은 지역으로 확대될 수 있다.", "순수한 민주주의… 다수는… 약한 정당이나 역겨운 소수를 희생시키려는 성향을 지니고… 그러한 민주주의는 언제나 소란과 분쟁의 연속이었고… 공화국… 정부는 다른 가능성을 열어 주고 우리가 추구하는 (다수의 횡포를 방지하고 넓은 지역으로 확장하는—인용자) 해결책을 약속한다."(해밀턴 외 1995: 85, 65)

이런 논의들은 건국의 아버지들이 정확하게 민주주의가 아니라 공화정, 향후의 "대의제 민주주의"를 추구하는 목적의식을 지녔음을 보여준다.(Wood 1996: 122-123, Finley 1985: 10, 달 2005: 77-82, 251-254) 이들이 민주주의가 아닌 공화정을 추구한 실제 목적은 토지 없는 "폭도"들과 소농의 민주적 지배로부터 노예 소유 대토지 소유자들, 상업과 산업에 종사하는 "화폐 소유자들"의 계급 이해를 보호하기 위해서였다. 그래서 이들은 처음에 헌법상 투표권에서 노예 배제뿐만 아니라, 재산권 하한을 설정하려고 했다.(비어드 2009: 2장, Asimakopoulos 2014: 45-46, 2016: 432)

물론 실제 헌법 비준 과정에서 주요 재산의 성격이 서로 다른 남부와 북부 주 모두에 알맞은 법적 기준을 세울 수 없었던 점 때문에 의도와는 달리 재산권 제한은 없어졌다. 대신 연방주의자들은 타운 회의 민주주의 전통을 일부 반영한 반연방주의자들의 소규모 선거구에 근거한 주권적인 주들의 연합 규약Articles of Confederation 안을 무산시키고 대규모 선거구에 근거한 연방정부로의 권력 집중, 상하 양원, 대법원의 법률 심사, 연방 상비군 등을 구조화한 연방헌법을 제정했다.

이 과정에서 반연방주의자와 연방주의자 사이의 핵심적 논쟁은 유권자와 대표 간의 비례성의 정도 즉 선거구의 크기를 정하는 데 있었다. 보다 민주적 지향의 반연방주의자는 유권자와 대표의 "환경", "태도", "감정"에서 "유사성" 혹은 "동일성"을 확보하기 위해 작은 선거구를 주장했고, 연방주의자는 반대로 "지식", "재능", "재산"에서 "탁월한 사람"이 대표가 되기에 좋도록 큰 선거구를 주장해서 관철했다.

하지만, 현실에서는 선거구의 크기에 상관없이 유권자들이 탁월한 사람을 대표자로 선택하는 것이 일반적이다.(Manin 1997: 102-129) 그러므로 선거구의 크기에 상관없이 인민의 진정한 대표자가 선출될 가능성은 거의 없었다. 그러함에도 만에 하나 선거를 통해 실제로 인민의 민주적 지배가 작동한다면, 하원을 통과한 법률을 재심하는 (인구 비례가 아니라 주별 동수로 구성한) 상원에서 방어벽을 형성할 것이고, 이것이 실패하면 법률안을 인민의 의지 위에서 심사하는 대법원이 2차 방어벽이 될 것이고, 이것마저 실패하면 과두제가 지배하는 연방 군대가 인민의 민주적 지배를 방어할 수 있다.(달 2005: 3장 참조, Asimakopoulos 2014: 54, 2016: 432) 이런 이유로 민주주의의 핵심 원리라고 상찬되는 삼권분립의 견제와 균형은 사실 인민의 지배를 방지하려던 반민주적 의도의 산물이었다. 결국, 이렇게 성립한 미국의 정체는 인민의 지배를 방지한 토대에서 지배 계급의 과두제를 제도화한 것이었다.(Wood 1996: 122-123, Finley 1985: 10, 달 2005: 95-100, 129-140,

비어드 2009: 95, 235-236)

프랑스 대혁명을 통해 성립한 제1공화국의 정체도 대의공화정으로서 과두제의 제도화였다. 이것은 민주주의를 반대하고 "대의정부"를 옹호한 시에예스가 제1공화국 헌법의 설계자라는 점에서 잘 드러난다. 급진파 자코뱅, 온건파 지롱드와의 경쟁에서 승리한 보수 자유주의파의 시에예스는 지롱드 콩도르세가 옹호한 "대의민주주의" 개념이 타당하지 않다고 보면서, "대의정부" 개념을 사용했다. 시에예스에게 대의정부는 "민주정, 귀족정, 군주정의 장점"의 혼합체이고 정당한 정부였는데, 이것은 민족의 통합된 의지를 입법기구로 이전하고 그 속에서 숙고하게 하는 선거 행위의 산물이었다. 그에서 선택지는 모든 시민이 입법에 직접 참여하는 "순수한", "조악한" 민주주의이거나 아니면 즉각 입법권을 양도하는 것이었다.(Urbinati 2004: 58-59, Manin 1997: 3)

또한 과두제의 제도화는 프랑스에서도 제도적으로 실현된, 민의를 "대의"하는 대표자는 인민보다 뛰어난 사람이어야 한다는 "탁월함의 원리"(Manin 1997: 3장)로도 드러난다. 혁명 프랑스는 가장 급진적인 국민공회 시기에 보통선거제를 도입했음에도 불구하고 입헌의회 이래 간접선거제(재산 자격에 따라 선출되는 선거인단이 다시 대표자를 뽑는 제도)를 유지했다. 그래서 혁명기를 통틀어 부자들이 선거인단을 지배했고, 보통선거제의 국민공회조차도 "농민에 의해 선출된 (부르주아) 변호사의 의회"였을 따름이다. 혁명기 영국도 사회적 지위와 위신을 “존중”하는 전통과 과도한 선거 비용에 따라 부자들만 입후보할 수 있는 현실에서, 1710년에 법제화한 투표권 재산 자격제를 통해 “탁월함의 원리”를 실현했다.(Manin 1997: 96-101) 이런 식으로 “혁명의 시대”에 대부분의 부르주아 혁명가들은 “인민에 의한 정부를 명시적으로 반대”(Manin 1997: 232)했고, 이들이 건설한 대의정부는 민주주의를 반대하려던 의도의 산물로서 과두제 공화정을 구현했다.(Manicas 1988, Wolin 1996: 66-68, Urbinati 2004: 54, Wood 2016: 213, 230-231)

이렇게 정착된 대의 과두제 공화정을 민주주의라고 포장한 것은 1820년대 미국에서 잭슨 대통령의 민주당 깃발 아래에서 시작되었다.(Hansen 1992: 23) “대의민주주의”라는 용어는 해밀턴이 어떤 편지에서 1777년에 처음 사용했고, 프랑스에서는 콩도르세가 자기 저서(1787-88년)에서 처음 사용했다.(Hansen 1992: 23, Urbinati 2004: 72 각주 23) 이렇게 해서 1820년대부터 대의 과두제는 대의민주주의, 더 나아가 민주주의 자체로 불릴 수 있게 되었다. 19세기에 절대왕정을 타도하려고 시도한 혹은 타도했던 유럽 각지의 중간 계급 부르주아들은 그들의 과두제를 보장하는 대의 공화정을 추구하면서도 민주주의자로 불릴 수 있었다.

노동자 계급, 여성, 유색인종이 19세기 말부터 20세기에 걸친 각고의 투쟁으로 보통선거권을 쟁취했지만, 이것은 이미 확립된 대의 과두제 틀 안에서의 개혁일 뿐이었다. 이미 확인했듯이 선거 자체가 “탁월함의 원리”를 실현하는 도구이다. 선거의 본질적 원리는 자유롭게 비밀로 투표하면 할수록, 자의적으로 투표할 수 있는 "유권자가 후보자를 불평등하게 취급"한다는 것, "선택의 상황이 후보자의 탁월함을 요구"한다는 것, 특정 후보자가 "주의를 끌어내는 데에 현저한 이점"을 지니게 된다는 것, 다른 후보자가 선거운동을 통해 그 현저함을 지닌 후보자를 상쇄하는 데 드는 "정보 파급의 비용"이 과도하게 된다는 것이다. 이러한 원리에 의해 관철되는 것이 선거의 본질적 원리이다. 따라서 19세기와 20세기에 걸친 재산권 제한의 폐지와 보통선거의 보편화가 대의 과두제라는 본질을 변화시키지 않는다. 이것은 선거election와 선량elite의 어원이 같다는 사실로도 시사된다.(Manin 1997: 4장) 결국, 미국과 유럽 민주주의를 모델로 삼은 20세기 제3세계 신생국의 민주주의도 부르주아 계급의 과두제를 보장하는 대의제의 세계적 확산일 뿐이었다.

그렇다고 우리가 대의제 민주주의의 기본 이념인 자유, 평등, 인간 존중을 부정할 필요는 없다. 오히려 3대 이념은 인류의 보편적 가치로서 심화시켜야 할 대상이다. 문제는 대의제가 이 이념을 실현할 정체 구성을 과두제로 전복시켜서 형식적으로 보장하는 데 그칠 뿐이라는 점이다. 그래서 "실질적 민주주의" 논의가 나오게 된다. 하지만, 형식과 내용이 통일되어야 하듯 이념의 형식이 과두제인 한, 이 이념은 허구로만 실현될 수 있다. 이것은 자본주의 시장에서 자유, 평등, 소유, 행복을 보장하는 낙원이라는 환상이 작업장과 일상에서는 사적 소유의 착취와 억압의 지옥으로 전도되는 것과 유사한 전도가 공적 영역에서 발생하는 것이라고 할 수 있다.

그렇다면 이른바 "현실 사회주의"가 민주주의를 실현했다고 할 수 있을까? 이에 대한 답은 전적으로 아니오이다. 오히려 여기서도 유사한 이중의 전도가 발생했다. 착취와 억압으로부터 인민을 해방했다는 "사회주의" 소련은 가치 법칙과 계급, 국가, 당을 통해 착취와 억압을 온존하면서 소비에트 과두제를 성립시켰다. 이런 이중의 전도는 러시아 혁명의 실패에서 기원한다. 노동자와 농민의 혁명적 봉기의 산물로서 민주주의를 실현할 가능성을 지녔던 소비에트를 전복시킨 러시아 혁명은 민주주의 실현에 실패했기에 사회주의 건설에도 실패할 수밖에 없었고, 국가자본주의 과두제를 형성하는 것으로 귀결되었다. "현실 사회주의" 블록과 중국, 북한 등은 이것의 단순한 모방으로서 노동자와 인민의 착취와 억압을 확대 재생산할 뿐이었다.

그럼, 마르크스의 공산주의 자체가 민주주의를 부정하는가? 이에 대한 대답은 결코, 그렇지 않다는 것이다. 마르크스의 민주주의 개념은 일부의 오해와는 다르게, 공산주의에서야 자유, 평등, 인간 존중 이념의 내용과 형식이 일치하는 전면적이고 완전한 민주주의가 가능하다는 것이다. 이것은 상설 총회와 연례적 추첨을 구성 원리로 하는 고대 아테네 식 민주주의의 부정의 부정을 통한 부활에서 실현될 수 있다.

## 2. 이른바 4차 산업혁명이라는 토대 변화

현재 4차 산업혁명이라는 유령이 세계를 배회하고 있다. 19세기 중반의 공산주의 운동이 실제였듯 21세기 초반의 4차 산업혁명도 실제이다. 4차 산업혁명은 예상컨대 21세기 중반까지 정보통신 기술의 발전에 따른 자동화와 인공지능화를 바탕으로 세계적 범위에서 산업 전반과 일상생활에 일대 변혁을 초래할 것으로 예측된다. 4차 산업혁명 논의의 출발점은 다보스포럼에서 슈밥Schwab이 제공했고, 독일의 "산업 4.0 프로젝트"와도 겹치면서 논의가 확산하고 있다.(노명환 2018)

이것의 내용을 요약하면 다음과 같다. 4차 산업혁명은 산업화가 심화하면서 다른 모든 산업으로 파급 효과를 낳고 있는 정보통신 기술을 기반으로 향후 산업화에 가세할 생명유전공학·환경공학·우주항공학·나노·문화콘텐츠 기술 등과 융복합 효과를 내면서 인공지능, 사물인터넷, 빅데이터, 클라우드, 양자컴퓨터, 기계학습, 3D 프린터, 드론, 자율주행차, 초고화질 방송, 가상현실, 증강현실, 홀로그램, 핀테크, 블록체인, 암호화폐, 모바일 로보틱스, 공간 정보 기술, 5G 이동통신 등의 응용 기술로 실현될 자동화와 인공지능화를 바탕으로, 제조(스마트 공장)·농사(스마트 농장)·건설·서비스·유통·금융·교통·통신·방송 등 모든 산업, 가정(스마트 홈)과 도시(스마트 시티) 등 모든 일상생활, 정부(스마트 정부)와 공공 영역을 총체적으로 변화시켜 인류에게 상상을 불허하는 편리함과 즐거움을 제공할 것으로 예측된다. 그런데 이 혁명은 과학적 분석이 가능한 과거사가 아니라 현재 진행형이고 미래에 전모가 드러날 일이기 때문에 아직 그 내용과 성격을 학술적으로 서술할 수는 없다. 그러함에도 지금 당장 논의가 필요하다. 왜냐하면, 산업혁명이 낳는 급속한 물적 토대의 변화는 사회 전반의 급격한 변화도 초래하여 지금 여기 우리가 엄청난 충격을 받을 것이기 때문이다.

우선 용어부터 보자. 현재의 산업혁명은 18세기 후반부터 19세기 중반에 걸친 영국의 원래의 산업혁명, 19세기 후반부터 20세기 중반까지 독일, 미국, 일본 등으로 확산한 2차 산업혁명, 20세기 후반부터 세계적 범위로 확산한 3차 산업혁명에 이어지는 새로운 산업혁명이라는 의미로 4차 산업혁명이라고 불리고 있다. 하지만, 필자는 현 산업혁명은 20세기 후반의 정보통신 기술 혁신의 심화이기 때문에 3차 산업혁명이라고 부르는 것이 타당하다고 생각한다. 3차와 4차 산업혁명론의 비교 논의는 나중규 외(2017), 송성수(2017), 이성우(2017), 이충한(2018)을 참조할 수 있다.

다시 말해 1차 산업혁명이 생산에서 기존의 불규칙적·국소적인 자연 에너지 기반의 가내수공업·공장제 수공업 방식을 규칙적인 증기 에너지 기반의 공장제 기계화 방식으로 혁신하고, 인류에게 값싼 일상용품을 대량 공급하고 소비하게 하는 혁명적 변화를 초래했다면, 2차 산업혁명은 광범한 지역에 신속히 공급되는 전기 에너지를 기반으로 한 기계에 의한 기계 생산을 통한 공장 기계화의 전면화·대규모화, 화학 산업의 기계화에 의한 산업 소재와 일상생활 소재의 혁신과 확대, 기차·자동차·전신에 의한 교통 통신의 기계화를 통해 산업과 일상생활의 추가적인 혁명적 변화를 낳았다.

1960년대부터 시작된 컴퓨터와 1990년대부터 시작된 인터넷을 바탕으로 한 정보통신 기술의 발전은 엄밀히 말하면 최근까지도 해당 산업과 생활 분야에 한정된 혁신을 낳았을 뿐이다. 현 산업혁명은 이런 정보통신 기술의 발전이 지능 정보기술의 발전으로 도약하며 산업과 일상생활 전반을 혁신할 것이므로 진정한 3차 산업혁명이 될 수 있다. 더 나아가 끊임없는 기술 혁신에 따른 산업과 일상생활의 변화는 자본주의 생산양식의 특질이므로 현재의 산업혁명을 원래 산업혁명의 연속으로 볼 수도 있다.

『공산당 선언』에서의 다음 문구는 이러한 자본주의의 특질을 단적으로 표현하고 있다. "부르주아 계급은 생산 도구, 따라서 생산관계, 따라서 모든 사회적 관계를 끊임없이 혁명적으로 변화시키지 않고는 실존할 수 없다. …모든 굳고 노쇠한 관계들은 그것들에 관한 오래되고 귀중한 표상과 견해라는 호위병과 함께 일소되고 모든 새로이 형성된 관계들은 굳어지기도 전에 시대에 뒤떨어지게 된다. 모든 신분적이고 고정된 것은 증발하고, 신성한 것은 환속하고, 사람들은 마침내 그들의 생활 상태, 상호관계를 멀쩡한 정신으로 응시하도록 강제된다."(*MEW* 4: 465) 그러함에도 여기서는 혼동을 방지하기 위해 기존 논의대로 현 산업혁명을 4차 산업혁명으로 지칭하려고 한다.

필자는 4차 산업혁명의 다른 측면보다 발전하는 사회적 생산력이 생산관계와 모순에 빠지고 기존 생산관계가 더 이상의 생산력 발전을 가로막는 질곡으로 변하여 기존 생산관계를 해소하지 않을 수 없도록 만드는 측면에 집중하겠다. 이런 측면의 첫 번째 요소는 총고용 노동력의 급속한 감축이다. 어떤 획기적 연구(Frey et al. 2017)에 의하면, 향후 직업 중 47퍼센트가 늦어도 20년 안에 사라지고 창조적·사회적 지능 관련 직업만 남을 것으로 예측된다. 즉 컴퓨터화, 자동화가 지금까지는 정형적 노동에 한정되어 왔지만, 최근 기계 학습을 하는 인공지능의 빅데이터용 알고리즘들이 유형 인식에 의존하는 분야에 급속히 확산하면서, 광범위한 비정형적 인지적 직무에서도 컴퓨터가 인간 노동을 대체할 수 있게 되었다. 여기에다 기계 학습이 적용되는 발전된 로봇은 증강된 감각과 재간dexterity을 획득하면서 다양한 비정형 손노동 직무를 수행할 수 있게 되었다. 이것은 산업과 직업 전반의 성격을 바꿀 것이다.

미국 노동부 기준 702개의 직업을 컴퓨터화의 가능성에 따라 자동화될 저·중·고위험군으로 분류했을 때 47퍼센트가 늦어도 20년 안에 사라질 고위험군에 속한다.(Frey et al. 2017: 267, 그림 3) 대부분의 물류 수송, 사무 관리, 농업, 건설업, 제조업, 서비스업 노동이 이에 해당한다. 이런 급속한 1차 컴퓨터화의 물결은 복잡한 "지각"과 "조작"에 관련된 기술공학적 병목 때문에 "손재간", "손가락 재간", "좁은 작업 범위"를 요구하는 중위험군에서 속도를 늦출 것이다. 하지만 점진적 기술 진보로 인해 이런 중위험군도 결국에는 사라질 것이다.

현재로서는 예측하기 어려운 2차 컴퓨터화의 물결은 "예술", "독창성", "협상", "설득", "사회적 예민함", "보호와 돌봄"과 같은 창조적·사회적 지능과 연관된 기술공학적 병목을 극복하는 것에 달려 있다. 한마디로 체험 발견적heuristic 지식을 요구하는 CEO 같은 제너럴리스트 직업, 새로운 지식과 예술을 창조하는 전문가 직업은 컴퓨터화에 가장 덜 노출되는 저위험군이다. 이런 식으로 향후 20여 년간의 1차 컴퓨터화 물결은 중·저숙련 노동 관련 직업을 대부분 사라지게 하고 창조적·사회적 지능 직업만을 남기면서 노동시장의 절반 이상을 붕괴시킬 것이다.(Frey et al. 2017)

이것은 미국을 대상으로 한 예측이지만, 자본의 경쟁 동학과 맞물려 세계적 범위에서 약간의 시차를 두고 일반화할 것이다. 자본주의 역사를 통틀어 기술 혁신에 따라 인간 노동이 기계로 대체되는 과정은 항상 있어 왔지만, 이런 노동 "파괴 효과"보다는 신기술 분야 자본이 노동을 창출하는 "자본화 효과"가 더 우세했다.(Frey et al. 2017: 2장) 하지만, 현행 기술 진보에서는 자본화 효과보다 노동 파괴 효과가 훨씬 우세할 것으로 예상된다. 왜냐하면, 이번에 자본화 효과로 새로 형성될 수 있는 직무에서 창조적·사회적 지능 관련 노동

외에는 모두가 다시 대체될 수 있기 때문이다.(Harari 2018: 67) 이렇게 현행 기술 혁신은 늦어도 21세기 중반까지 세계 노동 인구의 절반 이상을 실업자로 만들 것이다.

두 번째 요소는 이런 총고용 노동력 감축의 동전의 뒷면으로서, 기술 혁신의 심화가 총자본의 유기적 구성을 높여서 이윤율 하락에 의한 자본주의 위기가 빈발하는 저변의 원인, 구조적 조건을 만들 것이라는 점이다. 먼저 마르크스의 이윤율 경향적 하락에 대한 다음의 논리적 증명을 보자. 우선 이윤율을 p'=s/(c+v)=(s/v)/((c/v)+1)로 표현해 보자. 여기서 기술 혁신에 따라 불변자본(c)은 늘고 가변자본(v)은 줄기 때문에 마지막 식에서 분모의 유기적 구성(c/v)은 물론 분자의 잉여가치율(s/v)도 점점 높아진다. 그래서 반대론자들은 어느 쪽의 상승 효과가 더 큰지 사전에 알 수 없으므로 이윤율(p')의 결과도 알 수 없다고, 혹은 잉여가치율 상승의 효과가 더 크다면 이윤율은 오히려 상승한다고 주장한다. 하지만 이것은 일차원적 접근에서만 옳다.

이 공식에서 노동자의 수라는 양적이고 시간적 차원을 추가로 고려하면 사태는 달라진다. 이론적으로 자본의 유기적 구성의 상승을 억제하는 요인은 아무것도 없다. 따라서 누진적 기술 혁신 과정에서 자본의 유기적 구성은 무한히 상승할 수 있다. 반면 잉여가치율 상승의 효과는 노동자의 수라는 양적 측면에서 절대적 한계에 봉착하게 된다.

이 점을 마르크스는 다음과 같이 표현한다. 잉여가치율이

100퍼센트에 근접하는 수준이었다가 기술 혁신으로 필요노동시간이 0 즉 잉여가치율이 무한대에 근접하는 상황을 상정하면, 그 결과 "지금 한 명의 노동자는 이전 두 명이 제공한 만큼의 잉여노동을 제공할 수 있으며 그 한도까지는 잉여가치율이 증대한다. 그러나 이 한 명의 노동자는 이전 세 명이 제공한 만큼의 잉여노동을 제공할 수 없을 것이며 따라서 잉여가치의 양은 감소하게 된다."(마르크스 1894: 280) 달리 표현하면 "하루 12시간을 노동하는 2명의 노동자는… 하루에 각각 2시간만을 노동하는 노동자 24명이 제공하는 것과 동일한 분량의 잉여노동을 제공할 수 없다."(마르크스 1894: 297)

피케티도 증명하듯이 인구 증가는 한계가 분명하고(피케티 2014: 98-102) 따라서 사회의 노동인구는 특정 시점에서 주어져 있다고 보아야 하는데, 자본 축적이 급격히 늘면 바로 한 명의 노동자가 세 명이 하던 노동을 수행해야 하는 상황이 발생할 수밖에 없다. 그러므로 일차원적 이윤율 공식을 넘어 노동자의 수라는 양적이고 시간적 차원을 고려하면 잉여가치율의 상승에도 불구하고 이윤율이 필연적으로 하락할 수밖에 없다는 점을 알 수 있다. 이러한 이윤율의 하락은 자본의 수익성과 유동성을 악화시켜 외부 환경의 변동과 충격에 취약하게 만든다. 결국, 이런 구조적 조건이 유발하기 쉬운 대형 금융 사고에 의한 금융시장의 경색, 자본 유출에 따른 환율 급등, 이자율 급등 등등의 다양한 충격에 취약한 개별 자본들의 부도, 즉 자본 파괴가 발생하고 연쇄 효과에 의해 광범한 개별 자본들의 파괴로 이어지면서 사회적 총자본의 재생산이 급격히 축소되는 자본주의 위기가 발생하게 된다.(브레너 2001, 클라이먼 2013)

이렇게 발생하는 주기적 위기는 반복되는 경기순환의 한 국면이기도 하지만, 동시에 자본 축적의 확대와 위기의 확대를 낳는 나선형 운동의 한 국면으로서 자본주의 생산양식의 붕괴 가능성의 표현이기도 하다. 여기서 한 가지 부언할 점은 'Krise' 즉 'crisis'를 위기로 번역하지 않고, 공황으로 번역하는 경향은 사라져야 한다는 점이다. 마르크스에게 일반적 위기general crisis는 자본주의 생산양식이 발전된 생산력(유기적 구성의 고도화)과 기존 생산관계(의 규정에 의한 사회적 형식 즉 생산양식) 사이의 모순(이윤율 하락)이 폭발하여 새로운 사회적 형식, 생산양식으로 지양될 가능성이 대두했음을, 즉 자본주의 생산양식 자체의 위기를 의미한다. 따라서 위기 국면에 사회 심리 요인에 의해 발생하는 화폐 태환 쇄도나 주식 투매와 같은 현상을 표현하는 언론 용어인 공황panic으로 위기를 대체하는 것은 위기의 의미와 실천적 함의를 왜곡하게 된다.

"경제" 위기라는 용어도 마찬가지인데, 마르크스는 한번도 경제 위기라는 표현을 사용한 적이 없다. "경제"라는 용어는 자본주의 생산관계의 역사적 특수성을 제거하고 초역사적으로 일반화하는(Paolucci 2015: 68) 주류 사회과학적 용어이다. 그래서 경제 위기라는 표현은 마찬가지로 자본주의 생산양식 지양의 계기로서 위기의 의미와 실천적 함의를 제거하는 역할을 한다. 즉 경제의 붕괴 가능성을 의미하는 경제위기라는 표현은 위기가 발전된 인간 실천, 발전된 생산력, 이로 인해 형성된 잠재적 생산관계를 보존하는 지양의 계기라는 점, 즉 위기가 기회라는 점을 망각하게 하고 또한, 마르크스 방법의 핵심인 자본주의 생산양식의 위기가 자동으로 사회 정치적 위기를 낳지는 않지만 그런 여지를 제공하고, 그래서 인간 실천이 관건이라는 점을 간과하게 만든다.

4차 산업혁명 시대에 이런 자본주의 위기의 구조적 조건이 갖추어지는 것은 그 핵심인 플랫폼 혹은 알고리즘 자본도 일부의 오해와 달리 경쟁적 연구 개발 투자를 통해 자본의 유기적 구성을 높이게 된다는 점에서 기인한다. 4차 산업혁명 시대에 구글, 페이스북 같은 플랫폼 혹은 알고리즘 자본은 가치가 거의 없는 이른바 공유재인 플랫폼, 알고리즘의 독점으로 독점 이윤이나 지대를 획득하기 때문에, 투자 자본 가치가 크지 않고 따라서 자본의 유기적 구성을 높이지 않는다는 오해가 있을 수 있다. 하지만 지금 시대도 자본주의인 한, 플랫폼 자본도 가치 실체가 추상노동으로 구성될 뿐이다. 따라서 플랫폼, 알고리즘의 연구 개발에 투자된 자본도 무형의 고정자본으로 축적되고, 여기서 획득하는 커다란 이윤은 특별잉여가치가 된다. 따라서 4차 산업혁명 자본도 연구 개발 투자를 통해 유기적 구성을 계속 높이게 된다.

이 연구개발비는 일반 기업 회계 기준에서 실패가 많은

연구 단계를 넘어서 판매 가능성이 증명된 개발 단계에서만 "무형자산" 자본으로 계상된다. 이렇게 하여 자본주의 논리가 고정자본의 가치 크기를 회계상 실제보다 축소하는 경향이 있지만, 더 중요한 점은 실패한 연구개발비의 향방이다. 성공한 연구 개발의 결과 다른 모든 경쟁 자본의 실패한 연구 단계의 투자비는 경쟁 기제를 통해 개발에 성공한 자본의 초과 이윤으로 이전된다. 다시 말해 실패한 연구 단계 비용은 경쟁 자본의 기존 상품 가치를 높이고 개발에 성공한 자본은 자기 상품의 낮은 가치와 경쟁 자본의 기존 상품의 높은 가치 사이의 차액을 전유한다.

예를 들어 마이크로소프트 윈도우즈의 첫 번째 디스크를 생산한 비용(즉 연구개발비)은 5천만 달러였고, 개별 카피 비용, 즉 개별 상품 생산가격은 3달러였다.(Starosta 2012: 367) 마이크로소프트사는 수많은 윈도우즈 디스크 카피를 판매하여 PC 시스템소프트웨어 시장에서 엄청난 수익을 획득했다. 이때 윈도우즈 디스크 카피라는 상품은 직접 노동시간 가치가 3천 원의 미미한 크기일지라도 500억 원의 연구개발비를 포함한 고정자본의 감가상각비가 분할 반영된 가치, 예를 들어 1만 원의 가치가 있는 상품이라고 할 수 있다. 실제 시장가격이 예를 들어 5만 원일 때, 여기서 발생하는 4만 원의 초과 이윤은 독점 이윤이나 지대가 아니라 윈도우즈가 대체한 다양한 기능들인 계산, 문서 작성, 통신, 정보 저장과 관리 등등을 제공하는 자본들의 (실패한 연구 개발 비용이 있으면 이것도 반영한) 기존 상품들의 가격 합계, 예를 들어 10만 원보다 싼 값을 통해 시장을 장악하면서 이 기존 상품들이 실제 가치보다 싸게 판매하도록 강제하여 그 차액을 이전받는 데서 획득한 특별잉여가치라고 할 수 있다.

이런 막대한 초과 이윤 때문에 연구 개발 투자는 더욱 경쟁적으로 지출되고 성공한 자본은 더 큰 초과 이윤을 획득한다. 또한, 플랫폼에서 사용자들이 자발적으로 제공하는 이른바 공유재인 콘텐츠를 독점하므로 플랫폼 자본의 이윤이 독점 이윤 혹은 지대라는 주장도, 이 콘텐츠가 경쟁 자본이 재생산할 수 없는 자연이 아니라 재생산할 수 있고 더 비싸게 재생산해야 하는 인간 노동과 활동의 산물이기 때문에 지대나 독점 이윤이 아니라 특별잉여가치로서 초과 이윤의 원천이 된다는 점에서 반박된다. 이런 식으로 4차 산업혁명 자본주의에서도 자본의 유기적 구성이 계속 고도화되고 그에 따라 하락하는 이윤율은 자본주의 위기 빈발의 구조적 조건을 제공할 것이다.

마지막 요소는 법률, 도덕, 의식 등의 상부구조와 발전된 토대 사이에 양립할 수 없는 괴리와 충돌이 발생할 것이라는 점이다. 이것을 예측할 수 있는 몇 가지 사례는 다음과 같다. 인간 복제는 그 기술적 가능성에도 불구하고 한국에서는 채택할 수 없게 되어 있다. 2004년에 제정되고 2012년에 개정된 "생명윤리법"은 생명과학 기술의 발전이 인간의 존엄과 가치를 침해하거나 인체에 위해를 주지 않도록 규제할 목적을 지닌다. 이 법은 인간을 복제하기 위해 체세포 복제 배아를 자궁에 착상·유지하거나 출산하는 행위를 금지하는 등의 규제를 담고 있다. 이런 규제는 과학 발전에 걸림돌이라는 일부 과학계의 반발에도 불구하고 광범한 여론의 지지로 법제화되어 있다. 이것은 기존 법률이 기술의 발전을 막는 사례이다.

이른바 공유경제의 사례로 차량 공유 사업인 다음카카오의 "카풀"은 이에 반대해 택시 기사들이 분신한 사건 이후 중단되었다. 이 사례는 노동을 파괴하는 기술 혁신이 노동의 극단적 저항을 초래할 수 있다는 점을 잘 보여준다. 또한, 최근 승합차를 활용한 차량 공유 서비스 사업인 쏘카의 "타다"에 반대하는 개인택시 기사의 분신이 발생하였고, 사업주는 불법 혐의로 검찰에 기소되었으며, 금지법이 국회에서 통과되기도 했다.

4차 산업혁명에 필수적인 빅데이터의 활용을 촉진하기 위해서는 개인의 사생활 보호라는 민주주의 가치를 부정해야 한다. 1995년 제정된 "공공기관의 개인정보보호에 관한 법률"을 대체하며 2011년에 제정된 "개인정보보호법"은 당사자의 동의 없이 개인 정보를 수집하거나 활용하고, 제삼자에게 제공하는 것을 금지하여 개인의 사생활을 보호하고 개인의 존엄과 가치를 구현하는 것을 목적으로 한다. 이런 상태에서 빅데이터 활용 문제를 해결하기 위해 개인 정보의 가명화·익명화 등을 통해 비식별 정보로 만들어 활용하는 해법을 반영한 데이터 3법(개인정보보호법·정보통신망법·신용정보법 개정안)이 최근 국회에서 통과되기도 했다. 이 개정법에서는 비식별 정보에서 기술적으로 다시 개인을 밝혀 낼 수 있다는 우려(이제희 2017, 윤혜선 2018)가 현실화할 수 있어서 사생활 보호라는 민주주의 가치를 파괴하게 될 것이다.

향후 도입될 완전자율주행차가 교통사고로 기물을 파손하거나 인명 피해를 낸다면, 누구에게 어떻게 책임을 지울지는 쉽게 해결할 수 없는 딜레마이다. 인격이 없는 차량의 인공지능에 책임을 지울 수도 없다. 그렇다고 차량 소유주나 탑승자가 자신이 하지 않은 행위로 처벌될 수도 없다. 마찬가지로 자동차 제조사나 국가가 책임질 수도 없다. 예를 들어, 자동차 제조사가 보험을 들고 과실이 없더라도 책임을 지는 방법 혹은 국가가 국가 보험 기금(최순진 외 2017)으로 책임을 지는 방법은 민사 영역에서는 유효할지라도 형사 영역에서는 불가능하다. 왜냐하면, 형사 책임은 민사 책임과 달리 행위자만 부담하는 책임주의가 적용되고, 또한 사고 원인 규명을 전제하기 때문이다.(권양섭 외 2018: 29) 또한, 민사 책임과 관련하여 제조물 책임법을 적용하고자 해도, 완전자율주행차의 높은 과학 기술 수준에 비추어 소비자나 제삼자가 제조물책임법을 적용받아 손실을 배상받기에 필요한 조건인 자동차의 결함과 소비자의 손실 사이의 인과관계를 입증하기가 쉽지 않다.

인공지능 기술이 특수한 분야를 넘어 일반적으로 적용될

수 있는 초인공지능 혹은 일반적 인공지능으로 진화하면, 인공지능(로봇)에 권리 능력 부여, 인간과 대등한 권리와 책임의 주체로 인정함에서 진퇴양난에 빠지게 된다. 물론 이런 수준의 기술 진보는 현재로는 시기를 알 수 없는, 2차 컴퓨터화의 물결을 요구할 것이다. 그럼에도 이런 인공지능은 자율적으로 판단할 수 있고 인간을 능가하는 지능을 지니기 때문에 문제가 될 수 있다. 현행 법률은 자연인을 대상으로 하므로 사물로 간주하는 인공지능(로봇)은 권리 능력을 가질 수 없다. 따라서 새로운 법률이 필요하게 된다. 이것은 헌법부터 행정법·민법·형법·가족법·지적재산법·자동차보험법 등 거의 모든 법률에 해당한다.(김종호 2018, 이주환 2017, 이원상 2018) 하지만 그런 법률을 만드는 순간, 법률 체계가 바로 희화화될 수 있다.

예를 들어 새로운 형법에 따라 인공지능(로봇)을 처벌한다고 하자. 이 범죄자에게 자유형이나 사형은 의미가 없을 것이다. 왜냐하면, 처벌받는 것은 로봇일 뿐 인공지능 자체는 아무런 타격을 받지 않기 때문이다. 그래도 자유형에서 사회 격리라는 의미를 찾을 수는 있겠지만, 자유형의 목적인 교화는 달성 불가능하다. 그래서 어떤 논의(이원상 2018: 467)에서는 사형으로 프로그램을 완전히 삭제하거나 자유형으로 초기화를 제안하기도 한다. 하지만 이 경우 삭제되거나 초기화된 프로그램을 재생하는 것은 식은 죽 먹기일 수도 있다. 그러면 형벌은 완전히 의미가 없어진다. 이런 재생을 금지한다고 한들, 얼마든지 다른 로봇에 인공지능을 탑재할 수 있는 한, 문제는 로봇을 충당하는 비용뿐이게 된다. 그렇다고 어떤 인공지능(로봇)의 범죄에 대해 동종 인공지능(로봇)을 모두 없앨 수도 없다. 왜냐하면, 이것은 엄청난 사회적 낭비이자, 행위자 책임주의를 위반하기 때문이다. 또한, 그렇게 한들, 업그레이드한 인공지능이 나온다면 아무런 소용이 없게 된다.

이는 나아가 문명과 인간 본질의 관계를 다시 풀어야 할 수수께끼로 만든다. 이제 인간의 고유 영역이라고 간주해 온 정신과 마음이 기계적·인공적으로 만들어질 수 있는지에 대한 질문이 대두된다. 이러한 배경에서 인간의 본질을 논하고, 도덕적·윤리적 관점에서 인공지능을 바라보는 논의가 나온다.(박선화 2018) 어떤 논의(김영례 2018: 124)에서는 인공지능이 도덕적이지 않고 공감력이 없는 도구적 존재라는 점에 근거하여 인간과 인공지능은 다르다고 결론 내린다. 하지만, 이런 결론이 미래를 정확히 예측한 것인지는 확신할 수 없다.

만약 이런 결론대로 인공지능의 발전이 감정을 느낄 수 없고 지능만 갖춘 존재에 머무른다면, 오히려 이럴수록, 공감력이 없는 행위자가 인간보다 훨씬 뛰어난 지적·물리적 능력을 갖춘다는 사실로 인해 인류에게 더 큰 위협이 될 수 있다. 따라서 인간과 인조인간이 평화 공존할 수 있는 길을 찾아야 한다는 주장(하영숙 외 2018, 김은혜 2018)이나 심지어 인공지능이 결국 인류를 능가하고 지배할 것이므로, 인류의 이익을 보장하는 합리적 지배자가 되도록 해야 한다는 주장,(Damnjanovic 2015) 반대로 인류 파멸을 막기 위해 인공지능을 금지해야 한다는 스티븐 호킹, 빌 게이츠, 일론 머스크 등의 주장(Slaughter 2018: 3)도 나온다. 이렇게 문명과 인간 본질의 관계는 다시 풀어야 할 수수께끼가 되고 있다.

이런 노동인구 절반 이상의 실업, 자본주의 위기 빈발의 구조적 조건, 법률·도덕·의식의 근본적 혼란이라는 세 가지 요소들을 종합하면, 4차 산업혁명이 내포한 발전하는 생산력이 자본주의 생산관계라는 외피와 공존 불가능한 수준에 거의 확실하게 도달할 듯하다. 따라서 21세기 중반까지 자본주의 생산양식을 지양하는 사회 혁명이 발생할 개연성 또한 커질 것이다. 물론, 사회 혁명은 물적 토대의 변화만 가지고 자동으로 도출되지 않는다. 사회 혁명은 생산력과 생산관계의 모순이 첨예한 조건에서 주체의 운동을 통해서라야 성공할 수 있다.

생산력이라는 인간의 실천을 핵심으로 하는 물적 조건은 생산관계, 정치, 의식, 도덕 등 의식적 실천으로 구성된 상부구조의 발생을 규정한다. 이렇게 물질적인 것과 의식적인 것은 발생 시점에는 전자를 규정자로 하여 동시에 발생하지만, 발생 이후 일상적 시기에는 상호 조응하고 규정하는 총체성 관계에 놓여서 후자가 전자의 발전을 촉진하는 틀이 된다. 하지만 이 결과로 촉진된 생산력의 발전이 임계점에 도달하면 후자, 기존 생산관계, 이것의 집약인 사회적 형식, 인간 사고 방식, 행동 방식은 발전의 형식에서 질곡으로 변한다. 이렇게 하여 조성되는 위기, 혼돈, 혁명 국면에서는 물질적인 것의 규정력이 현저히 약화하거나 폐지될 수 있다. 이제 자유로운 인간 실천, 새로운 의식적인 실천, 상부구조가 규정자로 바뀐다. 이런 정치적 변화, 의식적 실천의 성공을 통해 사회 혁명이 성사될 수 있다.

물론 사회 혁명을 낳을 만큼의 갈등이 있더라도 혁명을 성공시킬 준비가 된 사회 세력이 등장하지 않는다면, 사회는 혁명이 아니라 공멸의 길을 걸을 수도 있고, 자본주의가 유지되면서 양극화·소외·억압이 심화한 지옥이 될 수도 있다. 이와 관련하여 예를 들어 페르그나니는 다음 네 가지 시나리오, 즉 기술의 진보가 모든 문제를 풀고 자본주의를 유지하며 성장하는 경우, 갈등이 너무 커서 혼란 상태가 지속하는 경우, 탈자본주의를 달성하되 바람직하지 않게 국유화한 경우, 진정한 혁명이 일어나서 인간 가치관이 변하고 지역 공동체에 근거하는 경우의 시나리오를 제시했다.(Fergnani, 2019)

이런 시나리오를 분석하고 사회 혁명을 성공시킬 방법에 대해서는 별도의 논의가 필요하므로, 여기서는 다음 논의를 위해 사회 혁명이 성공했다고 가정해 보려고 한다. 별도의 논의는 결론에서 전개해 볼 것이다.

이렇게 사회 혁명의 개연성을 낳는 발전하는 생산력은 또한, 미래 사회를 사회주의와 민주주의로 조직할 수 있는 여건과 도구도 제공하게 된다. 다양한 측면에서 논의가 가능하겠지만, 여기서 민주주의에 집중하면, 세 가지를 논할 수 있다. 우선, 생산성의 급증에 따라 사회적 필요노동시간을 획기적으로 감축하고 자유시간이 급증할 수 있는 여건이 마련된다는 점이다. 사회 혁명 시점을 전후하여 노동인구의 절반 이상이 실업에 처할 것이라는 점을 역으로 보면, 최소한 지금 규모의 사회적 생산과 소비를 위해서는 노동시간이 절반 이하만 필요하다는 것이 도출된다. 더구나 이것은 향후의 추가적 생산성 증대를 제외하고도 그렇다는 의미이다.

이렇게 되면 현행 주간 노동 50시간에서 25시간 이상을 학습·훈련·취미·예술·스포츠·연구·제작·창작·발명 등의 활동을 통한 인간의 다양한 개성의 자유로운 발전을 위한 시간, 가족·친구·이웃·타인과의 친밀하고 깊은 교류를 통한 정서 함양 시간 외에도 매주 열릴 민주주의 상설 총회와 이를 위해 필요한, 사회적 문제를 숙고할 시간을 추가로 가질 수 있게 된다.

참고로 이렇게 현행보다 절반 이하의 시간만 노동하는 사회를 상상해 보자. 이때 4인 가족은 2018년 기준으로 평등하게 분배될 1억 3천만 원 중에 사회적 재생산 기금, 예를 들어 30퍼센트를 제외한 9천 2백만 원 이상을 소비 기금으로 사용할 수 있을 것이다. 물론 이때에는 노동시간 증서가 화폐를 대체할 것이지만 편의상 화폐로 계산할 때 이렇다. 연간 9천 2백만 원에는 개인적 소비뿐만 아니라 주거·가구·가전과 같은 가족적 소비, 정치·교육·건강 보장·(유아·장애인·노인)

돌봄·비상 재해 대응 등의 사회적 소비도 포함된다. 나머지 30퍼센트의 재생산 기금에서 단순재생산에 통상 필요한 10퍼센트를 제외한 20퍼센트를 확대재생산(연구 개발 포함)에 사용할 수 있다.

이것은 사회적 풍요 재원이 연간 20퍼센트씩 비약적으로 증대할 수 있다는 의미이다. 또한 미세먼지·온실가스·미세플라스틱 등의 생태 문제를 해소하기 위해 20퍼센트 재원 전체를 기존 사회간접자본과 생산 설비를 친환경적으로 바꾸는 데 매년 투자한다면, 친환경 설비가 두 배 비싸다고 가정하더라도 10년 동안에 기존 환경오염 배출원을 대부분 제거할 수 있을 것이다.

두 번째, 발전하는 사회적 생산력, 특히 지능 정보 기술은 사회적 정보와 지식을 기하급수적으로 축적하고 활용할 수 있는 도구와 공동체 구성원의 소통과 교류에 필요한 시공간을 획기적으로 압축할 수 있는 도구를 제공하여 상설 총회, 추첨 평의회, 행정관위원회, 입법배심원, 시민법정 등의 각종 민주주의 기구에서 모든 시민이 모든 사회 정책을 주도적으로 입안, 결정, 집행, 심판하는 데 도우미로 활용할 수 있게 된다. 이런 도우미로 고대 아테네에서는 노예를 활용했지만, 이제 지능 정보 기술이 그 역할을 대신하게 된다.

마지막으로 사적 소유와 계급, 이에 근거하여 인간을 소외시키고 착취와 억압을 정당화하던 모든 자본주의 제도, 이에 뿌리내린 인간의 낡은 행동 방식, 사고 방식이 지양되고 공동 점유에 근거한 개인적 소유, 자유로운 인간들의 연합, 이에 근거한 새로운 제도, 행동 방식, 사고 방식이 이미 형성되었거나 형성되는 중이기 때문에, 모든 사회 문제를 민주주의 방식으로 처리하는 과정이 원활히 작동할 수 있게 된다. 또한, 이 과정을 통해 사회 전반에서 지식 집합에 의한 집단지성과 창의성이 만개하여 사회적 생산성이 더욱 증대하게 되고, 따라서 노동시간을 더 줄이고 자유시간을 더 늘릴 수 있게 되고, 사회적 정보와 지식을 축적하고 시공간을 압축하는 도구를 더욱 발전시킬 수 있게 되어, 세 가지 측면(생산성, 자유시간, 지식 정보 축적과 시공간 압축 도구)의 발전이 나선형으로 선순환하는 구조를 만들 수 있게 된다. 이런 조건에서 21세기 사회주의 민주주의가 조직되고 발전할 수 있을 것이다.

여기에 한 가지 덧붙일 점은 모든 사회 문제를 민주주의 방식으로 처리할 때, 민족, 인종, 타고난 성, 젠더, 장애인, 소수자, 지역, 종교 등등의 각종 사회 문화적 범주를 매개로 한 사회 문화적 차별과 억압을 폐지하고 해소하여 자유로운 인간들의 연합이 더욱 발전할 수 있다는 것이다. 이것은 각종 사회 문화적 범주의 인간들이 그 범주를 지닌 대등한 구성원으로서 평의회 등 각종 민주주의 기구에 인구 비례 원칙에 따라 추첨으로 선발되어 윤번으로 임무를 맡고, 상설 총회에서 참가하여 평등한 구성원으로서 정책 결정에 자신의 목소리를 낼 수 있고, 다른 구성원들과 소통하며 서로 이해하고 발전할 수 있기 때문이다. 이때 각종 사회 문화적 범주들은 개인들에게 차별과 억압의 매개가 아니라 차이와 개성 발전의 매개가 될 것이다. 이렇게 사회 문화적 자유와 평등의 권리도 내용과 형식이 통일되게 실현할 수 있는 길을 마련하는 방법이 민주주의이다.

### 3. 21세기 사회주의의 민주주의 모델

이제 21세기에 도래할, 이행기를 거친 사회주의·공산주의 사회에서 자유, 평등, 인간 존중 이념의 내용과 형식을 일치시키고 완성하는 민주주의가 어떻게 조직되고 운영되는지를 살펴보자. 이러한 공산주의 사회는 공동 점유에 근거한 개인적 소유, 참여계획경제, 최소화하는 노동시간과 최대화하는 자유시간 양쪽 모두에서 자기실현, 공산주의 첫 번째 국면의 노동시간에 따른 분배와 공산주의 높은 국면의 욕구에 따른 분배 원리의 혼합과 후자로의 점진적 이행, 실제 노동시간 기준, 균형적 직군 등이 사회의 구성 원리로 자리 잡게 된다.

이런 토대에서 민주주의는 공동체의 정책을 결정하는 상설 총회, 정책을 연구·입안하고 총회를 주관하고 결정된 정책을 집행하는 윤번으로 맡는 전업 추첨 평의회, 추첨 평의회를 보조하는 분야별 전업 추첨 행정관위원회, 법률을 제·개정하는 입법배심원, 소송을 판결하는 시민법정 등의 고대 아테네 식 기구들이 각급 공동체에서 조직되는 것으로 형식화한다. 사회적 재화와 서비스를 공급하는 생산자 측면에서는 이런 기구들이 작업장, 산업, 전국, 세계 공동체 수준으로, 이를 소비하며 생활을 누리는 생산자를 포함한 인민의 측면에서는 시군구, 시도, 전국, 세계 공동체 수준으로 조직된다.

앞서 확인했듯이 초기 사회주의 혁명은 하나 혹은 소수의 나라에서만 성공할 확률이 높다. 그렇지만, 결국은 세계 수준에서 사회주의가 성립할 것이다. 이 중간의 과도기에 소수의 사회주의가 생존·발전해야 하는데, 이 경우 사회주의는 자본주의 세계 시장에서 국제적 분업을 맺고 교류를 해야 한다. 그렇지 않고 고립된다면, 생존도 어려울 뿐만 아니라 교류를 통해 사회주의의 우수성을 세계 시민이 자각할 수 있게 할 방법도 없다. 그러므로 개방과 교류는 제한적이 아니라 전면적이라야 한다.

이때 대외 교역은 동태적 비교 우위의 논리에 따라 노동생산성이 상대적으로 높은 부문은 수출하거나 해외 투자하고, 낮은 부문은 수입하거나 해외 투자를 유치하면서 생산성 발전에 따라 비교 우위 산업을 업그레이드하는 방식이고, 그 계산 단위는 실제 노동시간이다. 이런 식으로 사회주의 사회 형식, 제도와 인간의 사고 방식, 행동 방식을 내적으로 정립하고 표출하며 발전시킨다면, 외부 자본주의 세계 시장에 종속되지 않고 이를 오히려 견인할 수 있다. 왜냐하면, 정의상 사회주의 사회 형식은 자본주의 사회 형식보다 더 우월하기 때문이다.

이것이 성공하여 민족들이 연합한 세계 사회주의 공동체를 조직할 때, 민족들을 기존 대륙별 중간 단위로 묶기보다 가상의 대륙으로 묶는 방법을 사용할 수 있다.(1장, 클레이스테네스의 가상 부족 조직의 원리 참고) 그래서 세계평의회와 세계행정관위원회의 평의원과 행정관의 추첨은 새로운 가상 대륙을 기준으로 한다. 이것은 기존 민족과 대륙의 규모가 서로 다르고 따라서 인구와 역량의 우열을 지니므로 잘못하면 세계 공동체가 뿌리 깊은 역사성을 지닌 기존 민족과 대륙의 배타적 정체성을 강화하는 역효과를 낼 수도 있기 때문이다. 그래서 예를 들어 동아시아, 아프리카 남부, 유럽 중부, 아메리카 태평양 연안의 민족들을 추첨으로 묶어서 만든 가상 대륙이 세계평의회와 세계행정관위원회의 하나의 대등한 구성 단위가 된다. 이렇게 모인 평의원과 행정관들은 기존 민족 구성원들 사이의 상대적으로 강한 유대를 바탕으로 가상 대륙 구성원들 사이와 세계 전체 구성원들 사이에 약한 유대를 확장하여 민족과 대륙의 배타적 정체성을 약화하고 이질적 원격지 민족들 간 소통과 이해, 지식 집합을 촉진하면서 자유롭게 연합한 인간들의 공동체로서 민족과 세계의 상호 발전을 촉진할 것이다.

마찬가지 원리가 민족에도 적용된다. 예를 들어 한국에서 민족평의회와 민족행정관위원회는 중간 단위를 현재의 시도 단위가 아니라 도시 강남구, 어촌 해남군, 산촌 청송군 식으로 묶는 가상 중간 단위로 구성한다. 이렇게 하면 민족평의회와 민족행정관위원회에 모인 평의원과 행정관들은 기존 소지역의 구성원들 사이의 상대적으로 강한 유대를 바탕으로 가상 중간 단위 구성원들 사이와 전국 구성원들 사이에 약한 유대를 확장하여 뿌리 깊은 역사성을 지닌 소지역의 배타적 정체성을 약화하고 이질적인 소지역들 사이에 소통과 이해, 지식 집합을 촉진하여 자유롭게 연합한 인간들의 공동체로서 소지역과 민족의 상호 발전을 촉진할 것이다. 이렇게 하여 소지역과 민족은 민족 공동체와 세계 공동체에서 차별과 억압을 낳는 배타적 정체성의 단위가 아니라 자유로운 인간들의 연합의 구성 단위로서 그 인간들의 다양한 사회적 범주의 하나가 될 것이다.

인민으로 불리는 공동체 구성원들은 발전된 도구 덕분에 축적된 정보와 지식, 압축된 시공간을 활용하지만, 스스로 숙고하고 결정하고 말하고 행동하는 주체로서 매주 열리는 상설 총회의 주권자, 추첨으로 1년씩 선임되는 평의회의 평의원, 행정관위원회의 행정관, 입법배심원의 배심원, 시민법정의 배심원으로 각각 능숙하게 활동한다. 이때 총회는 각 급에서 매주 번갈아 열리므로 실제로 각급 공동체 총회는 한 달에 한 번씩 열릴 것이다.

평의원의 추첨은 인구의 성·성적 취향·나이·지역·직업·학력·민족·인종·장애·소수자·종교 등의 범주를 인구 비례에 따라 반영되도록 한다.(인구 비례 원리 추첨) 그 결과 추첨으로 선출된 집단은 확률상 공동체의 다양한 범주를 그대로 대표한다. 평의원 수는 공동체 인구를 고려하여, 예를 들어 십만 인구의 시군구에서 100명, 천만 인구의 시도에서는 500명, 오천만 인구의 민족에서는 1천 명 같은 식으로 한다. 평의회는 정책 입안 과정에 행정관위원회의 보조를 받고, 정책을 집행할 때는 행정관위원회를 관리·조정할 책임도 진다.

행정관은 분야별 해당 직업군의 시민들에서 각종 범주를 반영한 인구 비례 추첨, 1년 임기로 선임한다. 행정관위원회의 수는 필요에 따라 수십에서 수백 개로 정한다. 단위 위원회는 12명으로 구성하여, 각 위원이 1개월씩 윤번으로 위원장을 맡는다. 행정관들은 해당 분야 정책을 입안하여 평의회를 거쳐 총회에서 결정받고 집행할 책임을 진다. 이런 행정관위원회를 포함한 모든 단위 조직은 항상 팀으로 구성하고 팀으로 공동 작업하여 다양한 개인의 개성, 경험, 능력 차이를 종합하고 시너지를 추구한다. 물론, 필요에 따라 역할 분담과 분업을 사용할 수 있다.

입법배심원의 배심원은 평의원과 같은 수를 각종 범주를 반영한 인구 비례 원리 추첨, 1년 임기로 충원된다. 이들은 총회에서 추천받은 법률 제·개정안을 심의하고 결정한다. 합리적 결정을 위해 전원이 분담한 분과 소위원회를 통해 검토한 결과를 전체 회의가 결정하는 방식을 적용한다.

시민법정의 배심원도 각종 범주를 반영한 인구 비례 원리 추첨으로 선정되지만, 사전에 정해진 임기 없이 수시로 일정

기간 열리는 해당 재판 기간을 임기로 하고 재판의 성격에 따라 전체를 홀수로 하여 다수결이 항상 가능하게 수백에서 수천 명씩 익명으로 선정한다. 배심원은 온라인 참여도 가능하다. 따라서 소송 당사자들이 사전이나 재판 중에 배심원을 매수할 수 없게 된다. 재판 진행 자체는 재판의 분야에 따라 해당 분야 행정관위원회가 주관한다.

그렇게 해서 모든 시민이 총회에 매주 참가하게 되고, 나머지 기구에는 각급을 통틀어 일생에 한 번 이상 공평하게 참여하게 된다. 이렇게 모든 시민이 가진 주권자 권력은 상설 총회에서 발휘되고, 추첨으로 특정 개인에게 일시적으로 부여될지라도 모두에게 공평히 돌아가서 누구든 권력을 독점하는 지배자가 될 수 없게 된다. 또한, 모든 시민은 입안하고 결정하고 집행하고 심판하는 민주주의 기구를 통해 능동적 시민으로 항상 깨어 있게 되고, 상호 소통과 횡적 교류를 통해 세대가 흐를수록 정치적 경험과 암묵지를 포함한 사회적 지식을 누적하고 개인과 사회의 정치적 능력과 사회 경제적 생산성을 증대시키는 나선형 선순환을 유지하게 된다.

이와 관련하여 "전자민주주의"론에서는 지식과 시공간을 압축하는 도구, 정보통신 기술을 활용하여 민주주의를 발전시키려던 실험이 대체로 미흡하거나 실패하였다고 평가한다. 관련 연구자들은 그 이유를 플랫폼, 주체, 정책, 법제도, 문화 등의 한계에서 찾는다.(Clift 2004, 김현성 2006, 임석준 외 2007, 한영빈 2008, 조희정 2008, Hilert 2009, 송경재 2009, 김혜정 2012,

이영우 2013, 박기관 2015, 김송은 외 2018, Alvarez et al. 2018) 하지만, 문제의 근본 원인은 도구나 주체, 법제도 등이 아니라 그것들을 규정하는 사회적 관계와 형식이다.

이 실험은 기본적으로 이른바 직접민주주의를 활성화하여 대의제를 보완하려는 것이었다. 하지만 이렇게 과두제 형식인 대의제 틀을 고수하는 실험이 민주주의를 발전시킬 수 없는 것은 당연하다. 마찬가지로 4차 산업혁명의 발전된 도구를 활용하는 민주주의 발전 논의들(허태욱 2017, Allen et al. 2017, Hanifatunnisa et al. 2017, Kshetri et al. 2018, Raikov 2018, 이항우 2018)도 대의제 형식을 명확히 벗지 않는 한, 실패할 수밖에 없다. 더 나아가 상설 총회와 추첨 민주주의에서 시민들이 빅데이터 기반 인공지능 알고리즘(의 플랫폼)을 정책의 입안, 결정, 집행, 심판에 활용할 수 있고 심지어 정책 대안까지 얻을 수 있지만, 알고리즘의 답안을 그대로 사용하는 것은 스스로 사고하고 결정하기를 포기하는 낡은 대의제 식 사고 방식과 행동 방식에 머무는 것이다. 더욱이 모든 알고리즘은 설계자와 기존 사회의 편견이 반영된 해결책을 제시할 수 있다.(Georgiou 2017, 윤상오 2018, 김종호 2018, 정원섭 2018, 하영숙 외 2018)

그러므로 시민들이 알고리즘이 제공하는 해결책은 이를 참조만 하고, 스스로 고민하고 결정하여 자기 말과 행동으로 직접 실행해야는 것이다. 그래야 민주주의를 제대로 실천할 수 있다.(손병석 2008, 유종호 2016, 윤성이 2017, 이충한 2018,

Feldstein 2019) 다시 말해 지능 정보통신 기술의 활용을 통한 민주주의 실현에서 관건은 새로운 민주주의 사회적 관계와 형식의 도입이다. 이것은 또한 앞서 논의한 문명과 인간 본질에 관한 수수께끼를 푸는 지름길이기도 할 것이다.

인민 총회는 오프라인에서 개최되지만, 온라인을 활용하여 전체 구성원이 동시에 참여한다. 회의 시간은 최장 4시간, 한나절로 제한하며, 오프라인 개최지는 한 곳이 아니라 매번 지역을 순회하며 모든 지역 구성원이 주기적으로 참여할 기회를 제공한다. 오프라인에서는 야구장, 체육관 등 대규모 군중이 참여할 수 있는 원형 공간을 사용한다. 물론, 고대 아테네에서 원형 집회장 프닉스에서 8천 명이 참석하는 민회를 매주 개최하였듯이, 지역별로 원형 총회장을 건설할 수도 있다. 토론 과정은 드론, 증강 현실 등을 활용하여 스포츠나 콘서트를 생중계하듯이 생생하게 전국과 세계에 전달한다. 프닉스 민회에서 사회자, 토론자, 청중이 육안과 육성으로 생생하게 소통했듯이, 카메라와 마이크를 탑재한 드론, 증강 현실, 홀로그램 등을 통해 사회자, 토론자, 청중, 심지어 온라인 토론자의 상호 소통 과정이 온·오프 모든 구성원에게 생생하게 전달될 것이다. 토론 참가는 오프라인에서는 직접 할 수 있고, 온라인에서는 쌍방향 소통이 되는 가상공간을 통해 가능하다. 온라인 참가는 각자가 스마트폰 등 웨어러블 기기나 PC·스마트 텔레비전 등 사무 가정용 기기를 자유롭게 선택할 수 있고, 그래서 개인은 외국 출장이나 해외 여행 중에도 총회에 참가하여 토론하고 투표할 수 있다.

또한, 개최지가 아닌 곳에서도 대형 전광판의 가상현실, 홀로그램 등을 활용하여 생생하게 생중계하는 야구장, 시청 광장 등에서 해당 군중과 함께 총회에 참여할 수 있다. 이때 해당 지역 평의회가 전체 평의회를 대신해서 온라인 토론 생중계를 관리하며, 안건을 다수결로 결정할 때 온·오프라인을 통틀어 개인은 웨어러블이나 사무 가정용 정보통신 기기로 블록체인 기술을 활용한 실시간 투표를 해서 표결 결과를 신뢰할 수 있다. 참고로 블록체인은 네트워크 참여자 과반수가 합의하지 않는 한, 조작할 수 없는 논리로 데이터를 처리하고 보관하므로 투표 결과를 조작하기는 불가능하다.(허태욱 2017, Hanifatunnisa et al. 2017, Kshetri et al. 2018, 드레셔 2018)

인민 총회의 정책 대상은 생산 계획을 제외한 소비 계획과 대외 교류로 크게 구분할 수 있다. 소비는 개인적 소비·가족적 소비·사회적 소비로 구분되고 매년 작성하는 연간소비 계획에 반영된다. 개인적 소비 계획은 개인이 취향에 따라 자유롭게 정하되, 빅데이터에서 기계 학습을 한 인공지능이 제공하는 개인별 소비 실적과 소비 패턴 변화·예측을 바탕으로 쉽게 정할 수 있다.

이렇게 빅데이터를 활용하여 기계 학습을 하는 인공지능은 개인의 소비 데이터를 종합하여 소비 패턴까지 분석하고 예산에 맞는 예측까지 제공한다. 개인은 이런 예측을 고려하여 자신이 최종 결정한다. 이 과정에서 모든 개인의 사생활 정보가 취합되지만, 이것을 국가나 자본이 이용할 때와 달리, 자신이 활용할 때는 편리한 도구가 된다. 이 개인 정보에는 타인의 접근도 금지되지만, 타인이 이를 시도할 동기도 없다. 국가와 자본이 지양되었고 개인의 이윤 추구와 권력 추구 동기와 방법이 없어지므로 자본주의 국가에서와 같이 이메일, 페이스북, 유튜브 등의 개인 정보를 취합하는 "총체적 감시 체계"(Harai 2018, Helbing et al. 2019)를 만들 일도 없고, 인터넷 사용자가 유포하는 "가짜뉴스"(Cadwalladr 2016)나 편향된 알고리즘이 제공하는 이용자 맞춤형 정보에 반복 노출될 때 발생하는 "반향 효과",echo effect "필터 버블"filter bubble에 의해 개인의 판단이 왜곡되는(York 2018: 14) "디지털 병리 현상들"도 사라진다. 그래서 개방성, 투명성, 포괄성을 특징으로 하는 고대 아테네 식 지식 관리가 디지털 시스템에서 보장된다.(Pit et tal. 2017)

가족적 소비 계획은 개인들이 가족을 핵가족뿐만 아니라 계약 가족, 동성 가족, 코뮌 가족과 같이 다양한 단위로 자유롭게 구성할 수 있으므로 이에 따라 달리 필요한 주거·가구·가전제품·식재료 등의 공동 소비재를 결정한다. 주거에서 건물은 가족이 자유롭게 선택하고 부담한다. 장기 사용이므로 할부 판매와 같은 방법을 원용한다. 토지는 모든 사회 구성원이 공동 점유하므로 가족은 이용만 할 수 있는데 아직 도농 격차, 지역 내부 격차와 같이 위치의 편리함에서 차이가 있는 한, 차액지대 원리에 따라 사용료를 다르게 부담한다. 하지만, 이 사용료는 다시 공동체의 사회적 소비 기금으로 되돌아가므로 분배 평등이 왜곡되지 않는다. 이런 가족적 소비 계획도 인공지능의 소비 패턴 예측과 다른 가족의 사례를 참조하면 쉽게 결정할 수 있다. 이때 가족도 상설 총회를 운영할 필요가 있다. 핵가족에게는 자녀 교육과 부부 평등을 위해서도 필요하고, 나머지 가족에서도 실제로 민주적 결정이 필요하기 때문이다. 특히 수백 명 단위가 될 수 있는 코뮌 가족(Cockshott et al. 1996: 12장)에서의 상설 총회는 일상생활 민주주의의 필수 요소이다.

사회적 소비는 개인적·가족적 소비를 제외한 모든 나머지 소비를 의미하는데, 이에 대해서는 각급 총회에서 필요한 계획을 세우고 집계할 것이다. 그 결과 세 가지가 모두 참여 계획의 원리로 연간소비계획에 반영된다. 물론 이때 사회적 소비는 각급 총회에서 합의한 개인 소득에서 공제하는 일정 비율의 부분이고, 가족적 소비는 개인 소득에서 사회적 소비를 제외하고 남은 소득에서 가족 총회를 통해 공동 소득으로 합의한 부분이다. 개인적 소비는 이렇게 사회적 소비와 가족 소비를 제외한 처분 가능 소득 부분이 예산이 되므로 이 범위 내에서 결정하게 된다.

이상의 모든 계획과 실행에서 실제 노동시간 기준에 의해 개인들이 노동한 시간의 사회적 합계와 생산된 재화와 서비스에 표시된 노동시간의 사회적 합계의 수급이 일치하게 되고, 개인이 분배받은 노동시간 증서(체크카드)로 소비 과정에서 과부족 없이 사용하게 된다. 각 개인은 예를 들어 80세를 일생으로 볼 때, 25세 성인이 될 때까지의 성장·학습기와 65세 이후 은퇴기를 합한 40년 동안에도 생산자인 나머지 40년 동안과 대등한 기본소득을 얻게 되어, 자신이 일생에 생산한 만큼 소비하는 셈이 된다.

1년에 한 번 정하는 연간소비계획 외에 한 달에 한 번씩 조정소비계획도 세운다. 이 조정 계획은 대외 교류 상황의 변화나 개인 취향의 변화를 합리적으로 반영할 수 있게 된다. 이렇게 하여 계획경제의 난점으로 생각할 수 있는 경직성을 버리고 유연한 참여 계획이 될 수 있다. 이런 월별 조정 계획을 작성할 때에도 빅데이터 기반 인공지능에서 받는 계획 대비 실적뿐만 아니라 추세 변화, 예측을 참조하여 좀 더 정확하게 작성이 가능하다. 물론 이런 조정도 재조정이 필요할 수 있는데, 다음번에 반영하면 된다. 이런 누적 조정 기록도 빅데이터 기반 인공지능으로 분석하여 원래 계획과 함께 추세와 예측이 제공되므로 이후 연간 계획에 합리적으로 반영할 수 있을 것이다.

이렇게 연간소비계획과 월별 조정소비계획을 세우고 집행하는 과정에서 상벌, 축제, 기타 생활 전반의 정기적·돌발적 정책 사안이 발생할 수 있다. 예를 들어 정책을 입안하고 결정하고 집행하는 과정에서 기여가 큰 총회 구성원, 평의원, 행정관, 배심원을 포상하고 중대한 혹은 고의적 잘못을 범한 사람을 처벌하는 일은 개인들의 사회적 명예를 기리는 분위기를 조성하여 개인과 공동체의 발전을 촉진할 것이다. 또한, 축제는 공동체 정신을 고양할 것이다. 특히 대외 관계와 관련하여 교류·외교·전쟁 등의 사안들이 발생할 수 있다.

이런 정책 사안은 평의회가 일주일 전에 공지하거나 총회 구성원이 즉석에서 제안하여 매월 총회 안건으로 다룬다. 물론 비상 상황에는 임시 총회도 가능하다. 총회 진행은 먼저 보고 사항 청취, 단순 표결 사항 표결, 집중 검토 안건 토론의 순서로 한다. 단순 표결 사항은 최종 소비 계획안과 같이 이전 총회에서 충분히 다루었거나 포상 같이 관례적인 사안을 결정할 때 사용한다. 집중 검토 안건 토론을 통해 총회 구성원이 숙의한 결과로서 과반수 의사를 확인하기 위해서는 참석 과반수가 아니라 재적 인원 과반수 결정을 시행한다. 투표 참여는 모든 구성원의 법적 강제는 아니지만, 도덕적 의무이다. 투표는 찬성·반대·기권의 세 가지 선택지로 하여, 투표 불참을 포함한 기권(기권은 주권자가 충분히 심사숙고하지 못했다는 표시이다.)이 예를 들어 20퍼센트가 넘으면 표결 자체를 무효로 간주한다. 이 결과 모든 결정된 안건은 심사숙고한 과반수의 동의를 얻게 된다. 그리고 기권 20퍼센트 이상에 걸려 무효가 된 안건은 재검토 사안이 된다. 재검토 사안이 되거나 별도 논의가 필요한 경우 사안 별로 첫째, 평의회 재검토, 둘째, 공론화위원회 이관, 셋째, 입법배심원 이관으로 분류해서 해당 기관에 넘기고 이후 절차에 따라 재결정하거나 보고받는다.

첫째에 해당하는 무효가 20퍼센트 이상인 재검토 사안은 평의회가 다시 충분히 검토하고 더욱 설득력 있는 대안을 도출한다. 이에 대해 총회가 추가 토론을 통해 최종적으로 결정한다. 총회가 재검토 사항을 표결했는데도 다시 무효가 20퍼센트 이상 나오면, 해당 사안을 인구 비례 원리 추첨으로 선정되는, 둘째에 해당하는 예를 들어 1천 명으로 구성된 공론화위원회에서 더 긴 기간을 두고 숙의하도록 이관한다. 이 숙의 결과에 대해서 총회는 보고받는 것으로 끝낸다. 이때 숙의로 넘겨지는 안건은 예를 들어 2017년의 신고리 5·6호기 건설 중단 사례와 같은 장기적 심사숙고 사안일 수 있다.(이광일 2018, 이영희 2018, 윤순진 2018)

이것은 숙의 단독으로는 "평등", "숙의", "참여"라는 민주주의의 "삼단 딜레마"를 해결할 수 없지만(Fishkin 2011: 248) 여기서처럼 총회에 부속된 기구로서 도입하면 삼단 딜레마도 해소하며 숙의의 취지도 달성할 수 있기 때문이다. 또한, 이 숙의는 투표권자가 숙고할 시간이 부족하여 투표권 자체를 위임한다는 대리 투표 이론proxy voting의 취지(Gree-Armytage 2015)도 적절히 살리는 방안이다. 이런 식으로 정책 사안에 따라 세 번의 검토가 가능하게 된다.

셋째에 해당하는 것은, 원래 모든 입법안을 평의회가 총회 결정을 받고 입법배심원에 넘기지만, 정책 사안의 토론 과정에서 입법 사안이 매개된 것으로 다시 밝혀질 때 입법배심원으로 이관하는 경우이다. 이것은 고대 아테네의 "정책 비합법성 소송"(Hansen 1999: 166)의 변용이기도 하다.(이에 대해서는 1장 참조) 이런 모든 과정을 통해 결국, 모든 정책에서 30분-1시간 이내의 토론으로 충분히 검토할 수 있는 사안을 총회가 표결로 결정하게 된다. 이렇게 하여 방대한 인원의 총회에서도 항상 숙의의 결과로서 충분한 과반수가 나오는 결정이 이루어지게 된다.

총회가 이렇게 한 번 결정한 사항도 여건이 바뀌거나 집행 과정에 중대한 문제가 드러나거나 중간 평가에서 결정 자체의 오류가 드러나면 재검토할 수 있다. 또한, 입법배심원의 법률 제·개정과 시민법정의 재판도 그 자체로 확정 사안이지만, 총회에 결과를 보고할 의무가 있고, 구성원이 이 보고를 동의할 수 없는 결정이라고 판단하면 일정한 비율, 예를 들어 10퍼센트의 발의나 평의회의 제안으로 총회가 재검토할 수 있다. 이런 재검토에서 총회가 이유 있다고 결정하면, 정책은 재결정의 결과를 따르고, 입법과 재판은 입법배심원과 시민법정이 재심의하고 결과를 총회에 다시 보고한다. 이 재심의에서 입법배심원은 기존과 다른 별도 검토 소위원회가 심의한 결과를 가지고 결정한다. 이것은 고대 아테네의 "법안 부적합성 심사"(Hansen 1999: 166)의 변용이다.

시민법정은 새로운 추첨으로 선임된 배심원들이 다시 재판한다. 이것은 일종의 2심제라고 할 수 있다. 물론 이것들에 대해 다시 이의가 제기되면 또 다시 재심의를 할 수도 있다. 그렇지만 이런 재심, 3심 사안은 모두 특별 감사를 하여 입법 제안, 재판에 중대한 오류나 고의적 왜곡이 있었다는 점이 밝혀진 경우에는 제안자나 재판 관여자를 처벌하고, 반대로 1심과 2심의 잘못된 입법과 재판을 드러낸 구성원이나 평의원은 포상한다. 이렇게 해서 모든 입법, 재판에 사안 별로 3심제가 적용될 수 있으면서도 무분별한 오남용도 막을 수 있다. 이렇게 하여 인민은 총회의 직접 결정과 입법배심원과 시민법정의 대리 결정을 통해 주권을 행사하면서도, 총회, 입법배심원, 시민법정이 잘못 판단한 결정을 항시 스스로 수정할 수 있는 유연한 견제와 균형의 체계가 작동하게 된다.

이런 견제와 균형을 위해 또한, 시민법정은 추첨으로 선정되는 모든 평의원, 행정관의 (능력이 아닌) 성격과 생활 태도 검사를 통해 임용을 결정하고, 임기 종료 시점에 업무 감사를 거쳐 면직시키는데, 이것은 고대 아테네의 "임용 검사"와 "사후 감사"의 재현이다. 또한, 시민법정은 특별 감사, 탄핵과 연계한 정치재판을 통해 총회 구성원, 평의원, 행정관 중에서 정책·입법 제안, 결정, 집행 과정에서 중대한 오류나 고의적 왜곡을 범한 사람들을 심판한다.

생산자들은 자신들의 민주주의 기구도 각급 공동체에서 지금까지 본 인민 총회 등의 기구들과 똑같은 방식으로 구성하고 운영한다. 여기서 생산은 사회를 위해 사회적 분업과 협동으로 생산하는 재화와 서비스를 포괄하고, 작업장은 이를 담당하는 단위 조직을 의미한다. 여기서 생산자는 예를 들어 25-65세의 인구(노동이 불가능한 장애인 제외)로서 80세가 평균 수명일 때, 전체 인구의 2분의 1을 차지한다. 이때 개인이 3D 프린터 등으로 자기가 필요한 재화를 스스로 제작하는 것DIY이 가능하다. 이것은 개인의 제작 욕구를 실현하는 방법일 수도 있다. 이는 연간 소비과 따라서 연간생산계획에서도 빠진다.

생산자 총회의 정책 안건에는 소비 계획에 종속되는 연간 생산계획, 중장기 구조조정 계획, 월별 이행 계획과 주간 실행 계획, 그 조정 계획 그리고 이런 계획 작성과 실행 과정에서 발생하는 상벌, 축제, 기타 생산 전반과 대외 교류에서 발생하는 정기적·돌발적 정책 사안들이 포함된다. 예를 들면, 매년 생산성이 증대할 때, 이 증가분을 더 많은 재화와 서비스 생산에 사용할지, 노동시간 단축에 사용할지, 양쪽을 부분적으로 반영할지의 선택은 생산자의 결정 사안이다. 왜냐하면 사회적 노동시간 단축은 더 많은 소비의 향유보다 더 중요한, 생산자의 권리이기 때문이다. 여기서 상벌, 축제 등은 생산자 공동체를 발전시키는 매개가 된다. 특히, 포상은 기술 혁신 등으로 생산의 발전에 공헌한 개인의 사회적 명예를 드높여서 물질적 혜택 이상의 효과를 낼 수 있다. 대외 교류와 관련하여 전면적 개방과 교류를 하므로 무역·투자·인적 교류 사안이 연간생산계획에 반영되지만, 돌발적 사안이 발생할 수 있다.

연간생산계획과 월별조정계획은 소비 계획을 반영하고 연동된다. 왜냐하면, 자본주의와 같은 "생산을 위한 생산"이 아니라 "소비를 위한 생산"을 통한 개인 욕구 실현이 사회주의의 목표이기 때문이다. 따라서 계획에서 생산이 소비에 맞추어 조정되어야 하고, 소비 수요 변동에 따라 기존 생산 설비와 생산자를 재배치할 필요가 있다. 이를 위해 조정 함수 기법을 사용할 수 있을 것이다.

조정함수 기법은 단기적으로 생산할 수 없는 생산 설비와 숙련 노동력의 과부족을 수요 공급 계획 단계나 조정 단계에서 파악하여 남는 품목의 설비와 노동력을 부족한 품목으로 이동하는 기법인데, 남을 때는 함수의 값을 루트(√)로 계산하고 부족할 때는 제곱으로 계산하여 부족한 것에 가중치를 더 두는 방법이다.(Cockshott and Cottrell 1996)

그런데 4차 산업혁명의 발전하는 생산력은 이런 조정에서 차원이 다른 해법을 제공한다. 스마트공장 등의 발전과 이에 조응하는 교육 체계의 발전으로 남는 생산 설비와 노동력의 재배치 작업은 로봇의 프로그램 변경과 같이 매우 간단한 일이 될 수 있기 때문이다. 예를 들어 현재에도 독일 아디다스사는 2016년에 중국과 동남아시아 공장을 폐쇄하고 독일 내에 "스피드 팩토리"를 세워 가동 중이다. 로봇이 원단을 자르고, 3D 프린터를 이용하여 이어 붙이고 있다. 이 맞춤형 신발 공장은 연간 50만 켤레를 생산할 수 있는 규모인데, 인력은 기존 600명에서 10명으로, 작업시간은 기존 3주에서 5시간으로 줄었다. 그래서 이전에는 디자인에서 출시까지 1년이 걸렸다면, 이제는 소비자가 직접 디자인한 제품의 출시에

4주가 걸린다.(함형준 2017: 363, 369, 김현 2017)

중장기 구조조정 계획은 생산자들이 연간생산계획에 반영해야 하기 때문에 생산자 총회에서 결정한다. 이 조정 계획은 앞서 논의한 예를 따라 매년 20퍼센트의 확대재생산 기금으로 생태 문제 해소를 위해 10년간 모든 사회간접자본과 생산 설비를 10분의 1씩 교체하는 계획일 수도 있고, 단순히 소비자 욕구 증대를 반영하여 기존 산업을 늘리거나, 또는, 신규 산업을 추가하며 이에 연동하여 기존 산업을 축소·폐기하는 계획일 수도 있다.

이때 각 평의회와 이를 보조하는 각종 전문위원회는 생산계획과 정책을 연구·입안하고 결정된 사항의 집행을 관리·조정·감독할 책임을 진다. 집행 실무는 각 전문위원회에 소속되는 작업장의 단위 팀들이 맡는다. 각 팀에서 실무를 관리·감독하는 팀장도 앞서 논의한 행정관위원회 원리대로 구성원이 윤번으로 맡게 된다. 그래서 생산 과정에서 관리·조정·감독하는 권위를 가지는 다양한 개인이 생기지만, 윤번으로 맡으므로 "권위의 평등"이 유지된다. 베버 식 정의로 "권력"은 사회적 관계에 있는 어떤 행위자가 저항에도 불구하고 자기 의지를 실행할 수 있는 지위에 있을 개연성이다. "권위"는 이런 권력이 제도화를 통해 정당화된 것이다. 이런 권력과 권위의 분산은 제도화된 지위에 있는 인격을 순환시켜서 달성할 수 있다.(Asimakopoulos 2014: 22-23, 61-62) 결국, "권위의 평등"은 민주주의 추첨과 윤번으로 달성할 수 있다.

이 모든 결과 각 생산자 개인은 계획과 정책을 각급 단위 총회에서 주별로 돌아가며 매월 공동으로 결정하고, 그것을 입안하고 집행을 관리·조정·감독하는 책임을 일생에서 한 번 이상, 1년씩 질 뿐만 아니라 작업장에서 실무를 관리·조정·감독하는 책임도 교대로 지기 때문에, 노동 과정에서 자본주의적 노동 소외가 아니라 공산주의적 자기실현을 달성하게 된다. 또한, 이 전체 과정에서 다양한 공동체 구성원과의 소통과 횡적 교류를 통해 민주적 경험과 암묵지를 포함한 사회경제적 지식을 누적하면서 개인적·사회적 생산성을 증대시키고 이에 따른 더 짧은 노동시간과 더 긴 자유시간을 얻게 되어, 민주적 경험·사회 경제적 지식, 생산성, 자유시간의 나선형 발전의 선순환 구조를 정착시킨다.

이런 생산과 연관된 중요한 문제가 직업의 선택이다. 공산주의에서는 노동의 분업을 지양하는 균형적 직군을 시행하는데, 이를 통해 개인은 평균적으로 동등한 사회적 평가와 위신을 지닐 수 있도록 복수의 직업을 가질 수 있다. 그런데, 4차 산업혁명의 기술 혁신을 활용하면, 위험하고 힘든 일을 자동화하여 직업의 수고로움과 위험함과 힘듦의 차이를 점차 사라지게 할 수 있고, 추첨과 윤번, 균형적 직군에 의해 관리자와 실무자, 정신노동과 육체노동의 구별을 사라지게 할 수 있으므로, 점차 균형적 직군이 인간의 다양한 잠재력을 지닌 개성의 실현을 위한 수단이 될 것이다.

이와 함께 4차 산업혁명 기술 혁신의 가속화는 직업 자체의 수명을 매우 단축할 것이므로 개인이 일생에 다양한 직업을 갖는 게 자연스럽게 된다. 다시 말해 과거에는 직업 자체의 수명이 생산자로서 개인의 수명을 능가했지만, 향후는 기술 혁신의 가속화로 직업의 수명이 개인의 생산자로서 수명의 3분의 1 이하로 짧아질 것이다.(Casares 2018: 12) 이런 맥락에서 사회적 소비인 교육의 비용은 모두 사회가 부담한다는 원칙이 직업 교육에까지도 확대된다. 그래서 25세까지의 학습기는 물론 이후 직업 생활에서 생산 조정 계획에 따른 전직, 직업 자체의 소멸에 의한 전업 등에 맞추어 모든 직업 교육 비용을 65세까지 사회가 부담할 것이다.

이때 직업 교육을 받는 개인은 기본소득의 원리에 따라 현직 생산자와 대등한 대가를 받게 된다. 다만, 자발적 실업에 대해서는 공산주의 높은 국면인 욕구에 의한 분배 전까지는 기본소득을 지급하지는 않는다. 이런 조건들 속에서 생산력 발전의 가속으로 노동시간이 더욱 축소되어, 직업으로서 노동이 공산주의의 높은 국면이 아니라도 "제일의 생명 욕구"(*MEGA*² I. 25: 15)에 비유될 상태로 나아갈 수 있을 것이다. 그래서 모든 생산자는 다양한 직업을 통한 다양한 개성의 자유로운 발전이라는 공산주의 목표, 노동을 통한 자기실현을 성취할 수 있게 된다.

이런 추첨과 윤번, 균형적 직군은 모든 직업, 특히 예전에 권력 기관이었던 분야에도 적용된다. 자본주의 사회에서 국가 권력의 중추인 경찰, 군대, 검찰, 법원에 종사하는 생산자는 업무의 전문화와 조직의 관료제를 바탕으로 권력을 독점하고 해당 기관을 권력 기관으로 만들었다. 이 분야를 민주화하는 핵심 기제는 전문화가 불가피하면서도 권력을 지닐 개연성이 작은 특수한 업무를 제외한 나머지 업무는 일반 시민의 업무로 바꾸어 권력과 권위가 특정 개인의 것일 수 없게 만드는 것이다. 사회주의라 하더라도 "우발적 살인"(Asimakopoulos 2014: 82) 같은 다양한 범죄는 사라지지 않을 것이고, 이를 수사하기 위해서는 전문성이 필요하다.

경찰에서 수사를 제외한 순찰·경비 등의 나머지 모든 업무, 군대에서의 훈련 지도, 작전 보조를 제외한 경계·작전·전투 등의 나머지 모든 업무, 검찰과 법원에서 형사 소송의 기소와 변호를 제외한 모든 업무는 관련 행정관 외에는 공동체의 의무로 봉사하는 청년이나 일반 시민이 분담하게 된다. 형사 소송에서 경찰의 수사 결과를 바탕으로 기소하고 공소를 유지하는 것에도 전문성이 필요하다. 이에 대응하여 피고인의 권리를 방어할 때에도 전문성이 필요하다. 반면에 민사 재판과 정치 재판은 기소·공소 유지와 변호도 본인이나 행정관이 한다. 이 모든 재판의 진행은 관련 행정관이 하고, 판결은 배심원이 한다. 경찰·검찰·법원 등의 사회적 필요 업무를 수행하는 데 의무 봉사하는 청년이 부족하면, 일반 생산자가 보조 직업으로 수행한다. 이때 남녀 청년은 총회 구성원이 되는 예를 들어 17세부터 학습 종료 해인 25세 사이에 기초 군사·민방위 훈련, 경찰·검찰·법원과 같은 사회적 필요 직무, 아직 기술 혁신을 통해 청산하지 못했지만, 생산자가 지원하지 않는 다양한 수고로운 직무들을 예를 들어 하루 5시간×150일=750시간 동안 자유로운 선택과 계획으로 수행하며 공동체 정신을 함양하면서도 다양한 직무 경험을 통해 직업 선택에도 도움을 받을 수 있다.

이때 군대는 세계 사회주의가 성립하기 전까지 방어용 시민군으로 유지된다. 이를 위해 일반 시민은 청년기 기초 군사훈련과 정기적인 예비군 훈련을 받는데, 이런 훈련을 지도하고, 유사시에 작전을 보조할 역할—작전 자체는 지휘관의 권한이다—은 전문성이 필요하다. 군대는 상명하달의 조직체계로 구성되어야 한다. 그렇지만, 평시 훈련에서 지휘관은 추첨·윤번으로 선임하여 권위의 평등을 이루면서도, 유사시에는 이런 윤번 경험에 근거하여 동료들이 가장 유능한 지휘관을 선거로 뽑아 전쟁 승리를 추구한다.

이런 상태에서 전문화한 각 특수한 업무도 균형적 직군에 따라 해당 직업을 주요 직업으로 선택한 생산자뿐만 아니라 보조 직업으로 선택한 생산자도 분담하여 권력과 권위의 집중을 방지한다. 물론, 일반적 업무뿐만 아니라 특수한 업무에 종사하는 생산자는 모두 팀으로 공동 작업하고, 필요시에는 분업도 가능하며, 윤번으로 팀장을 역임하여 내부에서 권위의 평등을 유지한다. 또한, 해당 분야 전체는 관련 행정관위원회가 관리·감독하여 민주적 통제를 놓치지 않는다. 이런 조건 속에서 이른바 권력 기관은 존재할 수 없게 되고, 사회 전반에서 민주주의가 완성될 수 있다.

## 4. 도래할 21세기 사회주의의 민주주의를 위한 나침판

지금까지 앞으로 도래할 수 있는 21세기 사회주의에서 민주주의가 작동하는 모습을 제시해 보았다. 물론 이것은 청사진 혹은 설계도라기보다 민주주의를 실현하고 발전시키는 과정에서 참고할 예시, 일종의 나침반에 불과하다. 이러한 전망의 핵심인 상설 총회와 추첨의 원리를 구현한다면 이를 얼마든지 다른 모습으로 발전시킬 수 있을 것이다.

더욱 중요한 문제는 어떻게 그곳까지 도달할 것인가의 문제이다. 이 문제는 결론에서도 다루므로 여기서는 다음 몇 가지 단상만을 공유하고자 한다. 첫째, 민주주의는 정의상 자유롭고 평등한 공동체 구성원이라는 토대에서 완전히 실현될 수 있으므로 현재 자본주의 사회에서 실현하기는 매우 어려울 것이다. 그러함에도 지금 여기에서 민주주의를 추구하는 것이 필수 불가결하다. 왜냐하면, 새로운 사회적 관계, 사회적 형식은 하루아침에 하늘에서 떨어지는 것이 아니라 기존 사회라는 토양에서 싹트고 자라는 과정을 거쳐야 하기 때문이다. 그러므로 가능한 한 다양한 곳에서 많은 맹아가 싹틀 수 있도록 노력할 필요가 있다.

둘째, 이런 맹아가 혁명이 성공적으로 출범하는 경우 나아갈 이행기에서 제대로 성장할 수 있어야 한다는 점이다. 그러므로 프롤레타리아 독재의 이행기는 민주주의를 전면화하는 노력 속에서만 발전할 수 있을 것이다. 만약, 이런 "독재"를 민주주의와 반대라고 이해한다면, 혁명 출범의 성공을 촉진했던 민주주의 싹이 시들고 뿌리가 썩어 들어가서 이행기 자체를 넘어갈 수 없게 될 것이다. 이것은 또한, 사회주의의 자유롭고 평등한 인간들의 연합이라는 개념 자체가 민주주의와 동의어라는 점에서도 그러하다.

마지막으로 이런 전제들에서 현재의 사회를 변혁하려는 모든 운동 조직들은 자기를 민주주의로 다시 조직하고 이와 동시에 사회의 모든 분야에서 민주주의 맹아가 우후죽순으로 싹트게 노력해야 한다는 점이다. 아직도 선거로 조직된 과두제를 민주주의라고 생각하지 않는다면, 이것은 정언명령일 것이다.

나가며

# 어디서 무엇을 어떻게 할 것인가

이제 사회주의 혁명에 도달하는 방도를 논할 차례다. 먼저 혁명의 개념적 정의를 생각해 보자. 근본적 변화, 이전과의 질적 단절, 새로운 질적 상태로의 이행 정도로 이해할 수 있는 혁명은 여기에서는 사회 혁명 즉 사회의 일부 측면이 아니라 모든 측면이 근본적으로 바뀌고, 이전과 질적으로 단절되고, 새로운 질적 상태로 이행하는 것을 의미한다. 그래서 사회주의 혁명은 소유, 계획, 분배, 노동, 생산, 사회 문화, 정치 등등 사회의 모든 측면이 근본적으로 사회주의적으로 바뀌는 것을 의미한다.

그런데 여기서 사람들이 오해하는 것은 질적 단절의 의미이다. 사람들은 질적 단절을 곧 파괴로 생각하고, 모든 측면의 질적 단절로서의 혁명을 모든 측면의 파괴로 보는 경향이 있다. 물론 혁명은 단절하고 파괴한다. 하지만 혁명은 파괴하는 것과 보존하는 것을 엄격히 구별한다. 인간이 사회적으로 생활하는 것, 즉 노동하고 생산하고 분배하고 소비하고 자유시간을 가지고 사회 문화적으로 누리고 정치하는 것은 보존된다. 파괴되는 것은 이러한 사회적 생활의 방식이다. 혁명은 사회적 생활의 내용을 보존하고 그것의 기존 형식을 바꾸는 것이다. 비유하자면 혁명은 사람의 몸이 아니라 옷을 바꾸는 작업이다. 혁명은 사람의 몸이라는 알맹이는 보존하고 껍데기인 옷을 바꾼다.

그럼 왜 옷을 바꾸는 혁명이 발생하는가? 당연히 몸집이 커졌기 때문이다. 몸집은 잘 맞는 옷으로 잘 보호되었기 때문에 잘 발육했고, 이제는 옷을 바꾸어야 할 시점이 되었다. 혁명은 이렇게 원래 입던 옷, 껍데기, 사회적 형식이 제 역할을 한 결과 몸, 알맹이, 사회적 내용이 성숙하여 발생한다. 중간에 사람들은 옷에 헝겊을 덧대고 깁는 개혁을 한다. 하지만 이런 과정이 반복되더라도 점점 불어나는 몸집을 도저히 감당할 수 없는 시점이 도래한다. 그동안 옷은 누더기가 되었다. 사람들은 입던 옷에 애정이 깊게 스며 있고 누더기로 만들던 바느질의 정성도 쉽게 잊지 못한다. 하지만 계속 입을수록 그 옷 덕분에 몸집은 계속 불어나고 결국 옷은 찢어진다. 이렇게 개혁에도 불구하고, 개혁 덕분에라도 혁명은 발생할 수밖에 없다.

새 옷이 얼마나 몸에 잘 맞는가가 혁명의 성패를 좌우하게 된다. 여기서 민주주의가 관건이 된다. 새 옷은 다른 누군가가 아니라 몸 자신이 만들어야 한다. 왜냐하면, 몸은 사회 구성원 모두가 부분을 이룬 공동체이고 세상에는 몸 외에는 아무것도 없기 때문이다. 새 옷이 몸의 각 부위에 맞게 잘 만들어져야만 몸이 받아들인다. 민주주의를 통해 구성원 모두가 심사숙고한 의사를 합쳐 옷의 모양을 결정하고 모두가 한 땀 한 땀 보태어 만들 때 그 새 옷은 제 몸에 맞게 된다. 이렇게 계획과 실행을 모두 같이해야 하는 이유는 몸의 각 부위가 계속 변하고 있으므로 모두가 서로 소통하며 계획하고 또한 계획을 재조정하며 만들어야 하기 때문이다. 만약 그렇지 않고 몸의 일부 부위가 자기 의도대로 옷을 만든다면, 그 옷은 몸에 맞을 수가 없을 것이다. 그 결과 몸은 다시 맞지 않는 새 옷을 만드는 과정을 무한 반복해야 하는 진퇴양난에 빠진다. 아니면 새 옷을 버리고 헌 옷을 다시 주워 입으면서 몸집을 강제로 줄여서 맞추게 된다. 이렇게 살을 에고 뼈를 깎는 반동의 폭력이 지배하게 된다. 그 결과 겉보기에 몸집은 옛 모습이지만, 몸 속은 망가져서 각 부위가 삶을 온전히 누릴 수 없게 된다. 아니면 몸이 너무 망가져서 생명을 잃게 된다.

이렇게 민주주의가 혁명의 성패를 좌우한다는 자명한 사실을 왜 사람들은 간과하였을까? 가장 큰 이유는 민주주의가 인민의 능력에 대한 믿음, 인민의 지배, 인민의 권력 균점, 인민의 지식을 집합하여 학습 시너지를 내며 개인과 공동체의 상호 발전을 낳는 유일한 정체라는 사실을 몰랐다는 데 있다. 민주주의를 기껏해야 경조사 민주주의로 알았던 게 결정적이다.

투표를 통해 대표자에게 일처리를 맡기고 나머지 인민은 시키는 대로 하고 가만히 있는 게 민주주의라는 오해가 지배했기 때문이다. 사람들이 민주주의를 모르니 혁명 권력을 장악한 지도부는 혁명 성공을 위해 민주주의를 실천하며 배우는 우회로보다 지름길 같아 보이는 과두제를 택했다. 하지만 그 결과 단기 목표는 달성할 수 있을지언정 원래 목적인 혁명의 성공, 개인과 공동체의 발전과 행복은 인민의 수동화에 의한 내적 동력의 상실로 인해 달성할 수 없게 되었다. 그러함에도 과두제 지배자들은 자신들의 정체를 민주주의라고 선전하며 합리화한다. 이런 선전에 속거나 거짓임을 알고도 이용하는 새로운 혁명 추진 세력은 혁명 전부터 조직을 과두제로 만들고 단기 목표 달성에 치중한다. 그래서 자연적으로 발생하는 인민의 봉기도 과두제로 귀결시킨다. 그렇게 혁명의 성공은 영원히 불가능해진다.

따라서 사회주의 혁명에 성공하는 유일한 방도는 민주주의의 철저한 실천이다. 이제부터 역사와 현실에 비추어 민주주의를 실천하는 방도를 상론해 보겠다. 마르크스는 환경의 변경과 인간의 자기 변화의 일치를 혁명적 실천으로 정의한다. 그는 노동자 계급 스스로가 해방해야 한다는 원칙을 세우고, 국가의 폐지를 추구하며, 독일 인민 전체의 지배가 가능하다고 주장한 역사상 가장 철저히 민주주의를 주창한 사상가였지만, 자신의 실천에서는 부족했다. 일반 평의회 의장으로 봉사하는 동안 국제노동자연합, 제1인터내셔널을 발전시키고 마르크스주의와 공산주의를 세계적 사상과 운동으로 정립하는 성과를 거두었지만, 이 과정에서 또한 과두제를 발전시켰다. 10년 동안 한 사람이 조직을 대표하는 것은 나머지 구성원의 발전을 가로막아 국제노동자연합의 발전과 사회주의 정당의 국제화라는 단기 목표는 몰라도 세계 사회주의 혁명이라는 장기 목적은 달성할 수 없게 만들었다. 이런 과두제는 제2인터내셔널, 제3인터내셔널에서 더 크게 반복되었다.

위대한 혁명가 레닌은 세계 최초의 국가 수준 사회주의 혁명을 출범시켰고, 혁명의 원동력으로서 인민의 광범한 민주주의 조직들과 함께 있었으며, 1905년 혁명 때 최초로 진짜 민주주의로서 당의 민주집중제를 역설했음에도 결국 민주주의를 발전시키지 못하고 혁명 실패의 길을 열었다. 트로츠키는 당시 가장 민주적인 소비에트를 이끌며 혁명에 공헌하였지만, 반혁명을 분쇄하는 내전에서 반민주주의를 선도하며 레닌과 함께 혁명 실패의 길을 열었다. 그러함에도 트로츠키는 성찰을 통해 민주주의를 다시 제기하며 스탈린의 마르크스-레닌주의를 부정하는 길도 열었다. 이 두 위대한 혁명가의 잘못만 계승하며 사회주의 운동에서 과두제 전통을 확립한 스탈린의 잘못은 말할 수 없을 만큼 크다. 가치 법칙, 계급, 국가, 당을 중심으로 한 사회주의 모델을 세계화한 결과 스탈린주의를 반대하는 세계의 좌파조차도 과두제 당과 과두제 국가 모델을 발본적으로 비판할 수 없는 지경에 이르게 했다. 과두제의 변종인 일인 종신 지배는 스탈린을 따라 모든 후속 혁명 정당에서 나타나고 있다.

이런 과두제 모델을 일제 하에서 스탈린주의 제3인터내셔널을 통해, 해방 후에는 스탈린주의 소련이나 스탈린주의 변종 북한을 통해 받아들인 한국의 사회주의 운동은 과두제를 민주주의라고 철석같이 믿었다. 8·15 해방, 4·19 혁명, 광주 항쟁, 6월 항쟁으로 생성된 대중 조직과 정치 조직들은 모두 과두제 조직이었다. 노동조합, 정당, 시민운동 단체 등에서는 모두 총회를 구성원이 객으로 참가하는 의례적 행사로 만들고 대표자의 지위를 주도 세력과 반대 세력이 쟁투로 전유하는 지도자라는 직업으로 만들면서 노동운동, 정당운동, 시민운동에 참여하는 인민들을 수동적 방관자로 몰아갔다. 잠시 타오르던 인민의 혁명적 열정은 식어 갔고 기성 체제는 다시 공고해졌다.

이런 반성에 근거하여 앞으로 민주주의를 제대로 실천할 구체적 방도를 생각해 보자. 우선 좌파 정치 조직은 당장 자기 조직을 민주주의 조직으로 만들어야 한다. 모든 구성원의 상설 총회와 연례적 추첨 평의회, 행정관위원회, 입법배심원, 회원법정(이하 추첨 평의회)을 운영하며 민주주의가 개인과 조직 발전에 최선의 도구라는 점을 자각해야 한다. 이와 더불어 좌파 정치 조직의 통합을 추진해야 한다. 강령의 통일은 집어던져야 한다. 강령은 민주주의와 결합한 사회주의 정도면 충분하다. 나머지는 통합 구성원의 상설 총회에서 만들고 정세에 따라 변경해 갈 사안이지 사전에 정할 필요도 없고 정할 수도 없다. 통합에서 가장 걱정스러워하는 점은 자기 정파가 주도권을 잃고 특정 정파의 조직적 헤게모니에 종속되는 것이다. 하지만 이런 조직적 헤게모니는 과두제를 벗어 버렸기 때문에 누구에게도 보장되지 않는다. 민주주의에서 헤게모니가 있다면 이는 총회의 정책 결정을 통해 그때그때 바뀐다. 자기 노선이 올바르다고 믿는 정치 조직은 모두 민주주의를 통해 자신을 증명하며 자신과 좌파 정치 발전에 공헌할 수 있다.

좌파 정치에서 한 가지 강조할 점은 직업 혁명가 모델을 버려야 한다는 점이다. 직업 혁명가 모델은 러시아 혁명에서도 효과가 없었다. 1905년 혁명이나 1917년 2월 혁명은 당 주도가 아니라 대중의 자연발생적 봉기로 발생했다. 10월 혁명을 직업 혁명가 당이 성공시킬 수 있었지만, 이것은 역으로 민주주의를 배제하는 길을 열었다. 한국에서 1980년대에 현장으로 들어간 학출 노동자들은 어떠했나? 대부분 실패했다. 애초부터 외부에서 현장을 지도하는 혁명은 가능하지 않았다. 왜냐하면, 이것은 과두제 방식이기 때문이다.

노동자 계급의 해방은 노동자들 자신이 해야 하고 이것이 민주주의이다. 그런데도 좌파 정치 조직은 지금까지도 직업 혁명가 모델을 고수하고 있다. 지도급 인사들은 평생을 직업 운동가로 살아왔다. 변절 없이 좌절 없이 자리를 지킨 점은 너무나 존경스럽지만, 자신이 직업적 지도자가 됨에 의해 나머지 구성원을 수동화하면서 조직을 정체시키고 퇴보시켰다. 평생을 들인 공이 효과가 있었다면 지금보다 조직이 수십, 수백 배 커져야 하지만 그렇기는커녕, 자신이 손을 놓으면 조직이 무너질 정도다. 이뿐만 아니라 그 자신은 평생 지도자 직업에 매몰되어 생계, 건강, 가족, 친구를 챙기지 못하고 잃어 왔다. 개인사에서 이만한 불행이 있을 수 없다.

만약 그 지도자급 인사가 조직을 평생 민주적으로 운영했다면 어떻게 달라졌을까? 이미 자신에 버금가는 지도급 인사 수십, 수백 명이 배출되고 민주적인 조직이 수십, 수백 배 커졌을 것이다. 그 자신은 일생의 열정을 집중한 1년의 추첨 평의원 활동으로 조직에 크게 공헌하며 나머지의 모범을 세우고 상설 총회 구성원으로서 직업적 지도자일 때보다 부담을 10분의 1도 지지 않고도 조직을 발전시키며 생계, 건강, 가족, 친구를 챙기는 여유를 누릴 수 있었을 것이다. 이것은 지도자가 만든 모범을 본받아 후임 평의원들이 그만큼 일할 수 있고, 본인은 총회 구성원으로서 이를 보완하는 역할만 하여도 되기 때문이다. 보완하는 역할은 처음에는 다른 평의원의 일 처리 자세에 대한 조언, 정책 제안, 총회 토론, 집행 결과 평가 등 많이 필요하겠지만, 전체 구성원의 수준이 점점 높아지고 육성된 지도자들이 분담하면서 거의 필요 없는 수준까지 도달할 것이다. 이것이 가능한 것은 상설 총회와 추첨 평의회가 제도화하는 순간 전체 구성원이 돌아가며 지도자 역할을 맡을 마음과 몸의 준비를 하며 발전할 것이기 때문이다.

이뿐만 아니라 지도자는 자신의 개성과 능력을 발휘할 다른 조직에도 복수로 가입하여 상설 총회를 만들고 추첨 평의회에서 열정을 다해 1년 봉사하며 민주주의를 확산할 수 있을 것이다, 여기서 말하는 복수의 조직은 직장, 직능단체, 사회단체, 시민단체, 주민회의, 아파트 입주민 회의, 총동창회, 향우회, 교회, 동호회 등등 다양하다. 여기서 대전제는 직장을 생업의 터전으로 삼는다는 점이다. 그래서 직장의 민주주의부터 성취해야 한다. 그래야 나머지 복수 조직 활동이 힘을 받을 수 있다. 그래야 본인의 생계, 건강, 가족, 친구를 유지하고 복수 조직들을 통해 사회 전반의 민주주의를 확산할 수 있다. 이것이 그람시의 진지전에 성공하는 방법이다. 좌파 정치 조직의 나머지 구성원도 이 과정을 배우며 지도자로 발전하고 복수 조직에서 활동하며 사회 전반에서 민주주의를 확산할 수 있다. 이제 직업 혁명가는 직업을 가진 혁명가로 대체된다. 좌파 정치 조직은 당장 모든 회원이 취직을 하도록 독려하고, 직업이 없는 회원 자격을 금지할 필요가 있다. 이렇게 모은 회원들의 회비로 1년간 활동하는 추첨 평의원들의 월급과 모든 조직 운영비를 충당하는 구조를 만들어야 한다.

물론 해고, 수배, 감옥으로 점철되는 삶이 강요된 시대에서 어찌 그런 직장을 가진 삶이 가능하겠느냐고 항변할 수도 있다. 그래서 시대가 강요한 그런 삶은 지도자의 몫이고 그런 삶을 감당할 수 없었던 사람들은 조직의 수동적 구성원이 되거나 후원자가 되는 데 머물렀다. 그 결과 과두제가 공고하게 되었다. 일종의 딜레마이다. 하지만 과두제를 타파하고 모두의 힘을 모으는 민주주의는 혁명 운동의 필수 전제이다. 과두제를 타파하기 위해서라도 지도자는 더욱 의식적으로 직장을 가진 삶을 살아야 한다. 그래야 나머지 구성원도 수동적 구성원이나 후원자로 머물 명분을 잃고 지도자의 모범을 좇아 능동적으로 운동을 지속할 의무를 느낄 것이기 때문이다.

이렇게 통합 좌파 정치 조직이 발전하고 일상 조직의 민주주의가 확산할 때, 사회주의 제도정치가 가능하다. 이제 통합 좌파 정치 조직은 사회주의 정당이 된다. 여기서도 핵심 원리는 상설 총회와 추첨 평의회이다. 수만, 수십만 당원은 시군구, 시도, 전국에서 매주 번갈아 열리는 상설 총회에서 한 달에 한 번 각급 정책을 결정하고, 결정된 정책을 실현하기 위해 노력하는 추첨 평의회에서 활동한다. 이때 모든 당원은 별도의 연수 과정을 통해 정치 토론, 정책 연구와 입안, 정치 연설 등의 정치 기술을 배운다. 이런 바탕에서 상설 총회와 추첨 평의회 활동을 통해 모든 당원의 정치 기술과 지식이 집약되고 시너지가 나면서 개인과 당의 정치력은 급격히 상승한다.

의회 의원과 보좌진은 기초자치, 광역자치, 국가 수준에서 당의 정책을 선전하고 실현하는 선봉대이다. 이들은 모든 당원 가운데에서 지역, 타고난 성, 젠더, 나이, 직업, 학력, 장애, 소수자, 민족, 인종, 종교 등등의 구성원 비례 추첨으로 선발된다. 제도정치에 들어갈 때 추첨 선발된 당원들은 연수 과정에서 기초 정치 기술에 더하여 동료 의원, 보좌진과 정책 공조를 실현하는 기술, 정부 부처와 산하 기관을 통제하는 기술 등 의회 정치 기술도 배운다. 이들은 상시 활동하는 당의 추첨 평의회 산하 전문위원회와 협동하여 업무에 더욱 성과를 낸다. 다수파가 되기 전에는 실현 불가능한 정책일지라도 의회 무대와 언론을 통해 효과적으로 선전하면, 당원들의 활동으로 확산하고 있는 직장과 일상 조직의 민주주의에 힘입어 다수 시민의 지지를 이끌 수 있다. 이렇게 결국, 의회 다수파가 될 수 있다.

지역구 의원은 연임이 금지되고 비례대표는 그 임기조차도 쪼개서 맡는다. 그래서 지역 대표는 4년 임기 동안, 비례대표는 1년 임기 동안 평생의 열정을 집중하여 더 높은 성과를 낼 수 있고, 당은 다수의 전직 의원을 배출할 수 있다. 단기적 교체로 인한 경험 부족은 보좌진에 의해 해결된다. 연임 불가능한 보좌진 역시 평생의 열정을 1년에 쏟아붓는다. 이 결과 4년 임기 10명의 비례대표 국회의원직이면, 전직 국회의원 40명, 전직 보좌진 400명을 배출할 수 있다. 4년 임기 100명의 비례대표직이면, 전직 국회의원 400명, 전직 보좌관 4천 명을 배출할 수 있다. 시도 의회, 시군구 의회도 이렇게 운영하면 단기간에 사회주의 당은 여전히 아마추어이지만 1년 이상의 의회 경험을 갖춘 준프로 전직 의원, 보좌진 수천, 수만 명을 보유할 수 있다.

이들은 당의 상설 총회와 추첨 평의회에 돌아와 공헌하며 당과 자신의 정치력을 더욱 상승시킬 뿐만 아니라 시민사회의 제도 언론에서 패널이나 사회자로, 인터넷 논객으로, 유튜브 일인 방송 크리에이터 등으로 활약하며 당의 사회주의 정책을 선전하고 시민사회의 민주주의 발전에 공헌할 수 있다. 이런 정치력을 통해 사회주의 당은 향후 10-30년 사이에 도래할 수도 있는 혁명적 정세에서 주도적인 역할을 할 수 있을 것이다.

이제 사회주의 당은 시군구, 시도, 국가 수준의 정부를 장악할 수 있다. 시군구 청장, 시도 지사, 대통령 등 각급 대표자와 참모와 정무직과 산하 기관장과 임원을 사회주의 당은 모든 당원 가운데에서 지역, 타고난 성, 젠더, 나이, 직업, 학력, 장애, 소수자, 민족, 인종, 종교 등등의 구성원 비례에 따른 추첨으로 선임한다. 여기서도 선출직은 연임을 금지하고, 나머지 직무는 1년 임기로 교체하며 각자가 일생의 열정을 집중한 임기 혹은 1년 동안 봉사하며 업무의 성과를 높일 수 있다. 물론 공직에 진출한 당원들은 임기 후에도 당과 시민사회에서 다시 활동하며 당의 정치력과 시민사회의 민주주의 발전에 공헌한다. 당은 또한 정부 각 영역에 대응하는 상설 특별위원회를 구성하여 이들을 지원한다. 이렇게 구성한 집행력을 통해 당은 다수파 의회에서 통과시킨 사회주의 정책을 제대로 집행할 수 있다. 또한, 이에 발맞추어 주민 사회와 시민사회, 행정부와 공공 조직의 민주주의를 신설 법령에 근거하여 조직할 수 있다. 상설 총회와 추첨 평의회는 이제 이 영역들에서 제도화된다. 이렇게 당, 주민 사회와 시민사회, 행정부와 공공 조직을 민주주의로 구성하고 상호 연계한 시너지를 내며 사회 전반의 민주주의를 심화할 수 있다.

이제 시민사회의 민주주의를 보자. 각 직장의 노동조합에는 상설 총회와 추첨 평의회를 도입해야 한다. 이런 민주주의가 실현되는 상황을 반영하여 산별, 전국 연맹에도 상설 총회와 추첨 평의회가 조직될 수 있다. 이렇게 되면 각 노동자는 매주 번갈아 열리는 각급 상설 총회에서 노동조합의 정책을 결정하고, 1년간 추첨 평의회에서 일생의 열정으로 최선을 다한다. 파업을 포함한 모든 투쟁의 목표와 전략·전술은 지금까지와 달리 모든 노동자의 각급 총회에 의해 정해지고 모두 참가하며 실행된다. 그 결과 승리하는 투쟁 경험과 지식 집합 공유의 시너지를 내며 각 노동자와 노동조합은 더욱 발전할 수 있다. 이 과정에서 노동조합이 없던 직장에서도 노동조합이 조직될 수 있고 결국 전국 2천만 노동자가 모두 노동조합원이 될 수 있다.

이때 노동조합의 투쟁 목표는 임금 인상이나 비정규직의 정규직화를 넘어설 수 있다. 아래 제시하는 일반 노동자, 공공 노동자, 중간 계급 종사자의 세 가지 투쟁 목표와 수정 목표는 하나의 예시일 뿐이다. 당연히 투쟁하는 주체가 상설 총회에서 심사숙고하여 결정하고 추첨 평의회를 중심으로 집행하고 평가하며 수정해 나갈 내용이다.

먼저 향후 10-30년은 4차 산업혁명의 급격한 생산력 발전으로 인해, 자본의 대량 파산을 낳는 자본주의 위기가 반복될 것이고, 노동자 가운데 절반 이상을 실업에 처하게 하고, 발전하는 생산력 토대와 조응하지 않는 법률, 제도, 정치, 의식과 같은 상부구조로 인해 총체적 혼란 국면이 도래한다는 점을 상기하자. 그래서 노동은 첫째, 임금 인상을 넘어 노동자가 창출한 이윤을 회수하는 것을 투쟁 목표로 삼을 수 있다. 이것은 자본의 일부인 재벌만이 아니라 모든 자본의 해체로 이어질 수 있다. 이때 해체되는 것은 땅과 생산수단을 독점하여 위기를 낳는 장본인인 자본이라는 낡은 옷, 형식일 뿐이므로 새로운 알맞은 옷, 형식을 갖춘 땅과 생산수단은 보존되고 사회적 생산의 발전과 4차 산업혁명은 더욱 촉진될 수 있다.

둘째, 노동은 정규직화를 넘어 생산 계획과 생산 과정의 민주주의를 투쟁 목표로 할 수 있다. 자본의 해체는 생산 계획과 생산 통제의 새로운 주체를 필요로 하기 때문이다. 그래서 이것은 직장의 상설 총회와 추첨 평의회로 발전할 수 있다. 결국, 땅과 생산수단을 독점한 자본가의 주식회사는 공동 점유에 근거한 개인적 소유를 부활한 노동자 협동조합으로 형식이 바뀌고,이들은 협동조합 산업 연합, 전국 연합으로 발전하며 노동자가 모든 사회적 생산을 계획하고 통제할 수 있는 틀을 갖추게 될 것이다.

셋째, 생산 계획과 생산 과정의 민주주의를 넘어 노동과 분배의 민주주의를 투쟁 목표로 할 수 있다. 이것은 대량 실업을 일자리 나누기로 전환하여 노동자 각자의 노동시간을 대폭 단축하고 자유시간을 대폭 늘리는 투쟁을 한 축으로 한다. 또한, 가치 법칙을 탈피하기 위한 동일노동시간 동일임금, 불평등을 심화하는 모든 간접세를 폐지하고 직접세인 자본소득과 노동 소득을 종합한 누진소득세에 기초한 보편적 기본소득, 무상교육, 무상의료, 무상 어린이·장애인·노인 돌봄, 무상 생필품 제공, 복수의 직업과 직무를 계획적으로 수행하는 균형적 직군을 위한 투쟁들을 다른 축들로 한다.

이 모든 투쟁은 4차 산업혁명에 따라 노동자가 일할 때뿐만 아니라 실업에 처했을 때에도 괜찮은 생계를 유지하며 전직과 전업을 위한 교육을 받고 사회에 필요한 직무와 직업으로 자유롭게 이전하여 사회적 생산력의 발전을 더욱 촉진할 뿐만 아니라, 가족의 일부인 노동이 불가능한 사람들 모두의 괜찮은 생계도 보장하기 위한 투쟁이다. 또한, 이런 투쟁들은 공산주의 실제 노동시간에 따른 분배와 욕구에 따른 분배의 원리를 실현하는 평등한 분배뿐만 아니라 자유 실현 자체가 목적인 노동시간과 자유시간을 확보하여 각자가 다양한 개성을 발전시킬 조건을 위한 투쟁이기도 하다.

직장 중에는 시민단체, 사회단체, 공기업, 공공기관, 행정부, 경찰, 검찰, 법원, 군대 등 이윤 추구를 목표로 하지 않는 곳도 있다. 이런 직장의 노동자들도 위에서 논의한 자본의 해체, 생산 계획과 생산 과정의 민주주의, 노동과 분배의 민주주의, 이렇게 세 가지 투쟁 목표를 공유하면서, 자본의 해체를 국가의 해체로 대체할 수 있다. 이는 자본주의를 지배하는 국가 업무의 사적 성격과 권력 독점을 폐기하고 공적 성격과 권력 균점을 보장할 새로운 형식, 모든 사회 구성원의 공동 점유에 근거한 개인적 소유 개념을 반영한 사회적 협동조합 형식에서 실현될 수 있다. 이 협동조합 형식에서 국가 업무는 모든 사회 구성원이 추첨으로 선발되어 번갈아 맡는 방식이 제도화된다.

자영업, 소기업 경영, 독립 전문직에 종사하는 사람들은 자본의 경쟁적 침투와 지배에 따라 점점 파산하며 중간 계급의 지위를 상실하고 노동자로 전락하는 경향을 지닌다. 이들의 즉자적 요구에 따라 자본의 경쟁을 막고 생존을 보장하려는 투쟁은 경쟁을 핵심 원리로 삼는 자본주의에서는 목표 달성이 불가능할 뿐만 아니라 자체의 규모의 비경제와 구조 경직화에 따라 사회적 생산성의 발전에도 역행한다. 따라서 이 사람들의 투쟁 목표는 규모의 경제와 유연한 구조를 갖출 수 있는 동료 생산자들의 자유로운 연합, 협동조합의 산업 연합으로 형식을 변경하는 데 두어야 한다. 이렇게 되면 이 사람들도 앞서 본 노동자들의 세 가지 투쟁 목표, 자본의 해체, 생산 계획과 생산 과정의 민주주의, 노동과 분배의 민주주의를 공유할 수 있다. 그래서 노동자와 중간 계급 종사자는 자본, 국가, 계급을 지양한 자유로운 인간들의 연합의 구성원으로 전환할 준비를 갖추게 된다.

학교, 총동창회, 주민회의, 아파트 입주민 회의, 향우회, 교회, 동호회 등도 선도적인 구성원의 의식적 노력을 통해 상설 총회와 추첨 평의회를 발전시키며 정당, 정부, 노동조합과 직장의 민주주의 발전과 시너지를 낼 수 있다. 이것은 예를 들어 초등학교의 상설 학급 총회, 학년 총회, 전교 총회와 각급 추첨 평의회부터 대학교의 상설 학과 총회, 단대 총회, 대학 총회, 전국대학생 총회와 각급 추첨 평의회까지 모든 학생이 상설 총회의 구성원으로 활동하고 추첨 평의원으로 한 주씩 혹은 한 달씩 활동하며 민주주의를 어릴 때부터 체질화하는 방안이고, 직장을 벗어난 일상생활과 사회 문화 공간에서 민주주의를 생활화하는 방식이다. 이러한 진지전을 통해 민주주의가 확산할수록 사회와 정치의 민주주의는 심화할 수 있다.

이런 모든 과정에서 사회주의 당원은 중심적 역할을 한다. 수만, 수십만, 수백만 모든 당원은 직장에서 노동조합이 있으면 이를 민주화하는 투쟁, 없으면 노동조합을 만드는 투쟁에 앞장선다. 이때 당은 각 투쟁하는 당원에게 관련 정보, 사례, 조언, 인적 네트워크 지원을 제공하는 풀로 작동한다. 다시 말해 각 당원은 직장뿐만 아니라 다양한 시민사회 조직의 복수 회원으로 활동하며 확보한 관련 정보, 성공과 실패

사례, 인적 네트워크를 종합하여 다른 당원의 노동조합 민주화 투쟁을 조언하고 지원한다. 이런 투쟁이 성공할수록 관련 정보, 성공 사례, 인적 네트워크가 늘어나서 직장 노동조합 민주화와 당의 정치력이 상호 증대하는 나선형 발전이 일어난다.

이런 과정에서 이제 노동자들은 시민사회의 여론을 장악할 수 있게 된다. 사회의 각종 이슈에 관한 인터넷 언론 댓글은 현재 1만 명 수준이면 다수를 점한다. 노동조합원 수백만, 수천만 명 가운데 10퍼센트만 참가해도 댓글 부대를 압도할 수 있다. 노동자 상설 총회에서 일상적으로 기업, 산업, 전국적, 국제적 이슈를 토론하고 심사숙고하며 결정하고 결의하는 문화가 정착된 상태에서 노동자들의 인터넷 활동은 여론 지형을 완전히 바꿀 수 있을 것이다. 이것은 유튜브 콘텐츠 조회 등에서도 마찬가지다. 그래서 노동자들이 심사숙고하여 결정한 정책은 여론의 절대적 지지를 받으며 관철될 수 있다.

예를 들어 임금 투쟁을 넘어선 이윤 회수 투쟁은 재벌 기업의 1천조 유보금을 투자금이라는 내용은 보존하면서도 노동자의 지분으로 형식을 변경하는 작업으로 구체화할 수 있다. 이어지는 자본 해체 투쟁은 파산한 기업을 은행 대출로 노동자가 지분을 인수하여 협동조합으로 변경하는 방식으로 실현할 수 있다. 이런 과정은 지금까지 단지 생각에 불과했지만, 수십만, 수백만 당원의 정치력과 수백만, 수천만 노동자의 활동력으로 추진될 때 성공할 수 있을 것이다.

이와 더불어 주민 회의, 아파트 입주민 회의, 향우회, 총동창회, 교회, 동호회 등등에서 복수로 활동하는 당원들은 해당 조직의 일상 업무를 상설 총회와 추첨 평의회를 통해 처리하는 문화를 정착시키는 데 공헌할 수 있다. 예를 들어 아파트 난방비 비리와 같은 관리비 운영의 문제는 과두제로 인해 조장된 것이다. 이러한 문제를 입주민회의에 민주주의를 도입해서 해소할 수 있듯이 다른 시민 공동체 조직에서도 일상 업무를 민주적으로 처리하는 문화는 정착될 필요가 있다.

이런 민주적 문화는 사회적 이슈를 토론하고 노동자의 민주주의 투쟁을 지지하는 활동으로 이어질 수 있다. 이것이 가능한 근거는 각종 시민 조직 구성원의 압도적 비중이 다름 아닌 노동자와 중간 계급 구성원이고 이들이 앞서 본 3대 투쟁 목표를 공유할 수 있기 때문이다. 그래서 주요한 노동자 투쟁 이슈에 대해 지지 성명서, 후원 모금, 지지 방문, 전문적 조언 등을 제공할 수 있을 것이다. 또한, 예를 들어 올해의 자랑스러운 주민, 동문, 향우, 교인, 동호인의 포상과 올해의 수치스러운 주민, 동문, 교인, 동호인의 선정을 통해 노동자 투쟁을 간접 지원할 수 있을 것이다. 이렇게 발전하는 민주주의 시민 공동체 조직은 당원들을 통해 노동자들의 민주주의 투쟁에 관련 정보와 인적 네트워크 지원을 제공하는 원천도 될 것이다.

이 모든 시민사회 운동은 사회주의 당 의회와 정부 장악하는 일과 맞물려 촉진될 수 있다. 당이 장악한 의회와 정부는 신설 법령과 제도로 직장과 노동조합, 시민사회의 민주주의 투쟁을 촉진하고, 이것은 다시 사회주의 당의 의회와 정부 장악력을 증대하는 선순환을 구성할 수 있다. 이런 나선형 발전은 앞으로 10-30년 동안 도래할 4차 산업혁명의 급격한 생산력 발전, 자본의 광범한 파산, 노동의 대량 실업, 상부구조의 대혼란과 맞물려 모든 사회적 형식을 바꾸는 혁명적 투쟁의 승리를 낳을 수 있을 것이다.

이러한 승리는 노동자 상설 총회와 추첨 평의회, 시민 상설 총회와 추첨 평의회의 발전 수준에 따라 결정될 것이다. 총회와 평의회가 전국 노동자와 중간 계급과 가족들을 포괄하고 이들의 결정과 요구가 자본과 국가의 해체, 생산 계획과 생산 과정의 민주주의, 분배와 노동의 민주주의, 사회 문화의 민주주의, 정치의 민주주의를 정면으로 요구하고 부분적으로 실현하여 갈 때, 절대 다수의 지지로 헌법을 개정할 수 있다. 그 주요 내용은 형식만 남은 자본과 국가를 폐지하고 새로운 형식을 부여하면서 이를 운영하는 소유, 계획, 생산, 분배, 노동, 사회 문화, 정치 등에서 사회주의 원리를 담고, 내용과 형식 일치의 제반 자유와 평등의 권리를 보장하는 것이다.

이렇게 출범한 혁명은 이 원리와 권리를 구체적 제도들로 다듬고, 인간들의 사고 방식과 행동 방식이 이에 조응하게 변화해 가는 이행기를 거쳐 변화된 사회적 형식, 의식 형식,

행동 형식이 돌이킬 수 없는 단계에 도달하면 성공하게 된다. 이 과정은 가치 법칙이 폐지되어 실제 노동시간 기준이 원칙이 되고, 인간들의 사회적 관계를 규정한 자본, 국가, 계급, 당 형식이 폐지되어 자유로운 연합 형식으로 대체되며, 인민의 지배와 인민의 권력 분점이 완성되는 것으로 나타날 것이다.

이 모든 과정에서 폭력은 없다. 모든 과정이 인민 모두가 심사숙고한 결정과 집행과 평가의 반복 속에서 진행되기 때문이다. 만약 이런 인민의 결정에 대해 반발하는 일부 기득권 세력이 폭력을 사용한다면 대항 폭력이 작동할 것이다. 물론 이 대항 폭력은 반혁명 폭력을 압도할 것이다. 참고로 계급의 폐지는 기존 스탈린 식 사회주의가 오해하였듯이 계급 구성원을 폐지하는 것이 결코 아니다. 계급은 인간의 자연적 속성이 아니라 사회적 관계의 응축으로서 사회적 형식이다. 따라서 인간의 자연적 속성, 몸을 보존하면서 사회적 형식, 옷을 바꾸는 사회 혁명을 통해 자본가, 중간 계급 종사자, 노동자 모두 새로운 사회적 형식의 인간, 자유롭게 연합한 인간으로 바뀌게 된다. 즉 모든 인간의 사고 방식, 행동 방식이 계급적 방식에서 자유롭게 연합한 인간의 방식으로 바뀌는 과정을 통해 계급이 폐지된다. 물론 이 과정은 민주적 토론과 심사숙고한 결정과 집행의 반복을 통해 누진적으로 성취될 것이고, 이 과정은 수년, 수십 년이 걸릴 수도 있는 이행기를 구성한다. 이 과정을 통과할 때라야 사회주의 혁명이 성공한 것이다.

사회주의 혁명이 출범할 때를 전후해서 제국주의의 압력과 견제가 노골적으로 작동할 수 있다. 하지만 외적 계기가 내부 변화를 결정할 수는 없다. 절대 다수 인민의 확고한 결정과 집행으로 혁명을 출범시킨다면 제국주의는 충분히 극복할 수 있다. 세계 시장에서 국제 자본은 봉쇄보다 개방에 이해관계가 있다. 그래서 혁명 경제도 이전과 마찬가지로 개방을 유지하고 확대한다면, 국제 자본의 제국주의와 대결해야 할 이유가 없다. 혁명 경제는 모든 인민이 참여하고 유연하게 조정하는 참여 계획을 통해 세계 자본주의와의 개방과 교류를 유지하고 확대할 수 있다. 이 과정에서 자본주의 가치 법칙에 종속될 염려도 없다. 내부적으로 가치 법칙이 폐지되고 실제 노동시간 기준으로 생산물을 만들고 계산하여 동태적 비교 우위 원칙에 따라 세계 시장과 교역하면 세계 자본주의와 혁명 경제는 서로 이득을 볼 수 있기 때문이다. 이런 원칙에서 투자와 인적 교류도 마찬가지로 확대하고 전면화할 수 있다.

제국주의가 정치·군사적 전략으로 경제적 봉쇄와 군사적 침략을 선택할 가능성도 고려해야 한다. 하지만 모든 제국주의가 합의한 봉쇄와 침략은 불가능하다. 이것은 경쟁하고 대립하는 제국주의 국가들의 본질에서도 그렇고, 더구나 앞으로 10-30년은 미국이 쇠퇴하고 중국이 부상하는 자본주의 불균등 발전의 심화에 따라 미국, 중국, 일본, 러시아, 유럽연합 제국주의 국가 사이의 경쟁과 갈등이 고조될 것이라서도 그렇다. 특정 제국주의의 경제적 봉쇄도 어렵기는 마찬가지인데, 나머지 제국주의 국제 자본들에 개방과 교류 기회를 넘겨줄 것이기 때문이다. 특정 제국주의의 군사적 침략도 어렵기는 마찬가지다. 세력 균형의 붕괴를 반대하는 나머지 제국주의의 견제가 작동할 것이고, 혁명 운동 과정에서 형성해 온 국제 연대가 제국주의의 내부적 견제로 작동할 것이기 때문이다. 만에 하나 특정 제국주의가 혁명 지도부를 군사적으로 타격하더라도 추첨 평의회 충원 구조 속에 즉각 복원할 수 있다. 모든 인민을 대상으로 군사 전쟁을 벌인다면 단호하게 방어전을 전개하여 격퇴할 수 있다. 방어전은 공격군의 세 배 이상의 전력 효과를 지니는 데다가 모든 인민이 무장한 군사력은 더욱 강력할 것이기 때문이다. 결론적으로 제국주의의 봉쇄나 침략 우려가 사라지지 않지만, 혁명과 동시에 모든 인민의 참여로 경제를 계획하고 모두 권력을 분점하며 모두 무장하여 전면적 개방과 교류를 견지하는 한, 충분히 억제할 수 있을 것이다.

북한도 혁명 과정에서 중요한 변수가 될 수 있다. 하지만 외적 계기가 내부 변화를 결정할 수 없다는 원칙은 북한에도 적용된다. 절대 다수 인민의 확고한 결정과 집행으로 혁명을 출범시킨다면, 북한의 영향은 충분히 극복할 수 있다. 오히려 과제는 통일이다. 여기서도 전면적 개방과 교류의 원칙이 적용된다. 만약, 혁명 출범 시점까지 통일이 되지 않았다면,

전면적 개방과 교류를 통해 노동자 투쟁의 세 가지 목표를 북한 내부에서 공유하도록 유도하고 투쟁이 성과를 얻을 때 혁명적 통일이 가능할 것이다. 만약, 혁명 출범 전에 이미 통일이 되었다면, 마찬가지로 내부적인 전면 교류의 원칙으로 노동자 투쟁의 세 가지 목표를 공유하는 노력을 통해 북한을 포함한 전국적인 혁명이 추진될 수 있을 것이다.

이런 전면적 개방과 교류의 원칙은 제국주의 격퇴와 북한과의 통일 문제를 해결하는 원칙일 뿐만 아니라 세계 자본주의 인민들이 자유로운 교류를 통해 사회주의 생산관계와 사회적 관계의 우월성을 자각할 수 있게 하는 원칙이 될 수 있다. 이것은 사회주의에서의 사회적 관계의 응축인 사회적 형식, 사고 방식, 행동 방식이 자본주의의 그것보다 우월하기 때문이다. 결국, 한국에서 시작한 민주주의와 결합한 사회주의 혁명의 성공은 세계화를 통해 세계 사회주의 혁명의 성공을 낳을 것이다. 이로써 인류는 민주주의와 사회주의가 보장되고 결합하여 발전하는 세상에서 모두가 행복을 누릴 필요조건을 확보할 것이다.

# 추신

4장과 결론의 내용이 너무 이상적이라는 평이 있을 수도 있겠다. 현실적인 문제를 보면서 몇 가지 덧붙이려고 한다. 이 책의 원고를 완성한 이후 1년이 흘렀다. 그동안 많은 일이 있었지만, 가장 중요한 사건은 4·15 총선과 코로나19 사태라고 할 수 있겠다. 두 사태를 검토하면서 현실적인 문제와 이상적인 것이 어떻게 연결되는지를 살펴보자.*

4·15 총선의 결과는 집권 민주당이 압승한 데 반해, 미래미래통합당은 완패하여 영남의 자민련으로 전락했다는 것으로 요약할 수 있다. 진보 진영에서 정의당은 군소정당으로 현상 유지를 했지만, 나머지는 거의 소멸했다고 할 수 있다. 이렇게 된 데에는 다양한 이유가 있겠지만, 필자는 한국의

* 한편 이 추신을 작성한 2020년 6월 말 이후에도 이 책을 출간하기까지 약 3개월이 흘렀다. 그동안 정의연 사태, 박원순 사건, 2차 코로나 위기, 의사 파업과 같은 중요 사건들이 벌어졌지만, 이 추신에는 반영하지 못했다는 점을 독자들이 이해해 주길 바란다.

정당 체제 자체에서 근본 원인을 찾을 수 있다고 본다.

여기서 정당 체제란 립셋과 로칸이 자신들의 획기적 연구(Lipset and Rokkan 1967)에서 제시한 그 정당 체제를 말한다. 브라질과 일본을 포함한 서구 주요 나라 12개국의 20세기 초반부터 1960년대까지 50년간의 정당 체제 변동을 실증 분석한 결과, 립셋과 로칸은 놀랍게도 대부분의 나라에서 20세기 초반에 형성된 정당 체제에 변동이 없었다는 점을 발견했다.

예를 들어 영국은 보수와 진보 양당제, 미국은 보수 양당제, 독일, 프랑스, 이탈리아는 보수 진보 다당제가 각 나라에서 대중정당이 형성된 20세기 초반부터 당시까지 변함없이 유지되었다는 것이다. 즉 시민들의 지지 정당은 세대를 이어 유지된다는 것이다. 이것은 20세기 전반부가 러시아 혁명과 이어진 유럽 혁명, 제1차 세계대전, 세계 대공황, 제2차 세계대전 같은 격동의 소용돌이로 점철된 시기였음에도 그랬다. 이 결과는 한 번 형성된 정당 체제는 역사적 격변에도 불구하고 거의 영구화된다는 점을 알려 준다. 조금만 살펴보면 이러한 서구 각 나라의 정당 체제가 21세기에도 유지되고 있다는 점도 알 수 있다.

이렇게 된 원인은 처음 정당 체제가 형성된 시기에 배경으로 작용했던 각 나라의 고유한 계급 균열, 지역 균열, 종교 문화 균열 등의 복합적 균열 구조가 일정한 변용을 거침에도 근본적 변화 없이 이후에도 지속해서 영향을 미친 점에도 있겠지만, 한 번 형성된 정당 체제 자체가 대중들을 그에 걸맞게 동조시키면서 발전하기 때문이기도 하고, 특히 예를 들어 소선거구에서 중대선거구로, 지역대표제에서 비례대표제로의 선거제도 변경조차도 기성 정당이 자신에게 유리한 방향으로 왜곡시켜 결과적으로 기존 정당 체제가 유지되게 조작하기 때문이기도 하다.

이것은 역으로 기존 체제에 도전하는 정치 세력, 특히 혁명적 사회주의 정당의 도전이 이런 기존 정당 체제를 변동시키기에 역부족이었다는 점, 그래서 그 정당들이 전혀 혁명적이지 않았다는 점을 알려 준다. 이것은 앞서 논의한 세계 과두제 사회주의 정당의 실패를 알려 주는 증거이면서, 대중의 민주주의를 통한 혁명적 실천만이 혁명을 위한 유일한 길이라는 주장의 역사적 근거이기도 하다.

이런 정당 체제는 한국에서도 마찬가지로 작동한다. 한국의 정당 체제는 최초로 대중 정당이 형성된 시점이던 1848년 총선 때부터 시작하여 1952년에 완성된 보수 양당제가 지금까지도 유지되는 것으로 나타난다. 1948년 정부 수립 당시 집권당이었던 한민당이 1952년 대통령 이승만이 새로 창당한 자유당에 맞서는 야당으로 변신하면서 보수양당제가 완성되었지만, 사실상 정부 수립 당시부터 이승만을 견제하던 한민당은 실제로 야당이었던 반면, 이승만은 자유당으로 나중에 결집할 자신의 추종자를 여당으로 삼아 정부를 꾸려나갔다.

이런 보수 양당제는 한국전쟁, 4·19 혁명, 두 번의 군사 쿠데타, 광주항쟁, 6월 항쟁과 노동자 대투쟁, 촛불 항쟁에도 불구하고 유지되어 왔다. 현재 민주당은 중소 지주와 이들이 변신한 중소 부르주아 계급을 대변한 한민당의 후예이고, 미래통합당(현 국민의힘)은 대지주와 이들이 변신한 대부르주아 계급을 대변한 자유당의 후예라고 할 수 있다. 나머지 많은 정당은 명멸했지만, 보수 양당제에 유의미한 파열을 낼 수 없었다. 대표적으로 민주노동당과 그 후신인 정의당 혹은 민중당(진보당)이 명멸하는 정당의 범주에 속했거나 속하게 될 것이다.

이렇게 되는 이유는 이 진보 정당들도 과두제에 의존하여 대중의 민주주의를 통한 혁명적 실천의 과제를 포기했기 때문이다. 만약 정의당이 진정으로 진보를 이루자고 한다면, 민주주의를 토대로 환골탈태하지 않으면 안 될 것이다. 민주당은 자유주의 개혁을 통해 체제를 유지할 개혁적 보수라고 할 수 있다. 미래통합당은 과거를 움켜쥔 수구적 보수라고 할 수 있다. 정의당은 아무리 많은 개혁을 추구해도 자본과 국가를 넘어설 전망이 없는 한, 민주당 2중대를 벗어날 수 없고, 결국 사라질 것이다. 이른바 안철수 당과 같은 중도 정당도 마찬가지 운명이다. 이런 정당은 개혁적 보수와 수구적 보수의 중간 지대를 추구하는데, 사실은 양대 보수 정당이 서로 개혁과 수구를 넘나들며 수렴하기에 중간 지대의 근거가 부재하기 때문이다.

이는 최근의 기본소득 논쟁이 잘 알려 준다. 개혁적 보수든 수구적 보수든 현재 최대 개혁 과제의 하나인 기본소득에 수렴하고 있다. 역사적으로 복지는 독일 비스마르크가 그랬듯이 보수가 주도권을 지녔었다. 박정희의 건강보험이나 박근혜의 노인 연금도 마찬가지였다. 따라서 중도 정당은 기껏해야 지역 정당으로 한시적으로 생존할 뿐 보수 양당제에 의미 있는 파열을 낼 수 없다.

한국의 보수 양당은 최근 연동형 비례대표제 도입에서 증명하듯이 서구와 마찬가지로 선거제 개혁도 기성 정당에 유리하게 왜곡시켰다. 이런 결과는 아마도 중대선거구제 개혁이나 내각제 개혁에서도 관철될 것이다. 이런 예상의 근거는 기존의 계급 균열, 지역 균열, 종교 문화 균열 등의 복합적 균열 구조, 기존 정당 체제의 시민을 동조시키는 힘, 제도 개혁을 기성 정당에 유리하게 조작하는 능력이 강고하게 작동하기 때문이며, 보다 근본적으로 기존 정당 체제에 맞게 형성된 시민들의 정치적 사고 방식과 행동 방식의 관성 때문이기도 하다. 따라서 이런 기존 정당 체제를 파열하고 자본과 국가를 넘어서고자 하는 정당, 사회주의 정당이 단지 제도권에 진입하는 것만을 목표로 해서는 민주노동당의 운명을 벗어날 수 없다. 필요한 것은 민주주의 실천을 바탕으로 대중과 함께 정치적 사고 방식과 정치적 행동 방식을 혁명적으로 변화하면서 정당 체제와 자본과 국가를 넘어서려는 전망과 실천이다. 따라서 사회주의 정치 세력은 정당의 결성이나 선거의 참여가 아니라 민주주의를 바탕으로 대중의 혁명적 실천을 조직하는 작업을 선행해야 한다.

코로나 사태의 본질은 세계적 전염병의 유행에 따라 공중보건이 붕괴할 위기에 처했다는 것이다. 즉 무고한 많은 시민이 공중보건의 실패로 사망할 위험에 처한 사태이다. 이것의 근본 원인은 자본주의의 무분별한 자본 축적으로 인해 발생한 기후 변화와 광범한 생물 서식지 파괴를 배경으로 자연계에 공존하던 코로나19 바이러스가 인간에게 이전되어 악성 바이러스로 변화한 것에 있다. 다시 말해 자본주의 발전이 이번 공중보건 위기의 근본 원인이며, 따라서 자본의 무분별한 축적을 생태 순환적 발전으로 전환할 사회주의 혁명만이 이런 공중보건 위기의 재발을 방지할 수 있을 것이다.

그런데 이번 코로나 사태를 두고 경제 위기 혹은 대공황 담론이 유행하고 있다. 앞서 보았듯이 경제 위기나 공황은 자본주의 위기의 본질을 가리는 잘못된 표현이다. 자본주의 위기를 경제 위기라고 표현하는 순간 두 가지 문제가 발생한다. 하나는 위기의 내용이 자본주의의 붕괴 가능성이 아니라 경제의 붕괴 가능성이 된다. 경제는 역사적으로 일시적인 생산양식인 자본주의를 초역사적으로 일반화하는 용어다. 그래서 경제 위기라는 표현은 위기의 역사성을 가리게 된다. 즉 위기가 경제 붕괴와 회복의 끊임없는 순환의 계기가 아니라, 자본이 파괴되고 새로운 생산양식으로 대체되는 역사적 기회라는 사실을 가릴 뿐만 아니라, 위기의 발생 원인과 책임이 자본 자체에 있다는 점을 완전히 가리게 된다. 이 결과 위기의 해결책도 자본의 폐지에서 찾는 것이 아니라, 노동과의 고통 분담을 통해 찾는 작업을 정당화하게 된다.

두 번째 문제는 경제 위기라는 표현은 위기를 경제에 국한한다는 점이다. 마르크스가 논의하는 자본주의는 사회적 총체성이다. 자본주의 생산양식은 자본이 주체가 되어 노동을 착취하고 억압하는 경제, 사회, 정치, 문화 등의 조직 방식이다. 따라서 자본주의 위기는 자본주의 생산과 소비 조직 방식의 위기일 뿐만 아니라 생산과 소비를 매개로 자본의 축적을 촉진하는 사회, 정치, 문화의 조직 방식의 위기이기도 하다. 경제 위기라는 표현은 따라서 위기의 범위를 경제로 축소하여 사회, 정치, 문화 위기에 눈을 가리게 만드는 한편, 중립적으로 간주한 이러한 요소들이 경제 위기를 해결하기 위해 친자본적으로 개입하는 것을 정당화한다.

공황은 자본주의 위기 국면에 부수하는 자본가들의 사회심리적 공포의 표현, 즉 투매에 따른 증권시장의 폭락, (과거 금이 화폐이던 시대에 폭락 위험에 처한 은행권으로 현금을 확보하기 위해) 예금 인출이 쇄도했던 현상 등과 같은 방식으로, 자본가들이 이성을 잃고 자산을 투매한 현상을 가리킨 언론 용어였다. 자본주의 위기는 일시적 공황 현상도 포함하지만, 근본적으로 자본 축적의 주체인 산업자본의 광범한 파괴(부도)에 따라 자본주의의 사회 경제적 재생산 규모가 대폭 축소되는 현상을 말한다. 이 위기는 자본이 조직하는 생산과 소비의 방식이 더는 작동하지 않는다는 표시, 즉 사회유기체로서의 자본주의 생산양식이 죽음의 위험에 처했음을 가리킨다. 이것의 함의는 단순히 경제가 붕괴할 가능성을 넘어선다. 반면에 위기를 공황이라고 번역하는 것은 자산 파괴의 공포를 그와 상관없는 노동에 이전시켜 그 계급 행동을 마비시키는 효과만 낼 뿐이다.

문제는 이번 공중보건 위기가 자본주의 위기로 전화할 가능성이 작다는 점이다. 자본주의 위기는 자본의 생존에 필수적인 기술 혁신 경쟁으로 인해 너무나도 잘 진행된 자본 축적에 따라 자본의 유기적 구성이 고도화된 결과 자본의 이윤율이 낮아진 구조적 조건과 이렇게 되는 과정에서 투기적 수익을 노려 금융 분야에 과잉 투자한 자본이 초래한 금융 위기(외채 위기, 외환 위기, 서브프라임 모기지 위기 등)가 촉발되면서 이를 매개로 발생한다. 이 결과 자본의 과잉 축적, 상품의 과잉 생산과 이것의 이면인 투자자와 소비자의 (생산적, 소비적) 과소 소비가 갑자기 온 사회적 현상으로 나타나게 되고, 규모에 상관없이 낮은 수익성과 경직적 유동성을 지닌 약한 고리의 자본들을 기점으로 광범한 자본의 연쇄 파괴가 발생하여, 결국 가장 축소된 재생산 수준에서 일정한 기간의 침체 국면을 맞이하게 된다. 이 침체recession 혹은 정체stagnation 혹은 불황depression 국면 동안 파괴된 자본의 설비를 싸게 인수한 자본이 또한 광범위한 해고와 감가로 값싸진 노동력의 덕분에 높아진 이윤율을 배경으로 설비 가동률을 높이고 투자를 활성화하게 되면 새로운 자본주의 경기 순환이 시작된다. 따라서 1930년대에 있었던 'Great Depression'은 위기 국면 이후 길어진 불황 국면을 표현하는 대불황이지 커다란 위기라는 의미의 대공황이 아니다.

여기서 많은 사람이 흔히 간과하는 점은 위기가 침체, 정체, 불황의 전제이지 결과가 아니라는 점이다. 즉 자본주의 경기 순환은 침체, 약간의 활성화, 고도의 활황, 위기(와 다시 침체)의 네 가지 국면의 연속 순환 과정이다. 이번 공중보건 위기는 이런 자본주의 위기와 그에 후속한 침체와는 상관이 없다. 버냉키는 이번 보건 위기를 (인간이 유발하지 않은) 자연재해라고 표현했는데, 공중보건 위기 자체가 인간의 활동인 자본 축적이 낳은 구조적인 생태 위기가 유발한 현상이라는 점을 제외하면, 정확한 표현이다.

마르크스의 정치경제학 비판에는 자본의 탄력성이라는 개념이 있다. 이는 같은 크기의 불변자본(설비)과 가변자본(노동력)으로도 생산량을 일시에 엄청나게 늘리는 자본의 능력을 말한다. 이번 공중보건 위기는 자본의 마이너스 탄력성을 보여준다. 공중보건 위기에 따라 인간의 생산과 소비 활동이 위축될 수밖에 없는 조건에서 자본은 자기 계획에 따라 전략적으로 생산을 축소하고 있고, 코로나 사태가 해결될 때를 예측하며 생산을 탄력적으로 늘릴 준비를 하고 있다. "자본아 너는 계획이 다 있구나!"라고 표현하더라도 별 문제가 없다. 물론 일부 항공, 관광, 숙박, 음식, 소매 등의 분야에서 많은 자본이 파괴될 위험에 처하기는 한다. 하지만 이런 자본 파괴가 현실화하더라도 이것은 특정 산업 분야의 위기일 뿐이지 마르크스가 논의하는 위기, 즉 일반적 위기는 아니다. 위기는 예측하지 못한 사이에 호황 속에서 별안간 발생하여 모든 자본을 당황하게 하고 공포를 낳는다. 이번 공중보건 위기는 자본이 예측하고 대응할 수 있게 만드는 예고된 자연재해와 같은 것이다.

다른 한편, 이번 공중보건 위기와 상관없이 현재의 경제 상태 자체가 위기에 처할 조건이라는 주장은 다음과 같은 사실로 반박된다. 2008년 세계 자본주의 위기 이후 자본의 충분한 파괴가 없었기 때문에 후속 활황도 없었고 따라서 위기의 조건도 형성되지 않았다. 즉 2008년 위기 때 국가의 개입으로 자본의 광범한 파괴를 막았기에 위기가 1929년 위기처럼 광범한 경제, 사회, 정치, 문화 위기와 장기 후속 침체로 심화하지 않았지만, 이런 조건 때문에 높아진 이윤율을 만들 수도 없었고 이에 따른 생산과 투자의 활성화가 또한 발생할 수 없었다. 그래서 완전한 침체도 아니지만, 활황도 불가능한 뉴노멀이 세계 자본주의의 표준이 되었다.

한국에서는 이런 뉴노멀이 사실상 1998년 위기 이후 형성되었다. 그 결과 2008년 세계 위기 때에도 상대적으로 더 적은 타격을 입었지만, 그만큼 지난 20년 동안 활황을 경험할 수 없었다. 이를 재벌의 투자유보금 1천조 원이 증명한다. 계속 쌓인 투자유보금은 전반적으로 낮은 수익성 조건에서 투자가 일어나지 않는다는 것이고 따라서 활황은 나올 수가 없었다. 강조하지만 위기는 결코 침체나 뉴노멀에 뒤따라 오는 것이 아니다.

하지만 노동은 실제 위기를 맞고 있다. 다시 말해 현재의 위기가 자본주의 위기가 아니라 공중보건 위기임에도, 경제 위기 담론을 매개로 억울하게도 이것이 노동의 위기로 전가된다는 점을 인식해야 한다. 상황이 이러하므로 노동의 대응은 근본적으로 변해야 한다. 우선 사태가 이렇게 꼬인 이유를 노동의 측면, 자본의 측면, 국가의 측면에서 살펴본 후, 노동의 대응 방안을 고민해 보자. 먼저 자본이 이렇게 공중보건 위기를 경제 위기 담론으로 전환하는 것은 당연한 귀결이다. 자본의 목적은 축적 자체이다. "축적하라, 축적하라! 이것이 모세이며 예언자이다!"(마르크스 1867: 811) 자본은 모든 사회, 경제, 정치, 문화 조건을 축적에 유리하게 바꾸려고 한다. 20년간의 뉴노멀에서 다시 찾아온 경제 위기 담론은 자본의 입장에서 축적에 유리한 조건을 창출하기 위한 절호의 기회이다.

그렇다면 국가는 어떤 역할을 하는가? 마르크스주의에는 국가의 성격을 규정하는 다양한 논의가 있지만, 본질적 규정은 지배 계급의 도구라는 규정이다. 지배 계급의 억압 기구, 관념적 총자본가, 사회의 응집 요소라는 규정도 각각 국가의 성격을 나타내는 중요한 개념들이지만, 국가의 지배 계급 도구의 역할 규정에 내포된 기능적 측면들이다. 그래서 자본주의 국가는 때로는 지배 계급의 억압 기구로서 공권력을 구사하고, 때로는 관념적 총자본가로서 자본 축적 조건의 개선에 매진하며, 때로는 사회의 응집 요소로서 갈등하는 제반 계급들과 분파들을 조정·통합하면서, 결국 자본가 계급의 지배 도구의 역할을 충실히 수행한다. 이번 공중보건 위기 국면에서 국가가 펼친, 노동의 감축과 노동 조건 악화를 합리화한 사회적 거리두기 등의 보건 정책, 약간의 기금으로 사회적 통합의 몸짓을 과시한 긴급재난기금, 긴급사업자금 등의 경제 정책, 교육 자본의 이해를 충실히 반영한 온라인 강의 등의 사회 정책, K-방역을 매개로 한 경제인 입국 허가 면제 등의 외교 정책은 결국 자본가 계급의 지배를 공고히 하는 것으로 귀결된다.

노동은 이에 대응하여 자본과 국가를 넘어서는 관점에서 출발해야 한다. 이제 코로나 위기에 대한 노동의 대응을 중심으로 서술할 것이다. 노동의 대응이라니 마치 노동이 임금 인상과 노동 조건 개선 투쟁이라는 "본업" 외에 과외의 일을 추구해야 하는 듯이 보일 수도 있다. 하지만 노동은 이런 "본업"을 넘어서서 이번 코로나 위기와 같은 사태에 적극적으로 대응해야 할 구조적 위치에 있다. 노동은 이 사태에 잘 대응해야만 "본업"에도 충실할 수 있다. 예를 들어 사회적 거리두기 혹은 온라인 강의가 합리적 시민이 수용 가능한 타당한 정책이라 할지라도, 이것이 소수 국가 관료가 위에서 결정하고 부과하는 것이기에, 노동은 수동적 개인으로서 수용하는 데 그칠 것이 아니라 총노동의 입장에서 민주적으로 논의하고 검토하여 수용하는 것이 필요하다. 이 과정에서 사회적 거리두기나 온라인 강의의 적용 시기와 적용 범위와 적용 내용은 각 지역과 전국의 노동이 각각 상황에 맞게 가감하며 주체적으로 수용해야 한다. 이런 주체적 수용이 중요한 이유는 공중보건 위기를 통해 드러난 국가의 능력에 대해 (선진국 운운하며) 감탄하고 수용하는 것을 넘어 국가를 넘어선 대안 세력으로서 노동이 취해야 할 필수적 입장이기 때문이다.

예를 들면 민주노총은 중앙, 각 산업, 각 지역, 각 사업장에 코로나 대책 특별위원회를 구성하여 노동의 보건 위기 대응을 진두지휘해야 한다. 그래서 의사협회의 헛소리에 대응하여 보건의료 노동자들의 합리적 목소리를 제시할 수 있어야 한다. 또한, 의사와 간호사, 소방 노동자, 지방자치단체 노동자들의 지원 작업이나 지역별 대응도 노동자 개인 각자의 헌신이 아니라 노동의 집단적 결의를 바탕으로 대응하여야 했다. 온라인 개학과 온라인 강의에 대해서도 전교조, 교수노조, 강사노조, 교직원노조, 학교비정규직노조 등은 교육자, 교육 노동자, 학부모, 학생들의 이해를 조정하고 통합하여 합리적 방안을 세우고 교육 당국의 정책을 주체적으로 수용하거나 대안을 제시할 필요가 있었다. 이런 모든 과정에서 특히 피해를 보는 비정규직, 임시직, 기간제, 일용직, 시간제, 특수고용 노동자의 이해를 대변할 수 있어야 한다. 더 나아가 예를 들어 (종교의 자유를 침해하기 위함이 아니라 보호하기 위해서라도) 당분간 "교회 가기 금지 운동"과 같은, 국가가 감히 실행하지 못하지만, 합리적 시민들의 지지를 받을 수 있는, 대안 세력으로서 노동을 과시할 정책도 추구할 수 있었다.

그래서 노동을 감축하고 노동 조건을 악화시키는 자본의 공세에 대응해 대안 세력으로서 노동은 일자리 지키기라는 (경제 위기 담론에 비추어 이기적으로 보일 수도 있는) 수동적 대응이 아니라, 위기가 아닌데도 경제 위기 담론을 매개로 노동을 배제하고 공격하는 자본의 본질을 폭로하며, 그렇게 자본이 경제를 조직할 책임을 질 수 없다면, 경영권을 내놓으라고, 노동이 생산과 경제를 조직하겠다고 목소리를 내야 했다. 하지만 민주노총은 이러한 자본과 국가의 공세와 앞에서 지적한 위기 성격에 관한 잘못된 인식이 맞물려, 과거 1998년의 "경제 위기 극복을 위한 노사정 대타협"을 통해서 정리해고와 비정규직 양산을 수용했을 뿐만 아니라 최근의 노사정 타협 소동에서도 "위기 상황에서 해고 금지"를 관철하지 못한 채 타협안을 수용하는 잘못을 범할 뻔했다.

요컨대, 공중보건 위기 국면에서 국가와 지방정부와 의사협회의 떠들썩한 정책과 목소리, (지배 도구로서 국가가 충실히 반영하고 있는) 자본의 은밀한 목소리는 있었지만, 노동의 목소리와 정책은 없었다. 이것은 자본과 국가를 넘어선 대안 세력이라는 전망에서 볼 때, 1987년 이후 30여 년의 투쟁에도 불구하고 답보 상태인 노동의 현재를 표현하는 절망적인 지표라고 할 수 있다.

이렇게 절망적인 노동의 상태를 타개할 방안은 무엇일까? 유일한 방안은 노동의 민주주의를 실천하는 것이다. 여기서 민주주의는 노동조합과 사업장에서 모든 노동자가 참여하는 상설 총회와 추첨 전업 평의회를 기본 원리로 하여 작동하는 민주주의를 말한다. 현행 민주노총은 제대로 민주주의를 하지 않고 있다. 선거를 통해 선출된 대표자들과 이들이 자기 사람을 관료로 채용하여 조직을 운영하는 방식은, 자본주의 대의제 국가가 민주주의가 아니듯이 민주주의가 아니다. 이런 과두제 조직이 앞에서 말한 코로나 대책 특별위원회나 이를 매개로 펼칠 자본과 국가를 폐지할 전망 속에 대안 세력으로 정책과 목소리를 낸다는 것은 꿈같은 일이다. 왜냐하면, 민주노총은 200만 조직 노동자와 2,500만 조직 대상 노동자를 대변할 잠재력에도 불구하고 현실에서는 나머지 노동자 모두를 수동적 개인으로 만드는 선택된 소수에 불과하므로, 역시 모든 국민을 수동적 개인으로 만드는 과두제 조직이지만 무엇보다 독점한 이윤과 조세로 막강한 권력을 발휘할 수 있는 국가와 자본 과두제 조직과는 경쟁 상대가 되지 않기 때문이다.

이를 해결하는 유일한 길은 200만 조직 노동자와 2,500만 조직 대상 노동자 전체를 상설 총회와 추첨 전업 평의회로 조직하여, 전체 노동의 지식과 지혜를 결집하는 길뿐이다. 이를 실현하는 구체적 방안은 이번 온라인 강의를 통해 300만 학생이 한꺼번에 수업할 수 있다는 사실로 증명했듯이, 온라인과 오프라인을 병행하는 상설 총회이다. 작업장, 지역, 산업, 전국 수준별로 조직된 노동자 상설 총회는 발전된 방송 정보통신 기술을 활용하며 매주 번갈아 개최되어 해당 수준의 노동의 모든 사회적 관심사와 정책을 논의하고 결정한다. 이 상설 총회에 제안할 정책 안건을 연구하고, 상설 총회를 개최하여, 여기서 결정된 정책과 결의를 집행하는 책임을 지는 추첨 전업 평의회는 총회 구성원들이 무작위 추첨으로 돌아가면서 맡는다. 이렇게 해야만, 이번 코로나 대책이든 앞으로의 4차 산업혁명 대책이든 노동 전체가 공유하고 합의하는, 자본과 국가를 넘어선 시각의 대안적 목소리를 내는 일이 가능하다.

그렇지 않고 이 책 속에서 코로나 대책을 아무리 논의한들 찻잔 속의 태풍이요, 갠지스 강변의 모래 한 알에 불과하다. 이런 대책은 전국 노동자들이 모두 참여하는 상설 총회에서 끊임없이 논의되어야 한다. 그래야 중앙방역대책본부에 버금가는 대책이 나올 수 있다. 경험하지 못한 감염병에 대응하는 정책을 물론 최신 정보를 가장 잘 취합할 수 있는 방대본이 잘 만들 수 있다. 하지만 전업 평의회와 상설 총회를 매개로 보건의료 노동자를 포함한 전국 노동자가 참여하고 토론할 때 방대본에 못지않은 정보를 모으고 대책을 세울 수 있다.

진짜 중요한 것은 관점이다. 광범하게 획득된 정보의 연구와 토론 속에 노동의 관점에서 더욱 합리적이고 진보적인 대안은 얼마든지 나올 수 있다. 예를 들어 마스크 5부제도 어느 현업 약사가 제안했다. 현장의 노동이 이런 지혜를 모으는 것은 얼마든지 가능하다. 이런 상설 총회와 추첨 전업 평의회의 역할은 노동의 모든 현장 지식과 지혜를 모으며 합리적 정책과 결의를 세우고 전업 평의회와 코로나대책위원회와 같은 특별위원회를 진두지휘하고 전체 노동의 참여를 통해 확실한 정책 집행 효과를 낼 수 있을 뿐만이 아니라 전체 노동이 이를 통해 경제, 정치, 사회, 문화 문제에 관한 대안적 조직 세력으로서 지식과 조직 능력을 발전시키고 자신감을 얻을 수 있게 할 것이다. 이러한 과정을 통해서  국가와 자본을 넘어선 대안 세력으로 자신을 드러낼 수 있다.

예를 들어 기본소득 이슈를 보자. 이번 코로나 정국에서 노동이 유일하게 대안적 목소리를 냈던 것은 재벌유보금 10퍼센트를 긴급 기본소득 재원으로 사용하자는 제안이었다. 지극히 타당한 제안이었음에도 이 제안이 관철되지 못했던 것은 민주노총 과두제 지도부 일부가 실험적으로 제안한 수준에 머물렀을 뿐 노동자 상설 총회의 결정으로 나온 것이 아니었기 때문이다. 만약 그런 결정이었다면, 예를 들어 네이버 댓글 1만 명이면 장악할 수 있는 여론장에서 민주노총이 압도적 우위를 점하여 이를 추진할 수도 있었을 것이다.

덧붙이자면, 상설 기본소득은 현 보수 양당도 수용할 수밖에 없는 정책이다. 이것은 기본소득이 4차 산업혁명에서 노동력의 재생산과 사회 안전을 담보할 유일한 방안이기 때문이다. 문제는 재원인데, 50만 원을 매월 전 국민에게 준다면 310조 원이 필요하다. 이것을 보수 양당은 간접세를 늘려 충당할 것이다. 쟁점은 부가세나 재산세, 부동산보유세 같은 간접세가 아니라 모든 개인의 노동 소득과 자본 소득을 종합하여 부과하는 누진 직접세를 통해 재원을 마련하는 방안을 관철하는 것에 있다.

흔히 사람들이 착각하는 점은 부동산보유세가 진보적이라는 생각이다. 하지만 이것의 최대치는 30-40조 원으로 300-400조 원이 소요되는 기본소득의 재원으로 하기에는 터무니없을 뿐만 아니라 자본 소득에 대한 추가 과세의 면제를 정당화하는 부자 증세의 회피 수단일 뿐이다. 이런 대안들도 물론 전체 노동의 진지한 토론과 결정으로 확립될 때 실천할 수 있다.

결론적으로 사회주의 정당이 되었든 노동이 되었든 간에 민주주의를 하루빨리 체득하는 실천만이 현실과 이상을 연결하는 길이라는 점을 주장한다. 헤겔이 말했듯이 "이성적인 것(이상적인 것–인용자)이 현실적인 것이며, 현실적인 것이 이성적인 것이다."(*HW* 07: 24)

# 참고문헌

## 국내 문헌


강남훈 2015 「선거법 개정안 시뮬레이션 결과 비교」, 《한국사회경제학회 2015 여름 학술대회》.

강성호 2004 「마르크스-엥겔스의 국가론: 계급국가론과 이행기 문제를 중심으로」, 《서양사론》 82.

강신준 2015 「두 개의 마르크스: 이념의 복원과 전술적 교훈」, 《산업노동연구》 21-1.

권양섭 외 2018 「자율 주행 자동차 사고 발생 유형 및 원인 규명을 위한 법제도적 방안」, 《법학연구》 18-2.

기번, 에드워드 2010 『로마제국 쇠망사』, 황건 옮김, 까치글방.

김경희 2006 「데모크라티아를 넘어 이소노미아로」, 《한국정치학회보》 40-5.

김경희 2007 「서구 민주공화주의의 기원과 전개」, 《정신문화연구》 30-1.

김남섭 1991 「소련 공산당과 농업 집단화의 배경」, 《서양사연구》 12.

김송은 외 2018 「전자 정부는 직접민주주의를 제고하는가?: 청와대와 서울시의 전자민주주의 사례 연구」, 《한국정책학회 동계 학술 대회》.

김수행 2012 『마르크스가 예측한 미래사회』, 한울.

김양화 2015 「마르크스의 정치 이론 가설과 추첨제 시민의회 대안의 적실성」, 《마르크스주의연구》 12-4.

김영례 2018 「인공지능 시대에 있어서 인간에 대한 철학적 성찰」, 《철학논총》 91.

김영수 2009 『민주주의를 혁명하라』, 메이데이.

김은혜 2018 「인공지능과 이어 밀리언 시대의 인간의 조건이란 무엇인가?」,

《동서비교문학》 44.

김의연 2017 「레닌의 유산과 우리 시대의 혁명」, 《진보평론》 73.

김재영 외 2000 『새로운 정치학의 이해』, 삼우사.

김제국 2010 『직접민주주의, 실천 방안 및 사례 해설서』, 인간과자연사.

김종호 2018 「인공지능 로봇의 출현으로 인한 법적 논란에 관한 영역별 쟁점의 고찰」, 《법 이론 실무 연구》 6-2.

김진업 2004 「마르크스 계급론의 실재론적 해석을 위하여」, 《민주사회와 정책연구》 6.

김진업 2010 「맑스 민주주의 이론의 과학적 재구성을 위한 시론」, 《동향과 전망》 80.

김현 2017 「4차 산업혁명과 스마트팩토리」, 《단조 심포지움》.

김현성 2006 「온라인 시민 참여와 전자민주주의의 관계에 대한 비판적 고찰」, 《사회과학연구》 22-1.

김혜정 2012 「전자민주주의에 있어 전자 투표에 관한 연구」, 《한국지역정보학회지》 15-3.

나종석 2004 「고대 아테네 민주주의 제도의 이상과 현실」, 《사회와 철학》 10-7.

나종석 2006 「헤겔의 소유 이론과 그 몇 가지 문제에 대하여」, 《사회와 철학》 11.

나중규 외 2017 「4차 산업혁명 논의의 비판적 고찰-루이스 멈포드의 제도론의 관점에서」, 《사회과학연구》 56-2.

노경덕 2017 「러시아 혁명과 볼셰비키의 민주주의 외교관: 평화 포고에서 브레스트리토프스크까지」, 《러시아 혁명 100주년 기념 전국서양사연합학술대회》.

노명환 2018 「독일 4차 산업혁명 역사적 배경과 의미: '독일 모델'의 정립 및 위기 극복과 '다양성 속의 통일' 사회적 동력」, 《역사문화연구》 65.

달, 로버트 2005 『미국 헌법과 민주주의』, 박상훈 옮김, 후마니타스.

도이처, 아이작 2017 『무장한 예언자 트로츠키』, 김종철 옮김, 시대의 창.
드레셔, 다니엘 2018 『블록체인 무엇인가?: 수학, 코딩 몰라도 이해하는 비유의 힘!』, 이병욱 옮김, 이지스.
라비노비치, 알렉산더 2017 『1917년 러시아 혁명』, 류한수 옮김, 책갈피.
로크, 존 1990 『통치론/자유론』 이극찬 옮김, 삼성세계사상.
루소, 장자크 2002 『사회계약론』 정성환 옮김, 홍신문화사.
류한수 2017 「러시아 혁명과 작업장 민주주의」, 《러시아 혁명 100주년 기념 전국서양사연합학술대회》.
리드, 존 2005 『세계를 뒤흔든 열흘』, 서찬석 옮김, 책갈피.
리브만, 마르셀 2007 『레닌의 혁명적 사회주의』, 정민규 옮김, 풀무질.
마르크스, 카를 1858a(2000) 『정치경제학 비판 요강』 I, 김호균 옮김, 백의.
마르크스, 카를 1858b(2000) 『정치경제학 비판 요강』 II, 김호균 옮김, 백의.
마르크스, 카를 1859(2007) 『정치경제학 비판을 위하여』, 김호균 옮김, 중원문화.
마르크스, 카를 1867(2001) 『자본론』 I, 김수행 옮김, 비봉.
마르크스, 카를 1894(2004) 『자본론』 III, 김수행 옮김, 비봉
무스토, 마르셀로 2013 『마르크스와 마르크스주의들을 다시 생각한다』, 하태규 옮김, 한울.
문혜경 2014 「고대 아테네 민주주의의 이상과 남용」, 《서양사연구》 51.
문혜경 2016 「고전기 아테네에서 테데스의 해군 복무와 민주정의 상관 관계」, 《역사와 담론》 51.
미헬스, 로버트 2002 『정당사회학』, 김학이 옮김, 한길사.
밀러, 오언 2013 「유럽중심주의와 민족주의에서 마르크스주의적 보편주의로」, 《마르크스21》 5.
박기관 2015 「전자 투표제의 성공적 도입 방안에 관한 연구」, 《한국정책연구》 15-3.

박노자 2008 「레닌, 반자유주의적 민주주의 혁명의 흥망」, 『미래의 혁명』, 그린비.

박선화 2018 「스파이크 존즈의 <그녀> 에서의 인공지능의 몸, 감정, 윤리적 주체의 문제 」, 《스토리앤이미지텔링》 15.

박승호 2010 「1920년대 초 소련의 '노동조합 논쟁'과 이행기 국가 문제」, 《마르크스주의 연구》 7-4.

박주원 2004 「한나 아렌트와 칼 마르크스의 대의제 민주주의 비판」, 《철학과현실》 61.

박주원 2010 「민주주의의 힘은 어디에서 나오는가」, 《경제와 사회》 88.

박지웅 2013 「자유로운 개인들의 연합에서 자유, 개인 및 연합」, 《마르크스주의연구》 10-1.

브레너, 로버트 2001 『혼돈의 기원』, 전용복 옮김, 이후.

비어드, 찰스 2009 『미국 헌법의 경제적 해석』, 양재열 옮김, 지식을만드는지식.

소준섭 2011 『직접민주주의를 허하라』, 서해문집.

손병석 2008 「전자민주주의와 참여민주주의: 몸의 확장을 넘어 덕의 고양으로」, 《철학연구》 36.

송경재 2009 「웹 2.0 정치 UCC와 전자민주주의」, 《담론 201》 11-4.

송기복 2010 「정보사회 민주주의의 이론적 재검토」, 《미국헌법연구》 21-3.

송문현 2015 「아테네 민주 정치의 본질과 그 현대적 의미」, 《역사와 세계》 48.

송성수 2017 「산업혁명의 역사적 전개와 4차 산업혁명론의 위상」, 《과학기술연구》 17-2.

스미스, 스티브 2007 『러시아 혁명』, 류한수 옮김, 박종철출판사.

신철희 2013 「'민'(demos) 개념의 이중성과 민주주의(demokratia)의 기원」, 《한국정치연구》 22-2.

아렌트, 한나 1958(2017) 『인간의 조건』, 이진우 옮김, 한길사.

아민, 사미르 2000 『유럽중심주의』, 김용규 옮김, 세종출판사.
아비네리, 솔로모 1967(1989) 『칼 마르크스의 사회 사상과 정치 사상』, 이홍구 옮김, 까치글방.
안바일러, O. 1986 『노동자농민병사 소비에트』, 박경옥 옮김, 지양사.
앤더슨, 패리 1995 『고대에서 봉건제로의 이해』, 유재건/한정숙 옮김, 창작과비평사.
앨버트, 마이클 2003 『파레콘』, 김익희 옮김, 북로드.
양병우 1972 「제국과 민주주의」, 《역사학보》 55.
유재건 2011 「맑스의 공산주의 사상과 '개성'의 문제」, 《코기토》 69.
유종호 2016 「전자민주주의 시대의 시인」, 《서정시학》 26-4.
윤상오 2018 「인공지능 기반 공공 서비스의 주요 쟁점에 관한 연구」, 《한국공공관리학보》 32-2.
윤성이 2017 「4차 산업혁명 시대의 거버넌스 패러다임 변화와 포스트 민주주의」, 《Future Horizon》 34.
윤순진 2018 「원자력 발전 정책을 둘러싼 사회 갈등 해결을 위한 쟁점과 과제」, 《경제와 사회》 118.
윤혜선 2018 「빅데이터 규제의 새로운 패러다임 모색을 위한 연구」, 《경제 규제와 법》 11-1.
이관후 2016 「왜 '대의민주주의'가 되었는가?: 용례의 기원과 함의」, 《한국정치연구》 25-2.
이광일 2018 「신고리 5·6호기 '공론화 모델', 민주주의를 담보할 갈등 해결의 보도인가」, 《황해문화》 98.
이동수 2013 「고대 그리스 비극에 나타난 민주주의 정신」, 《한국정치연구》 22-2.
이성우 2017 「새로운 산업혁명과 국제 정치 질서의 전망」, 《국제정치논총》 57-1.
이영우 2013 「전자민주주의에 관한 연구」, 《토지공법연구》 60.

이영희 2018　「신고리 5·6호기 원전 공론화와 민주주의」, 《동향과 전망》 2018-01.
이완종 2004　『10월 혁명사』, 우물이 있는 집.
이완종 2012　『러시아 10월 혁명사』, 선인.
이원상 2018　「인공지능 대응에 있어서 형사법 이론의 한계」, 《형사법의 신동향》 59.
이재현 2017　「러시아 혁명과 세계 혁명」, 『혁명과 이행』, 한울.
이제희 2017　「4차 산업혁명 시대, 개인정보자기결정권 보장을 위한 법적 논의」, 《토지공법연구》 80.
이주환 2017　「인공지능 관련 지적재산권 법적 쟁점」, 《창작과 권리》 2017.
이지문 2012　『추첨 민주주의의 이론과 실제: 직접·대의민주주의를 보합하는 새로운 시민정치 패러다임의 모색』, 아담books.
이충한 2018　「4차 산업혁명과 민주주의의 미래」, 《철학논총》 91.
이항우 2018　「블록체인 디지털 민주주의-자유지상주의를 넘어 커먼주의로」, 《경제와 사회》 120.
이호웅 외 2017　「영국 산업혁명의 의의와 시사점」, 《경영사학》 32-1.
임석준 외 2007　「지방자치와 전자민주주의」, 《21세기정치학회보》 17-2.
정대성 2012　「추상적 소유 이론에 대한 헤겔의 비판」, 《인간연구》 22.
정성진 1993　「트로츠키의 정치경제학 체계」, 《이론》 1993-12.
정성진 2006　『마르크스와 트로츠키』 한울.
정성진 2015　「마르크스 공산주의론의 재조명」, 《마르크스주의 연구》 12-1.
정성진 2017　「레닌 사회주의론의 재검토」, 『혁명과 이행』, 한울.
정원섭 2018　「인공지능 시대 기본소득」, 《철학사상》 67.
정재원 2017　「러시아 혁명의 현재적 의의」, 《진보평론》 73.
조희연 2011　「포스트 민주화 시대의 진보와 민주주의 좌파의 정치학, 새로운 급진민주주의 전선의 형성을 향하여」, 조희연 외 『연대성의 정치학』, 데모스.
조희정 2008 「전자민주주의와 인터넷 투표-에스토니아 사례를 중심으로」, 《한국정당학회보》 7-2.
주경철 2017 「'4차 산업혁명', 혁명인가 진화인가」, 《지식의 지평》 23.
주성수 2009 『직접민주주의: 풀뿌리로부터의 민주화』, 아르케.
주정립 2009 「맑스의 사회주의」, 《현대사상》 5.
최상한 2016 「대안 사회에서 실현 가능한 의사결정 구조는?」, 《마르크스주의 연구》 13-3.
최순진 외 2017 「자율 주행 자동차 사고와 국가 보험 제도의 활용 방안」, 《보험법연구》 11-2.
최영진 2009 「비극적 세계관과 아테네 민주주의」, 《국제정치논총》 49-4.
최장집 외 2007 『어떤 민주주의인가』, 후마니타스.
최진석 2017 「소비에트 민주주의와 프롤레타리아 독재」, 『혁명과 이행』, 한울.
카, E. H. 1997 『러시아 혁명』, 신계륜 옮김, 나남.
클라이먼, 앤드루 2012 『자본주의 생산의 실패: 세계 대침체의 원인』, 정성진/하태규 옮김, 한울
트로츠키, 레온 2003 『연속혁명 평가와 전망』, 정성진 옮김, 책갈피.
트로츠키, 레온 2017 『러시아 혁명사』, 볼셰비키그룹 옮김, 아고라.
피케티, 토마 2014 『21세기 자본』, 장경덕 외 옮김, 글항아리.
하영숙 외 2018 인공지능이 인간 존엄성에 미치는 영향에 대한 연구」, 《가톨릭신학》 32.
하태규 2013 「자본주의 위기와 대안, 참여계획경제와 직접민주주의로서의 사회주의」, 《진보평론》 56.
하태규 2015 「마르크스의 대안적 소유 개념」, 《경제와 사회》 106.

하태규 2016 「대안사회경제의 소유 형식-역사적 평가」, 《사회경제평론》 50.
하태규 2017 「고대 아테네 민주주의와 광장 민주주의」, 《경제와 사회》 113.
하태규 2018a 「러시아 혁명과 대안민주주의」, 《사회경제평론》 55.
하태규 2018b 「마르크스와 자유롭게 연합한 인간들의 민주주의」, 《경제와 사회》 119.
하태규 2019a 「마르크스의 방법, 관계와 형식으로서의 사회 분석」, 《사회경제평론》 59.
하태규 2019b 「21세기 사회주의의 민주주의 모델」, 《사회경제평론》 60.
하태규 2019c 「마르크스의 계급 개념 다시 생각하기」, 《진보평론》 82.
한영빈 2008 「스위스의 전자투표」, 《유럽연구》 26-1.
함형준 2017 「ICT 기반의 스마트 팩토리 구현을 위한 정책 연구」, 《e-비즈니스》 18-6.
해밀턴, 알렉산더 외 1995 『페더랄리스트 페이퍼』, 김동영 옮김, 한울.
허태욱 2017 「4차 산업혁명시대 블록체인 거버넌스 시스템으로의 전환과 시민사회의 역할에 관한 서설적 연구」, 《NGO연구》 12-2.
헬드, 데이비드 2010 『민주주의의 모델들』, 박판표 옮김, 후마니타스.
황태연 1992 「사회주의권의 변화와 맑스 소유권 사상의 재검토」, 《정세연구》 36.

## 외국 문헌

Abensour, Miguel 2010 *Democracy against the state*, Polity Pr.
Allen, D.E.W. et al. 2017 "Economics of crypto democracy", *IJCAI*.
Altman, D. 2011 *Direct democracy worldwide*, Cambridge Press.

Alvarez, et al. 2018 "Fraud, convenience, and e-voting", Journal of Information *Technology & Politics* 15-2.

Anderson, Kevin B. 2010 *Marx at the Margins*, University of Chicago Press

Aristotle 2011 *The Politics*(*Pol.*) and *The Constitution of Athens*(Ath.), ed. Stphen Everson, Cambridge Uni. Press.

Arndt, Andreas 2016 "Hegel, Marx and Freedom", *Revista Opiniao Filosofica* 7-1.

Aronovitch, Hilliard 1980 "Marxian Morality", *Canadian Journal of Philosophy* 10-3.

Arvanitidis, P. A. and N. C. Kyriazis 2013 "Democracy and Public Choice in Classical Athens", Peace Economics, *Peace Science, & Public Policy* 19-2.

Bakunin, Michail 1873 "Satism and Anarchy", (https://www.marxists.org/reference/archive/bakunin/works/1873/statism-anarchy.htm)

Berki, R. N. 1979 "On the nature and origin of Marx's concept of labor", *Political Theory* 7-1.

Booth, William James 1991 "Economies of Time: On the idea of Time in Marx's Political Economy", *Political Theory* 19-1.

Brenkert, George G. 1979 "Freedom and Private Property in Marx", *Philosophy & Public Affairs* 8-2.

Buchanan, Allen E. 1981 "The Marxian Critique of Justice and Rights", *Canadian Journal of Philosophy*, Supplementary Volume 7.

Cadwalladr, C. 2016 "Google, democracy and the truth about internet search", *The Guardian.*

Cartledge, Paul 2007 "Democracy, Origins of: Contribution to a debate", K. A. Raaflaub et al. *Origins of Democracy in Ancient Greece*, Uni.of California Pr.

Casares, A.P. 2018 "The brain of the future and the viability of democratic governance: the role of artificial intelligence, cognitive machines, and viable systems", *Futures* 103.

Chattopadhyay, P. 1994 *The Marxian concept of capital and the Soviet experience,* Praeger Publishers.

Clift, S.L. 2004 "E-government and democracy", *WWW. PUBLICUS. NET.*

Cockshott, W. and A. Cottrell 1996 *Towards a New Socialism*, Spokesman.

Cohen, E.E. 1997 *Athenian economy and society: a banking perspective,* Princeton Univ. Press.

Cohen, G.A. 1974 "Marx's Dialectic of Labor", *Philosophy & Public Affairs* 3-3.

Coulange, Fustel De 1956 *The Ancient City,* Doubleday.

Croix, G.M.D.STE. 1980 *The Class Struggle in the Ancient Greek world,* Cornell Univ. Press.

Damnjanovic, I. 2015 "Polity without Politics? Artificial Intelligence versus Democracy: Lessons from Neal Asher's Polity Universe", Bulletin of Science, *Technology & Society* 35-3·4.

Day, R.B. 1973 *Leon Trotsky and The Politics of Economic Isolation,* Cambridge Press

Day, R.B. 1975 "Preobrazhensky and the theory of the Transition Period", *Soviet Studies* 27-2.

Day, R.B. 1977 "Trotsky and Preobrazhensky: The Troubled Unity of the Left Opposition", *Studies in Comparative Communism* X-1/2.

Dougherty, Carol 1996 "Democratic Contradictions: the Ion", Ober et al, *Demokratia,* Princeton Uni. Pr.

Draper, Hal 1966 "Two Souls of Socialism", (https://www.marxists.org/archive/draper/1966/twosouls/index.htm)

Draper, Hal 1977 *Karl Marx's theory of revolution* I, Monthly Review Press.

Draper, Hal 1978 *Karl Marx's theory of revolution* II, Monthly Review Press.

Easton, Loyd D. 1981 "Marx and Individual Freedom", *The Philosophical Forum* 12-3.

Economou, E. M. L. and N. C. Kyriazis and T. Metaxas 2015 "The institutional and economic foundations of regional proto-federations"*Econ Gov*. 16

Elliott, John E 1987 "Karl Marx: Founding Father of Workers' Self-governance?", *Economic and Industrial Democracy* 8.

Elster, Jon 1986 "Self-realization in work and politics: Marxist conception of good life", *Social Philosophy & Policy* 3-2.

Evans, Alfred B. 1987 "Rereading Lenin's State and Revolution", *Slavic Review* 46-1.

Farrar, Cynthia 2007 "Power to the People", Raaflaub et al. *Origins of Democracy in Ancient Greece*, Uni. of California Pr.

Feldstein, S. 2019 "The road to digital unfreedom: How artificial intelligence is reshaping repression", *Journal of Democracy* 30-1.

Fergnani, A. 2019 "Scenario archetypes of the futures of capitalism", *Futures* 105.

Figes, Orlando 1997 *A People's Tragedy*, Penguin books.

Finley, M.I. 1959 "Was Greek civilization based on slave labour?", *Historia: Zeitschrift fur Alte Geschichte*. 8-2. Franz Steiner Verlag

Finley, M.I. 1983 "The Freedom of the citizen in the Ancient Greek World", in *The Economy and Society in the Ancient Greece*, New york.

Finley, M.I. 1985 *Democracy ancient and modern*, Rutgers Univ. Press.

Fishkin, J.S. 2011 "Deliberative democracy and constitutions", *Social Philosophy and Policy* 28-1.

Frame, Murray 2016 "Concepts of policing during Russian Revolution, 1917-1918", *Europe-Asia Studies*, 68-10.

Frey, C.B. and M.A. Osborne 2017 "The future of employment: How susceptible are jobs to computerization?", *Tech-*

*nological Forecasting & Social Change* 114.

Georg Wilhelm Friedrich Hegel *Werke (HW)* 03, 1832-1845(1986), *Phänomenologie des Geistes*, Suhrkamp.

Georg Wilhelm Friedrich Hegel *Werke (HW)* 07, 1832-1845(1986), *Grudlienen der Philosophie des Rechts*, Suhrkamp.

Georgiou, L. 2017 "Social media and open trial: an emerging conflict or an opportunity?", Master degree dissertation at the University of Edinburgh.

Gree-Armytage, J. 2015 "Direct voting and Proxy voting", *Constitutional Political Economy* 26-2.

Haldon, John F. 1993 *The State and the Tributary Mode of Production*, Verso

Halkon, G. E. and N. C. Kyriazis 2010 "The Athenian economy in the age of Demosthenes: path dependence and change", *Eur J Law Econ*. 29.

Hamilton, A. et al. 2003 *The Federalist Papers*, Penguin Books Ltd.

Hanifatunnisa, R. et al. 2017 "Blockchain Based E-Voting Recording System Design", *TSSA* conference.

Hansen, M.H. 1992 "The Tradition of the Athenian Democracy", *Greek & Rome* 30-1.

Hansen, M.H. 1996 "The Ancient Athenian and the modern liberal view of liberty as a democratic ideal", Ober et al, *Demokratia*, Princeton Uni. Pr.

Hansen, M.H. 1999 *The Athenian Democracy in the Age of Demosthenies: Structur, Principles and Ideology*, The uni. of Oklahoma Pr.

Harari, U.N. 2018 "Why technology favors Tyranny", *Atlantic* 332-3.

Haynes, Mike, 2002 "Marxism and the Russian question in the wake of

Soviet collapse", *Historical Materialism* 10-4.

Heizen, James W. 1997 "Alien Personnel in the Soviet State: The People's Commissariat of Agriculture under Proletarian Dictatorship, 1918-1929", *Slavic Review* 56-1.

Helbing, D. et al. 2019 "Will survive democracy Big Data and Artificial Intelligence?", ed. by D. Helbing, *Toward Digital Enlightenment*, Springer Link.

Heller, Agnes 1982 "Marx and 'the liberation of humankind'", *Philosophy & Social Criticism* 9-3/4.

Herodotus book I 1981 tran. by A. D. Godley, Harvard Uni. pr.

Hopkins, K. 1978 *Conquerors and Slaves: Sociological studies in Roman History* I, Cambridge Univ. Press.

Hudis, Peter 2011 "Marx's Concept of the Transcendence of Value Production", a doctoral dissertation.

Hudis, Peter 2013 "Yes, there is an alternative – and it can be found in Marx", *Praktika Teoretyczna* 9-3.

Hudis, Peter 2012 *Marx's Concept of the Alternative to Capitalism*, Brill.

Johnson, Alan 2000 "Democratic Marxism: the legacy of Hal Draper", in *Marxism, the Millennium and Beyond*, edited by Marx Cowling and Paul Reynolds.

Jones, A.H.M. 1957 *Athenian Democracy*, Oxford.

Just, Daniel 2017 "The Invention of Work in Modernity: Hegel, Marx, and Weber", *Journal of Historical Sociology* 30-2.

Kandiyali, Jan 2014 "Freedom and Necessity in Marx's Account of Communism", *British Journal for the History of Philosophy* 22-1.

Karl Marx·Friedrich Engels Werke(*MEW*) 03, 1845-1846(1978), Dietz Verlag.

Katz, Claudio 1994 "The Socialist Polis: Antiquity and Socialism in

Marx's Thought", *The Review of Politics* 56-2.

Kellogg, Paul 2009 "Leninism: It's not what you think", *The Journal of the Society for Socialist Studies* 5-2.

Klagge, James C. 1986 "Marx's realm of 'Freedom' and 'Necessity'", *The Canadian Journal of Philosophy* 16-4.

Kouvélakis, Stathis 2004 "The Marxian Concept of Citizenship: For a Rereading of On the Jewish Question", *The South Atlantic Quarterly* 104-4.

Kshetri, N. et al. 2018 "Blockchain-Enabled E-Voting", *IEEE SOFTWARE* Jul/Aug.

Kyriazis, Nicholas 2009 "Financing the Athenian state: public choice in the age of Demosthenes", *Eur J Law Econ*. 27.

Larsen, J.A.O. 1952 "The Assembly of the Aetolian League", *Transactions and Proceedings of the American Philological* Associations 83.

Laurian, Lucie 2012 "This is what direct democracy looks like", *Town Planning Review* 83-4.

Lenin Collected Works (*LCW*) 25, 1917.06-1917.09(2011), Progress Publishers.

Lenin Collected Works (*LCW*) 26, 1917.09-1918.02(2011), Progress Publishers.

Lenin Collected Works (*LCW*) 27, 1918.02-1917.07(2011), Progress Publishers.

Lenin Collected Works (*LCW*) 31, 1920.02-1917.12(2011), Progress Publishers.

Lenin Collected Works (*LCW*) 33, 1921.08-1923.03(2011), Progress Publishers.

Lih, Lars 2006 *Lenin Rediscovered: What is to be done in Context*, Brill.

Lipset, S. M. and Stein Rokkan 1967 "Cleavage structure, party system and voter alignments: An introduction", in Lipset and Rokkan, *Part systems and voter alignments*, Newyork: The Free Press.

Lotz, Christian 2018 "Alienation, Private Property, and Democracy: Why

Worrell and Krier raise Questions in the clouds", *Critical Sociology* 44-2.
Löwy, Michael 2014 "A Common Banner: Marxists and Anarchists in the International", *Socialism and Democracy* 28-2.
Mackil, Emily 2016 *Creating a common polity*, Uni. of California Pr.
Mandel, D. 2016 "Economic power and Factory committees in the Russian Revolution", in *October 1917 workers in power* edt. by P. Le Blanc et al., The Merlin Pr.
Mandel, Ernest 2016 "Coup d'etat or social revolution?", in *October 1917 workers in power* ed. by P. Le Blanc et al., The Merlin Press.
Manicas, Peter T. 1988 "The foreclosure of democracy in America", *History of political thought* 9-1
Manin, B. 1997 *The Principles of Representative Government*, Cambridge Univ. Press.
Manville, Brook and Josiah Ober 2003 *A Company of Citizens*, Harvard Biz School Pr.
Marot, John 2012 *The October Revolution in prospect and respect*, Brill.
Marx & Engels Collected Works (*MECW*) 10, 1849-1851(1978), Progress Publishers.
Marx & Engels Collected Works (*MECW*) 11, 1851-1853(2010), Progress Publishers.
Marx & Engels Collected Works (*MECW*) 20, 1864-1868(2010), Progress Publishers.
Marx & Engels Collected Works (*MECW*) 22, 1870-1871(2010), Progress Publishers.
Marx & Engels Collected Works (*MECW*) 23, 1871-1874(2010), Progress Publishers.
Marx & Engels Collected Works (*MECW*) 24, 1874-1883(2010), Progress Publishers.
Marx & Engels Collected Works (*MECW*) 26, 1882-1889(2010). Progress Publishers.
Marx, Karl 1874 "Conspectus of Bakunin's Statism and Anarchy", (https://www.marxists.org/archive/marx/works/1874/04/bakunin-notes.htm)
Marx/Engels Gesamtausgabe (*MEGA*$^2$) I.02, 1843-1844(1981), Dietz Verlag.

Marx/Engels Gesamtausgabe (*MEGA*$^2$) I.25, 1875-1883(1985), Dietz Verlag.
Marx/Engels Gesamtausgabe (*MEGA*$^2$) II.01.1, 1857-1858(1976), Dietz Verlag.
Marx/Engels Gesamtausgabe (*MEGA*$^2$) II.01.2, 1857-1858(1981), Dietz Verlag.
Marx/Engels Gesamtausgabe (*MEGA*$^2$) II.10, 1890(1991), Dietz Verlag.
Marx/Engels Gesamtausgabe (*MEGA*$^2$) II.15, 1894(2004), Akademie Verlag.
Mattick Paul Jr. 1993 "Marx's Dialectic", in Mosley, Fred (ed) *Marx's Method in 'Capital': A Reexamination*, Humanities Press.
Mewes, Horst 1976 "On the Concept of Politics in the Early Works of Marx", *Social Research* 43-2.
Monty, C.S. 2012 "The Central Committee Secretariat, the Nomenklatura, and the Politics of Personnel Management in the Soviet Orde, 1921-1927", *The Soviet an Post-Soviet Review* 39.
Morris, Ivan 1996 "The strong principle of equality and the archaic origins of Greek democracy", Ober et al, *Demokratia*, Princeton Uni. Pr.
Moss, Bernard H. 1985 "Marx and Engels on French Social Democracy: Historians or Revolutionaries?", *Journal of the History of Ideas* 46-4.
Mostov, Julie 1989 *"Karl Marx as Democratic Theorist"*, Polity 22-2.
Mulgan, Richard 1984 "Liberty in Ancient Greek", ed. by Pelczinsky & Gray, *Conceptions of Liberty in Political Philosophy*, St. Martin's Pr.
Murphy, Kevin 2005 *Revolution and Counterrevolution: Class struggle in a Moscow Metal Factory*, Berghahn Books.
Nafissi, M. 2015 "Between Utopia and Dystopia", *BICS* 58-2
Niemi, William L. 2011 "Karl Marx's sociological theory of democracy: Civil society and political rights", *The Social Science Journal* 48.

Nimtz, August 1999 "Marx and Engels – The Unsung Heroes of the Democratic Breakthrough", *Science & Society* 63-2.

Nimtz, August 2010 "Marx and Engels's Electoral Strategy: The Alleged vs the Real", *New Political Science* 32-3.

Ober, Josiah 2007 'I Besieged That Man' Democracy's Revolutionary Start", Raaflaub et al. *Origins of Democracy in Ancient Greece*, Uni. of California Pr.

Ober, Josiah 2008a "The Original Meaning of 'Democracy': Capacity to do things, not Majority rule", *Constellations* 15-1.

Ober, Josiah 2008a *Democracy and Knowledge*, Princeton Uni. Pr.

Osborne, Robin 2010 *Athens and Athenian Democracy*, Cambridge.

Paolucci, Paul 2015 "Marx's scientific and political criticism: The internal relation", *Capital & Class* 39-1.

Pipes, Richard 1996 *A Concise History of the Russian Revolution*, Vintage Books.

Pit, J. et al. 2017 "Knowledge management processes and design principles for self-governing socio-technical systems", *IEEE 2nd International Workshop.*

Pospielovsky, Andrew 1997 "Strike during the NEP", *Revolutionary Russia* 10-1.

Raaflaub, Kurt A. 1996 "Athens: Equality, Inequalities", Ober et al, *Demokratia*, Princeton Uni. Pr.

Raaflaub, Kurt A. 2007a "Introduction", Raaflaub et al. *Origins of Democracy in Ancient Greece*, Uni. of California Pr.

Raaflaub, Kurt A. 2007b "The Breakthrough of Demokratia in Mid-Fifth-Century Athens", Raaflaub et al. *Origins of Democracy in Ancient Greece*, Uni. of California Pr.

Raaflaub, Kurt A. and Robert W. Wallace 2007 "'People's power' and Egalitarian Trends in Archaic

Greece",Raaflaub et al. *Origins of Democracy in Ancient Greece,* Uni. of California Pr.

Raikov A. 2018 "Accelerating technology for self-organizing networked democracy", *Futures* 103.

Roberts, J.T. 1996 "Athenian Equality: A constant surrounded by flux", Ober et al, *Demokratia,* Princeton Uni. Pr.

Rosenberg, W.G. 1985 "Russian labor and Bolshevik power after October", *Slavic Review* 44-2.

Rossman, Jeffrey J. 2005 *Worker Resistance under Stalin,* Harvard Uni. Pr.

Rowney, D.K. 2005 "Narrating the Russian Revolution: Institutionalism and Continuity across Regime Change", *Comparative Studies in Society and History* 47-1.

Sakwa, Richard 1987 "The Commune State in Moscow in 1918", Slavic Review 46-3/4.

Schwab, K. 2016 *The Fourth Industrial Revolution,* Crown Business.

Schwartz, Nancy L. 1979 "Distinction between Public and Private life Marx on the zôon politikon", *Political Theory* 7-2.

Schwartzberg, Mellssa 2004 "Athenian Democracy and Legal Change", *American Political Science Review* 98-2.

Scott, Roger 2005 "Imperialist democracy, ancient Athenians and the US presence in Iraq", *Australian Journal of International Affairs* 59-3.

Screpanti, Ernesto 2004 "Freedom and social goods: rethinking Marx's Theory of Communism", *Rethinking Marxism* 16-2.

Sklair, Leslile 2002 "The Transnational Capitalist Class and Global Politics: Deconstructing the Corporate-State Connection", *International Political Science Review* 23-2.

Slaughter, R.A. 2018 "The IT revolution reassessed part three: Framing solution", *Futures* 100.

Springborg, Patricia 1984a "Karl Marx on Democracy, Participation, Voting and Equality", *Political Theory* 12-4.

Springborg, Patricia 1984b "Marx, Democracy and Ancient Polis", *Critical Philosophy* 1-1.

Starosta, Guido 2012 "Cognitive commodities and the value-form", *Science & Society* 76-3.

Staveley, E.S. 1972 *Greek and Rome voting and elections*, Thames and Hudson

Sukhanov, N.K. 1955 *The Russian Revolution*, Oxford University Press.

Tabak, Mehmet 2000 "A Marxian Theory of Democracy", *Socialism and Democracy* 14-2.

Thucydides, 1910 *The history of Peloponnesian War*. trans. by R. Crawley, J.M., Dent & Sons Ltd.

Tridimas, George 2011 "A political economy perspective of direct democracy in ancient Athens", *Const Polit Econ* 22.

Tridimas, George 2015 "War, disfranchisement and the fall of the ancient Athenian democracy", *European Journal of Political Economy* 38.

Trotsky, L. 1935 "The worker's state, Thermidor and Bonapartism", *New International* 2-4.

Urbinati, N. 2004 "Condorcet's Democratic Theory of Representative Democracy", *European Journal of Political Theory* 3-1.

Vlassopoulos, Kosta 2007 "Free space: Identity, Experience and Democracy in classical Athens", *The Classical Quarterly* 38-1.

Vlastos, Gregory 1983 "The Historical Socrates and Athenian Democracy", *Political Theory* 11-4.

Wallace, Robert W. 1996 "Athenian Law, Freedom, Rights", Ober et al, *Demokratia*, Princeton Uni. Pr.

Whedbee, Karen E. 2002 "The Tyranny of Athens: Representations of Rhetorical Democracy in Eighteenth-Century", *Rhetoric Society Quarterly* 33-4.

Wolff, Richard 2000 "Marxism and Democracy", *Rethinking Marxism* 12-1.

Wood, Ellen. M. 1986 "Socrates and democracy, a reply to Gregory Vlastos", *Political Theory* 14-1.

Wood, Ellen. M. 1988 *Peasant-Citizen and Slave, the Foundations of Athenian democracy*, Verso.

Wood, Ellen. M. 1996 "Demos versus 'We the People'", Ober et al, *Demokratia*, Princeton Uni. Pr.

Wood, Ellen. M. 2002 "Landlords and Peasants, Masters and Slaves: Class Relationsin Greek and Roman Antiquity", *Historical Materialism*, 10-3.

Wood, Ellen. M. 2016 *Democracy Against Capitalism*, Verso.

York, J.C. 2018 "The impact of digital technology upon democracy", *Economy, Culture & History Japan Spotlight Monthly* 37-6.